建筑信息模型（BIM）技术应用系列新形态教材

BIM5D项目管理应用

王慧萍 杨 涛 王玉华 主 编

U0360840

清華大学出版社
北京

内 容 简 介

本书主要内容包括概述、BIM 项目管理实施准备、BIM 进度管理、BIM 成本管理、BIM 质量管理、BIM 安全管理、BIM 项目信息管理、BIM5D 综合实训共 8 章。本书从建筑工程管理技能人才的工作需要出发，既注重基本理论，又结合实际应用，深度融合 BIM 技术，并贴合"1+X"建筑工程信息化中级考核内容，有效实现"学历教育"与"岗位资格认证"的双证融通。

本书可作为高等职业院校建设工程管理、工程造价、建筑经济信息化管理、建设工程监理、建筑工程技术等专业的教材或学习参考书，也可作为建设单位、施工单位、咨询监理等从事工程建设活动人员继续教育或培训的教材。

图书在版编目（CIP）数据

BIM5D 项目管理应用 / 王慧萍，杨涛，王玉华主编 .—北京：清华大学出版社，2022.7（2024.1重印）

建筑信息模型（BIM）技术应用系列新形态教材

ISBN 978-7-302-61048-9

Ⅰ. ① B…　Ⅱ. ①王… ②杨… ③王…　Ⅲ. ①工程项目管理－计算机辅助管理－应用软件－高等学校－教材　Ⅳ. ① F284-39

中国版本图书馆 CIP 数据核字（2022）第 099527 号

责任编辑：杜　晓
封面设计：曹　来
责任校对：刘　静
责任印制：宋　林

出版发行：清华大学出版社
　　　网　　址：https://www.tup.com.cn，https://www.wqxuetang.com
　　　地　　址：北京清华大学学研大厦 A 座　　　　　　　邮　　编：100084
　　　社 总 机：010-83470000　　　　　　　　　　　　　邮　　购：010-62786544
　　　投稿与读者服务：010-62776969, c-service@tup.tsinghua.edu.cn
　　　质量反馈：010-62772015, zhiliang@tup.tsinghua.edu.cn
　　　课件下载：https://www.tup.com.cn, 010-83470410
印 装 者：三河市铭诚印务有限公司
经　　销：全国新华书店
开　　本：185mm×260mm　　　　　印　　张：12.5　　　　字　　数：286 千字
版　　次：2022 年 9 月第 1 版　　　　　　　　　　　　印　　次：2024 年 1 月第 2 次印刷
定　　价：49.00 元

产品编号：098017-01

前　言

目前，BIM（Building Information Modeling，建筑信息模型）技术已成为助推建筑业实现创新式发展的重要技术手段。BIM 技术促进工程建造方式向智能建造转变，建筑高质量发展也要求工程建设组织模式向全过程工程咨询转变，行业急需大量从事全过程工程咨询和智能建造的专业技术技能人才。普及和掌握 BIM 技术在建筑工程技术领域的专业技术与技能，已经成为现代建筑人实现职业生涯可持续发展的重要机遇。

本书编者紧跟建筑业行业发展方向，与行业企业合作，将传统的建筑工程项目管理与 BIM 技术有机融合，旨在满足建筑业转型发展背景下行业从业人员学习应用 BIM 技术进行项目管理的需要。

建筑工程项目管理的内涵是自项目开始至项目完成，通过项目策划、项目控制，使质量目标、进度目标、费用目标和安全目标等得以实现。BIM5D 项目管理是以 3D 模型为载体，以数据为核心，集成进度、预算、资源、施工组织等关键信息，对施工过程进行模拟，及时为施工过程中的技术、生产、商务等环节提供准确的形象进度、物资消耗、过程计量、成本核算等核心数据，对施工过程进行过程管控，以实现工程项目的进度、质量、成本等目标。

本书从建筑工程项目管理技能人才的工作需要出发，结合"1+X"建筑信息模型（BIM）职业技能证书考评大纲，深度融合 BIM 技术，以 BIM 技术在施工管理中的应用为主要阐述内容，包括进度管理、成本管理、质量管理、安全管理和项目信息管理。本书坚持遵守现行规范的要求，并与工程实际相结合，强调"以实用为主，以够用为度，注重实践，强化训练，利于发展"的原则，并注重教学内容的实用性、可操作性及综合性，及时引入行业新知识，确保教学内容与行业需求接轨。

本书为江苏城乡建设职业学院工程造价省级高水平专业群立项建设项目（项目编号：ZJQT21002301），由江苏城乡建设职业学院王慧萍、杨涛和南京铁道职业技术学院王玉华担任主编，由校企教师团队共同编写。具体编写分工如下：第 1 章、第 2 章、第 7 章、第 8 章由王慧萍编写，第 3 章和第 4 章由杨涛编写，第 5 章和第 6 章由王玉华编写。王慧萍负责全书的规划与统稿工作，江苏省苏中建设集团正高级工程师唐小卫负责对全书进行审定。

在本书的编写过程中，得到杭州品茗安控信息技术股份有限公司章立鹏等企业专家的大力支持，他们提供了案例资料和技术支持，并提出了编写建议，在此表示衷心的感谢！由于编者的水平和经验有限，书中难免存在不妥之处，恳请广大读者批评、指正。

编　者
2022 年 3 月

目　录

第1章 概述

【学习目标】

本章主要介绍项目管理的概念、历史和发展趋势；BIM 的概念、BIM 在项目各阶段的应用价值；BIM 项目管理平台的应用。

本章包括以下学习目标：

1. 理解建设工程项目管理的概念、基本内容。
2. 了解建设工程项目管理的历史与发展趋势。
3. 掌握 BIM 技术在项目管理中的价值。
4. 坚定中国特色社会主义道路自信、理论自信、制度自信、文化自信。

1.1 项目管理的概念、历史与发展趋势

1.1.1 项目管理的概念

建设工程项目管理是指运用系统的理论和方法，对建设工程项目进行的计划、组织、发挥、协调和控制等专业化活动，简称项目管理。项目管理是以项目为对象的系统管理方法，通过一个临时性的、专门的柔性组织，来对项目进行高效率的计划、组织、指挥和控制，以实现项目全过程的动态管理和项目目标的综合协调与优化。

1.1.2 项目管理的历史与发展趋势

近代项目管理起源于 20 世纪 50 年代，其早期主要应用于国防和军事项目，而后逐渐应用于建筑及其他领域。20 世纪 80 年代进入现代项目管理阶段，项目管理逐渐发展成为一门管理学科，其理论与实践都得到很大进步。项目管理的应用首先出现在业主方的工程管理中，而后逐步在承包商、设计方和供货方中得到推广。到 20 世纪 70 年代中期，项目管理咨询公司出现，其主要服务对象是业主，但也服务于承包商、设计方和供货方。在许多国家，项目管理由专业人士——建造师担任，建造师可以在业主方、承包商、设计方和供货方从事项目管理工作，也可以在教育、科研和政府等部门从事与项目管理有关的工作，且其业务范围并不局限于项目实施阶段的工程项目管理工作，还包括项目决策的管理工作和项目使用阶段的物业管理（设施管理）工作。

我国的项目管理理论研究起步较晚，但发展迅速，对我国经济发展做出了很大的贡献，发挥了重要的作用。20 世纪 60 年代，在华罗庚教授等的积极倡导下，网络计划

技术开始在我国推广应用，这可以认为是我国项目管理的启蒙。1980 年，邓小平同志亲自主持我国与世界银行合作的教育项目——国家重点实验室建设，当时世界银行和一些国际金融机构要求接受贷款的业主方应用项目管理的思想、组织、方法和手段来组织实施建筑工程项目，这样项目管理才真正开始被引入国内，并应用于国内的建设项目。1983 年，原国家计划委员会提出推行项目前期的项目经理负责制。1988 年，我国开始推行建设工程监理制度。1995 年，原建设部颁布了《建筑施工企业项目经理资质管理办法》（建建〔1995〕1 号），推行项目经理负责制。2002 年，为了加强建设工程项目总承包与施工管理，保证工程质量和施工安全，根据《中华人民共和国建筑法》和《建设工程质量管理条例》的有关规定，原人事部、原建设部颁布了《关于印发〈建造师执业资格制度暂行规定〉的通知》（人发〔2002〕111 号），决定对建设工程项目总承包及施工管理的专业技术人员实行建造师执业资格制度。2003 年，为了深化我国工程建设项目组织实施方式改革，培育发展专业化的工程总承包和工程项目管理企业，原建设部颁布了《关于培育发展工程总承包和工程项目管理企业的指导意见》（建市〔2003〕30 号），加强对工程总承包和工程项目管理活动的指导，促进我国工程总承包和工程项目管理的健康发展。2004 年，为了适应投资建设项目管理的需要，原人事部与国家发展和改革委员会颁布了《关于印发〈投资建设项目管理师职业水平认证制度暂行规定〉和〈投资建设项目管理师职业水平考试实施办法〉的通知》（国人部发〔2004〕110 号），对投资建设项目高层专业管理人员实行职业水平认证制度。2017 年，住房和城乡建设部发布了最新国家标准《建设工程项目管理规范》（GB/T 50326—2017），为设计施工总承包项目建立了规范和标准，大大地提高了我国建设工程项目的管理水平。

随着科技信息网络技术的广泛应用，数字化企业经济体系在全球范围内迅速崛起，所引起的新业态产品、新产值服务、新型商业模式大量涌现，云平台、大数据、物联网、移动技术以及人工智能等新兴信息技术产业也层出不穷，建筑业一直作为我国国民经济发展的重要产业，建筑项目的规模越来越大，相关的业态也越来越多，所涉及的范围越来越广，因此对技术和工艺应用的要求也越来越高，这就需要多家参建单位协同完成。同时，老旧建设管理模式的各个板块相互独立，发包模式中，虽然各单位明确了各自的工作职责，但也导致产生信息"孤岛"现象，从而影响项目管理的控制。

2011 年 5 月，住房和城乡建设部发布《2011—2015 建筑业信息化发展纲要》（建质〔2011〕67 号），拉开了 BIM 技术在我国施工企业全面推进的序幕。2016 年 8 月，住房和城乡建设部又发布了《2016—2020 年建筑业信息化发展纲要》（建质函〔2016〕183 号），旨在增强建筑业信息化发展能力，优化建筑业信息化发展环境，加快推动信息技术与建筑业发展深度融合，指出关于信息化的具体落实计划。

2017 年，国务院办公厅颁布《关于促进建筑业持续健康发展的意见》（国办发〔2017〕19 号），正式提出培育全过程工程咨询计划，力争加快建筑信息技术在规划、施工、运维全过程的集成应用，实现工程项目全生命周期的数据交换和信息管理；随后，全国各地相继响应，出台一系列政策文件，大力推行全过程工程咨询试点工作和企业。

2019 年 3 月 15 日，国家发展和改革委员会、住房和城乡建设部联合印发《关于推进全过程工程咨询服务发展的指导意见》（发改投资规〔2019〕515 号），提出将全过程工程咨询加速推行到底，咨询企业必须改变传统服务模式的思维方式，通过BIM、大数据、物联网等现代信息技术和资源，努力提高信息化管理和应用水平，积极推行全过程工程咨询服务模式，满足业主全方位、多层次、一体化的咨询服务，提高统筹服务水平，更好地实现投资建设意图。

2020年12月23日，为规范房屋建筑和市政基础设施项目工程总承包活动，提升工程建设质量和效益，住房和城乡建设部、国家发展和改革委员会制定了《房屋建筑和市政基础设施项目工程总承包管理办法》（建市规〔2019〕12号），工程总承包单位按照与建设单位签订的合同，对工程设计、采购、施工或者设计、施工等阶段实行总承包，并对工程的质量、安全、工期和造价等全面负责。工程总承包单位应当设立项目管理机构，设置项目经理，配备相应管理人员，加强设计、采购与施工的协调，完善和优化设计，改进施工方案，实现对工程总承包项目的有效管理控制。

在国家系列政策的引导和建筑业信息化发展的必然趋势下，建筑行业目前正全面提高信息化水平，重点推进建筑企业管理与核心业务信息化建设和专项信息技术的应用。在推进的过程中，建立信息化项目管理平台，可以实现数据的协作和流转，可以有效打破传统的碎片化作业的管理模式，实现建设过程一体化。

1.1.3 我国现代项目管理的典型工程

1. 港珠澳大桥

港珠澳大桥是粤、港、澳三地首次共建的超大型跨海交通工程，是一座连接我国香港、珠海和澳门的桥隧工程，是世界上里程最长、沉管隧道最长、寿命最长、钢结构最大、施工难度最大、技术含量最高、科学专利和投资金额最多的跨海大桥，如图1.1所示。港珠澳大桥于2009年12月15日动工建设，2017年7月7日实现主体工程全线贯通，2018年2月6日完成主体工程验收，同年10月24日上午9时开通运营。港珠澳大桥的建设创下多项世界之最，体现了我国逢山开路、遇水架桥的奋斗精神，国家的综合国力和自主创新能力，以及勇创世界一流的民族志气，进一步坚定了我们对中国特色社会主义的道路自信、理论自信、制度自信、文化自信。

图 1.1 港珠澳大桥

港珠澳大桥全长 55km，考虑香港机场航空限高和未来 30 万吨级航道预留，主通航孔采用 6.7km 沉管隧道方案，设置两个人工岛实现桥隧转换，岛隧工程是大桥的控制性工程。跨海沉管隧道工程具有高不确定性和高风险的特点，在港珠澳大桥建成之前，世界上只有美国、荷兰、日本拥有建造能力。岛隧工程项目管理面临三个方面的特殊挑战。

1）特殊的自然环境

工程位于珠江口伶仃洋海域，毗邻香港水域，穿越主航道，地处生态极为敏感的中华白海豚自然保护区核心区；气象水文环境复杂，年均台风达 2～3 次，强对流等极端恶劣天气频发，泥沙回淤影响严重，难以预见的自然环境条件严重制约项目管理决策。

2）特殊的作业条件

工程作业区域分散在近千平方千米的海域，6.7km 沉管隧道深水基础施工精度管理要求极高，33 节沉管水下安装对接全过程不可视，大规模海上水下特殊作业条件使得项目管理过程极易出现"盲区"和"盲点"。

3）特有的管理要求

工程是珠江口的重要地标，要在 7 年内完成工程详勘、施工图设计、装备研发、科研和施工，要在三地共管环境下国内首次实现 120 年建设标准；工程兼具超长周期、跨海孤岛、高度分散的特点，数百艘船舶及装备协同联动、高效配合，数百道工序环环相扣，都要求做到万无一失。

岛隧工程采用设计施工总承包模式，将设计与施工融于一体，通过设计、施工、科研、装备制造的联动，实现全员步调一致，催生大量技术创新。此外，在总承包环境下，总承包人与业主、外协单位和其他关心工程进展的社会各界的联动也尤为重要。全过程联动首先是统一认识，以实现工程目标为共同追求。在目标一致的前提下，项目总经理部积极做好界面协调和利益协调工作，明晰各方责权界限，平衡好各方利益，保障各主体紧密联系、团结协作。针对外海复杂环境、跨海域高度分散、海上水下大规模作业的工程条件，运用现代信息技术手段，建立了由智能化环境管理技术、智能化过程管理技术、智能化现场管理技术组成的岛隧工程智能化管理技术体系，实现可预测、管理路径可确定、精准精细高效率的高精度工程项目管理。在我国国力日益强盛的新时代，大型复杂工程日渐成为工程建设领域发展的新趋势，通过与智能化技术深度融合，更好地实现可持续、高品质、绿色生态的工程建设，这对践行工程新发展理念、推进工程建设高质量发展意义重大。

2. 北京大兴国际机场

北京大兴国际机场是国家重点工程，如图 1.2 所示，其定位为大型国际航空枢纽，创造了 40 余项国际和国内"第一"，获得 103 项技术专利、65 项新工法。2014 年 12 月 26 日，北京新机场项目开工建设；2018 年 9 月 14 日，北京新机场项目定名"北京大兴国际机场"；2019 年 9 月 25 日，北京大兴国际机场正式通航；2019 年 10 月 27 日，北京大兴国际机场航空口岸正式对外开放。北京大兴国际机场包括 143 万 m^2 的航站楼综合体，以及相应的货运、空中交通管制、航空燃油、市政配套、综合交通枢纽等设施，近期可满足 7200 万旅客的航空出行。

图 1.2 北京大兴国际机场

该项目的总体目标定位如下：建设"精品、样板、平安、廉洁"四个工程，建成"平安、绿色、智慧、人文"四型机场（简称"4+4"目标），提出了"以人为本、程序为要"的项目管理理念，实行"建设运营一体化"管理模式，形成了管理机制、流程和标准，保障了项目的成功。航站楼核心区工程作为新机场工程最大标段，由北京城建集团有限责任公司（以下简称"北京城建集团"）承接建设，工程建筑面积约 60 万 m²，地下 2 层，地上局部 5 层，主体结构为现浇钢筋混凝土框架结构，局部为型钢混凝土结构，屋面及其支撑系统为钢结构，屋面为金属屋面，外立面为玻璃幕墙。在建设过程中，北京城建集团新机场航站楼工程总承包部始终坚持技术引领、智慧建造、管理创新，确保新机场建设严格按照"4+4"总体目标稳步推进，全方位推进应用各类信息化管理措施提高项目管理水平。

在航站楼工程施工过程中，建立了基于 BIM 模型的 BIM5D 管理平台，为项目的进度、成本、物料控制及时提供准确信息，帮助项目管理人员基于数据进行有效决策。将模型直接导入 BIM5D 平台，软件会根据所选的条件自动生成土建专业和机电专业的物资计划需求表，提交物资采购部门进行采购。将模型构件与进度计划相关联，实现了对施工进度的精细化管理，对工程实际进度与计划进度进行模拟比对，并进行资金、资源曲线分析。通过全方位的 BIM 技术综合应用和施工信息化管理的研发应用，极大地加强了项目管理创新能力，参与解决质量安全控制、复杂进度控制等 8 大类、30 余项重大关键难点。在世界范围内，大兴国际机场首次在史无前例的体量和复杂的工程中，全方位进行了 BIM 技术深度综合应用，创建了超大型工程信息化管理绿色节能智慧建造模式，为今后类似工程提供了优良范例。

3. 国家速滑馆"冰丝带"

2022 年冬奥会标志性建筑——国家速滑馆，是冬奥会北京城区唯一新建的竞赛场馆，于 2020 年 12 月 25 日完工，位于奥林匹克公园西侧，主场馆建筑面积约 8 万 m²，高度 33m，约能容纳 12 000 名观众。其外形由 22 条晶莹美丽的"丝带"状曲面玻璃幕墙环绕，因此，它又被称为"冰丝带"，如图 1.3 所示。国家速滑馆"冰丝带"与雄浑的钢结构"鸟巢"、灵动的膜结构"水立方"相得益彰，共同组成北京这座世界首个"双奥之城"的标志性建筑群，它不仅拥有国内跨度最大的索网结构和亚洲最大的室内冰面，还将成为具有新时代特色的智慧场馆。无论是建造技术，还是建设速度，国家速滑馆均体现了我国当前建筑行业的最高水平。

图 1.3 国家速滑馆"冰丝带"

"冰丝带"的场馆和基础设施的建设周期长、任务重、要求高，其设计新颖，建造特点鲜明，工程亮点、难点突出，项目集各方之智，汇各界之力，秉承工匠精神建造理念，将智慧化场馆、集约化建设、共享化利用作为场馆建设的内涵，打造属于 2022 北京冬奥的"中国方案"，践行了"冬奥质量"。

国家速滑馆项目利用智慧化管理手段，克服了嵌套坑多、预埋件多、混凝土标号多、钢筋翻样难、劲性钢结构施工难等挑战，确保了工程建设的顺利推进。在智慧建造方面，国家速滑馆主要采取了以下管理措施。

（1）工程设计与仿真，实现了"（方案、初步、施工图、深化）设计＋施工＋运维"相结合，利用 BIM 模型对基坑排布、坐标点位等逐一深化设计，对工人进行三维可视化交底；各方参与 BIM 应用，包括建设方、设计、监理、施工、分包、运维方；业主牵头，设置管理人员管理；全链条的管理流程，建立 BIM 数据交互管理流程；4D 模拟建造漫游。

（2）工厂预制加工，实现高效高精度安装，预制加工关键是控制测量精度、安装工序、纠偏容错。

（3）精密测控：无人机倾斜 720° 摄影和逆向建模、点云模型 +BIM 模型整合实测实量复核，通过三维扫描技术，利用点云模型反复核查图纸的匹配度。

（4）实现动态监测：桁架、管线应力、位移全过程健康监测；智能监控，温度、噪声、风速、湿度时时监控；冰板温度分区监控。

（5）信息化管理，基于 BIM 的信息管控、追索；基于 VR 的三维教育、培训；基于云平台、大数据的信息存储技术；AI+ 的信息化服务系统。

"互联网 +" 智慧工地已成为建筑行业发展的主流趋势，它就是运用信息化手段将更多人工智慧、传感技术、虚拟现实等高科技技术植入建筑、机械、人员穿戴设施、场地进出关口等各类物体中，是解决施工规模、施工工期与施工安全、施工质量之间矛盾的有效途径之一。施工中的要素被普遍互联，形成物联网，与互联网整合在一起，实现工程管理的信息化、精细化、智能化，最终达到提升工程项目管理品质的目的。

1.2 BIM 的概念

1.2.1 BIM 的定义

建筑业信息化是建筑业发展战略的重要组成部分，也是建筑业转变发展方式、提质增效、节能减排的必然要求，对建筑业绿色发展、提高人民生活品质具有重要意义。"十三五"以来，国家层面出台一系列政策推动建筑业信息化转型，其中建筑信息模型（BIM）技术成为"十三五"建筑业重点推广的五大信息技术之首。

建筑信息模型（BIM）的英文全称为 Building Information Modeling，《建筑信息模型应用统一标准》（GB/T 51212—2016）对其定义为：在建设工程及建设全生命期内对其功能及物理特性进行数字化表达，并以此设计、施工、运营的过程及结果的总称。

建筑信息模型是以数字成像技术为基础的三维实体建模系统。该系统包含大量、丰富的建筑信息，是对建筑实体及构件信息的详尽表达，是数字技术在建筑领域的最高成果。它所富含的大量实体建筑信息能够给设计人员、施工人员、工程项目管理人员、业主、物业管理单位提供各类所需信息，所涵盖的领域涉及建筑设计、结构设计、施工项目管理、设备运营与维护等方面，并且是一个仍然在不断拓展的开放式系统。

1.2.2 BIM 的特性

1. 可视化

BIM 可视化即"所见即所得"的形式，对于建筑行业来说，可视化的真正运用的作用是非常大的。常规的施工图纸只是采用线条将各个构件的信息在图纸上绘制表达，其真正的构造形式则需要建筑业参与人员自行想象。对于一般的简单建筑来说，这种想象未尝不可，但是建筑形式各异，随着建筑项目的规模越来越大，建筑造型越来越复杂，完全依靠人脑想象就变得越来越困难。

如图 1.4 所示，BIM 技术提供了可视化的思路，可以将以往的线条式的构件形成一种三维的立体实物图形展示在人们面前。虽然以往建筑行业也有设计方提供效果图，但是这种效果图是识读线条式信息设计制作出来的，并不是通过构件的信息自动生成的，因此缺少了与构件之间的互动性和反馈性。在 BIM 建筑信息模型中，可视化的效果不仅可以用作效果图的展示及报表的生成，更重要的是为项目设计、建造、运营过程中的沟通、讨论、决策提供依据，模拟三维事物可使项目在设计、建造、运营等整个建设过程可视化，方便进行更好的沟通、讨论与决策，下面以深化设计可视化和施工可视化简单举例说明。

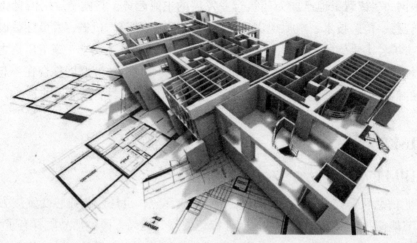

图 1.4　BIM 模型

1）深化设计可视化

深化设计可视化是在同一个 BIM 模型中集成各专业模型，从而将机电管线与建筑物的碰撞点以三维形式直观地展现出来，对建筑设备空间是否合理进行提前检验。

2）施工可视化

施工可视化包含以下两点：①施工组织可视化，就是利用模型进行虚拟施工模拟，使各专业施工工序与组织协调可视化；②技术交底可视化，就是如装配式结构、复杂的钢筋节点、幕墙节点等特殊部位的施工工艺、技术要求等，可以通过 BIM 三维模型、模拟视频等进行技术交底，如图 1.5 所示。

图 1.5　装配式结构节点

2. 协调性

协调管理是建筑业中的重点内容，不管是施工单位，还是业主及设计单位，都在做协调及相互配合的工作。一旦项目在实施过程中遇到问题，就要组织各方召开协调会，找出各施工问题发生的原因，寻求解决办法，然后通过变更单或其他补救措施等解决问题。

（1）设计协调：由于施工图纸由各专业的设计师分别绘制，在施工过程中经常发生碰撞问题，例如，在排布暖通、给排水等专业的管道时发现有结构梁等构件妨碍，这是因为各专业的设计师在设计过程中沟通不充分。协调解决类似的碰撞问题，往往只能在施工过程中进行解决。基于BIM技术，建筑、结构、设备的专业设计人员可以分别创建BIM模型，然后集成各专业的BIM模型后进行碰撞检查，快速生成协调数据，如碰撞报告、净高分析、孔洞预留等，找出图纸中的错、漏、碰、缺问题。各专业设计人员应有针对性地调整并优化BIM模型，及时消除因各专业间沟通不畅引起的图纸冲突。

（2）整体进度规划协调：在制订工程进度计划时，可通过规划好不同工作间的逻辑关系，协调施工组织流水，优化整体施工进度计划。

（3）成本预算、工程量估算协调。

（4）运维协调：包括空间协调管理、设施协调管理、隐蔽工程协调管理、应急管理协调、节能减排管理协调等。

3. 模拟性

BIM模型中包含大量的建筑信息（几何信息、材料性能、构件属性等），通过对BIM模型的数据分析或附加额外信息进行分析模拟，可为工程设计、建造与运维提供更可靠的决策数据支撑。如根据施工组织安排和进度计划安排，在已经搭建好的BIM模型上增加时间维度，分专业制作可视化进度计划，即施工模拟。

如图1.6所示，施工模拟可以使建筑的建造顺序清晰，工程量明确，从而使各专业施工之间的施工协调变得清晰明了，能够使设备材料进场、劳动力分配、机械排班等各项工作的安排变得更加有效、经济，为项目各参建方提供非常直观的可视化进度控制管理依据。

图1.6 施工模拟

1）设计阶段

在设计阶段，可借助BIM模型完成某些系列的模拟，如节能模拟、紧急疏散模拟、日照模拟、热能传导模拟等。

2）施工阶段

4D（3D 模型 +1D 时间维度）模拟，将三维模型与进度计划相关联进行模拟，可实现基于 BIM 的进度管控，如深基坑施工工况模拟、复杂节点钢筋绑扎模拟等。

5D（3D 模型 +1D 时间维度 +1D 资金维度）模拟，将三维模型与进度计划、资金相关联进行模拟，可实现基于 BIM 的资金管控，如施工前的成本预测、成本风险评估等。

3）运维阶段

在运输阶段，可用 BIM 模型模拟日常紧急情况的处理，例如地震人员逃生模拟及消防人员疏散模拟等。

4. 优化性

整个工程设计、施工、运营的过程就是一个不断优化的过程，虽然优化和 BIM 不存在实质性的必然联系，但在 BIM 的基础上可以做更好的优化，更好地做优化。优化受三个因素制约：信息、复杂程度和时间。没有准确的信息，做不出合理的优化结果，BIM 模型提供了建筑物实际存在的信息，包括几何信息、物理信息、规则信息。项目越复杂，参与人员本身的能力越无法掌握所有的信息，BIM 及其配套的各种优化工具为复杂项目的优化提供了技术支持。目前常用 BIM 优化主要包括以下几点。

（1）项目方案优化：把项目设计方案和投资回报分析结合起来，实时计算出设计方案变化对投资回报的影响，为业主选择设计方案提供决策依据，提高效率。

（2）特殊项目的设计优化：例如，我们经常在裙楼、幕墙、屋顶、大空间等处看到异型设计，这些构件看起来占整个建筑物的比例不大，但是往往占投资和工作量的比例很大，而且通常是施工难度比较大和施工问题比较多的地方，通过 BIM 技术对这些构件的设计施工方案进行优化，可以显著改进工期和造价。

5. 可出图性

使用 BIM 绘制的图纸，不同于常规的设计图纸，而是对建筑物进行可视化展示、协调、模拟和优化以后，制作出的综合管线图、综合结构预留洞图以及重难点施工部位二维与三维详图等。

1.3 BIM 在项目管理中的价值

1.3.1 BIM 技术在设计阶段的应用价值

国外的文献通常把设计阶段细分为基础设计和细部设计，但是国内很少对二者进行明确细分。BIM 在建筑设计中的应用非常广泛，无论是设计方案论证，还是在协同设计、建筑性能分析，以及在绿色建筑评估、规范验证、工程量统计等很多方面都有广泛的应用。

（1）设计方案论证：BIM 三维模型展示的设计效果便于评审人员、业主对方案进行评估，甚至可以就当前设计方案讨论施工可行性以及如何削减成本、缩短工期等问题，提供切实可行的修改方案。由于是用可视化方式进行，可获得来自最终用户和业主的积极反馈，使决策的时间大大减少，促成共识。

（2）协同设计：BIM 技术使不同专业或不同地点的设计人员可以通过网络在同一个 BIM 模型上展开协同设计。以往各专业各视角之间不协调的事情时有发生，即使花费了大量人力物力对图纸进行审查，仍然不能避免这一点。有些问题等到施工阶段才能发现，给材料、成本、工期造成了很大损失。应用 BIM 技术进行协同设计和可视化分析，就可以及时解决上述不协调问题，保证后期施工的顺利进行。

（3）绿色建筑评估：BIM 模型中包含了用于建筑性能分析的各种数据，只要数据完备，将数据通过 IFC、gbXML 等交换格式输入相关的分析软件中，即可进行当前项目的节能分析、采光分析、日照分析、通风分析以及最终的绿色建筑评估。

（4）工程量统计：BIM 模型信息的完备性大大简化了设计阶段对工程量的统计工作，模型的每个构件都和 BIM 数据库的成本库相关联，当设计师对构件进行变更时，成本估算会实时更新。

1.3.2　BIM 技术在招投标阶段的应用价值

招投标是工程项目建设过程中非常关键的内容，工程招投标管理难度较大，如果管理不当，很可能会降低工程项目的施工质量，提高工程项目建设成本投入。BIM 技术的推广与应用提高了招标咨询及服务机构的精细化程度和管理水平，招标方可以结合工程项目建设要求在招标文件中明确 BIM 技术的应用内容，而投标方则依据招标要求，制订 BIM 应用实施方案，通过 BIM 技术展示评标过程的各项评审点，运用 BIM 技术展示项目概况、技术重难点和评审点等。

工程量计算是编制工程预算的基础，由于现代工程规模越来越大，工程造价在设计内容方面越来越广泛，提高工程量清单的全面性和准确性是项目招标阶段工作的重中之重。传统的人工计算方式会造成关键数据缺失，有些数据达不到复核要求等，造成项目竣工结算存在很多问题。BIM 整合了整个项目的信息数据，形成一个平台，基于这个平台，负责成本核算的工程师就不必再进行机械琐碎的劳动，可以把更多的精力和时间放在项目的风险评估上。投标单位的核心工作是获得准确的工程量清单和经济利益最大化的投标方案。

通过 BIM 技术，施工单位可以制作 4D、5D 施工投标模型，将其最关心的工程造价、工期等信息集成到 BIM 模型中，从而直观地向建设单位模拟和演示施工过程。BIM 信息模型中集成了材料、场地、机械设备、人员甚至天气情况等诸多信息，并且以天为单位对工程的施工进度进行模拟。即便是非工程专业的建设单位，也可以较为快速并正确地掌握项目的进度。此外，投标单位也更容易制订详细的技术方案和施工组织设计等文件，增加中标的可能性。

1.3.3　BIM 技术在施工准备阶段的应用价值

在工程招投标完成后，施工单位开始组建项目部，并为工程项目施工进行筹备工作。施工准备阶段的 BIM 应用价值主要体现在施工深化设计、施工场地布置及优化、施工方案模拟及优化、构件预制加工等方面。该阶段的 BIM 应用对施工深化设计的准确性、施工场地布置及优化的合理性、施工方案的模拟展示、预制构件的加工能力等方面起到关键作用。施工单位应结合项目进度计划、施工工序安排及现场管理需求等对施工图设计阶段模型进行信息添加、更新和完善，以获得满足施工需求的施工阶段模型。

1. 施工深化设计

施工深化设计的主要目的是提升深化后建筑信息模型的准确性和可校核性。可对多专业的 BIM 模型进行整合，并融入施工操作规范与施工工艺，依据工程施工的要求对 BIM 模型进行深化设计，使施工图深化设计模型满足施工作业指导的需求，如图 1.7 所示。目前常用的施工深化设计包括混凝土结构深化设计、钢结构深化设计、机电深化设计、预制装配式混凝土结构深化设计等。

图 1.7　机电深化设计模型

2. 施工场地布置及优化

施工场地布置及优化是利用 BIM 技术对施工各阶段的场地地形、既有建筑设施、周边环境、施工区域、临时道路、临时设施、加工区域、材料堆场、临水临电、施工机械、安全文明施工设施等进行布置和优化，通过 BIM 技术进行展示，实现更科学合理的场地部署，如图 1.8 所示。

图 1.8　施工场地布置图

3. 施工方案模拟及优化

施工方案模拟包含施工组织模拟和施工工艺模拟等，是在施工图设计模型或深化设计模型的基础上附加建造过程、施工顺序、施工工艺等信息，进行施工过程的可视化模拟，并充分利用建筑信息模型对方案进行分析和优化，提高方案审核的准确性，实现施工方案的可视化交底，如图 1.9 所示。

图 1.9　BIM 模板工程方案设计

4. 构件预制加工

运用建筑信息模型技术，可以提高构件预制加工的能力，有利于降低成本、提高工作效率、提升建筑质量等。

1.3.4　BIM 技术在施工实施阶段的应用价值

施工实施阶段的主要内容是基于建筑信息模型技术的施工现场管理，选用合适的 BIM 应用软件，结合施工准备阶段的模型进行集成应用，其不仅是可视化的媒介，而且能对整个施工过程进行优化和控制。

1. 进度管理

进度管理包括进度计划编制、进度计划优化、形象进度可视化、实际进度和计划进度跟踪对比分析、进度预警、进度偏差分析、进度计划调整等。可通过比对计划进度和实际进度，找出差异，分析原因，实现对项目进度的合理控制与优化。

2. 资源管理

可在 BIM 模型中添加和完善设备与材料的构件信息、进度表、工作报表等信息，建立设备、材料管理和施工进度协同的 BIM 模型，实现大型设备、构件的物流与安装信息可追溯。同时，可以根据工程进度、作业面等划分依据，在 BIM 模型上关联对应的设备、材料信息，实现资源的可视化管理，可随时根据项目需求获取设备与材料信息表，如已完工程消耗的设备、材料信息以及下个阶段工程施工所需的设备、材料信息。通过 BIM 的资源管理，可实现施工过程中设备、材料的有效控制，提高工作效率，减少浪费。

3. 成本管理

在建筑工程的实施过程中，实际施工成本是一个动态的过程，往往与计划成本不符。通过将 BIM 模型融入时间与成本维度，对相关数据信息进行分析，可实现对工程各个阶段成本的有效控制。在工程发生变更时，BIM 技术也能根据已有的数据信息以及工程量计算规则等，有效地对工程项目的数据进行快速更新，确保准确性。利用 BIM 模型的工程数据，对不同进度的工程量进行拆分，快速准确地计算工程量，完成结算申报表的编写与审核，提高工作效率。通过实际施工成本的动态比对，为成本管理提供有效的数据支撑，从而实现精细化管理。

4. 质量与安全管理

工程质量合格是工程在竣工后能安全使用的首要保证，是工程项目管理的核心内容。利用 BIM 模型对细节的表达，可以精准地、清晰地向施工人员展示及传递各个建筑细节，保证施工细节的可靠性。可以通过 BIM 模型关联质量与安全问题的相关图像、视频、音频等信息，记录问题出现的部位或工序，分析原因，制订并采取解决措施。收集整理安全与质量问题的相关资料，积累对类似问题的预判和处理经验，为日后工程项目的事前、事中、事后控制提供依据。质量与安全管理应通过现场施工情况与 BIM 模型的比对，提高质量检查的效率与准确性，有效控制危险源，实现项目质量与安全可控。

1.3.5 BIM 技术在运维阶段的应用价值

从建筑的全生命周期来看，相对于设计、招投标、施工阶段，项目运维阶段往往会持续几十年甚至上百年，且运维阶段需要处理的数据量巨大且凌乱。运用 BIM 技术与运营管理系统相结合，可以实现对建筑的空间、设备资产等进行科学管理，对可能发生的灾害进行预防，降低运营维护成本。

1. 空间管理

空间管理主要应用在照明、消防等各系统和设备的空间定位。获取各系统和设备的空间位置信息，将其编号或文字表示变成三维图形位置，直观形象，且方便查找。如通过 RFID 获取大楼安保人员位置；火灾报警时，可以在 BIM 模型上快速定位所在位置，并查看周边疏散通道和重要设备；在装修时，可以快速获取不能拆除的管线、承重墙等构件的相关属性。

2. 隐蔽工程管理

可以利用 BIM 技术管理复杂的地下管网，如污水管、排水管、网线、电线及相关管井等隐蔽管线信息，避免安全隐患，并可在模型中直接获得相对位置关系。当改建或二次装修建筑时，可避开现有管网位置，便于维修管网、更换设备和定位。内部相关人员可共享这些电子信息，如有变化，可随时调整，保证信息的完整性和准确性。

3. 应急管理

传统对突发事件的处理多关注响应和救援，而 BIM 技术的运维管理，对公共、大型和高层建筑中突发事件的管理（包括预防、警报）能力非常强。如遇消防事件，可通过喷淋感应器感应着火信息，就会在 BIM 信息模型界面自动触发火警警报，着火区域的三维位置立即进行定位显示，控制中心可及时查询相应周围环境和设备情况，为及时疏散人群和处理灾情提供重要信息。"BIM+GIS"等的集成应用还可以扩大安全管理范围。

4. 节能减排管理

将 BIM 技术结合物联网技术，用于日常能源管理监控，可让节能管理变得更加方便。通过安装具有传感功能的电表、水表、煤气表，可实现建筑能耗数据的实时采集、传输、初步分析、定时定点上传等基本功能，并具有较强的扩展性，如可以远程监测室内温湿度，分析房间内的实时温湿度变化，配合节能运行管理；通过对收集的能源信息进行自动统计分析，可对异常能源使用情况进行警告或标识等。

1.4　BIM 项目管理应用简介

1.4.1　项目管理各参与方的 BIM 应用流程

1. 设计方（设计阶段）

传统的工程设计方法主要基于二维 CAD 进行，其最突出的短板就是信息割裂。在 BIM 的设计思想下，设计信息采用同一种存储方式，设计元素通常有多种呈现方式，包括平面图、立面图、三维透视图、剖面图、节点详图或不同专业的内容。所有的设计元素都集成在一个信息模型之中，因此，修改上述任意一种呈现方式，其他方式的属性都会发生想要的改变。同时，基于 BIM 的设计方式，设计人员更容易同业主进行沟通，即使与非建筑专业的人员交流起来也更加容易，能有效提高沟通效率，减小因设计变更带来的返工和资源浪费。

对于设计方来说，BIM 的设计思想其实是给方案的初期设计增加了难度。如图 1.10 所示，分析工程设计流程对各阶段影响/效果曲线，可以发现，BIM 的设计流程将主要的工作量集中在方案设计的初期，通过 BIM 技术减少设计的出错概率，使后续工作变得简单，以前期增加工程量的小成本替代后期设计变更带来的大成本。设计阶段的 BIM 应用可以有效地改善项目管理流程，降低实际施工中变更的发生率，节约后期的成本投入。

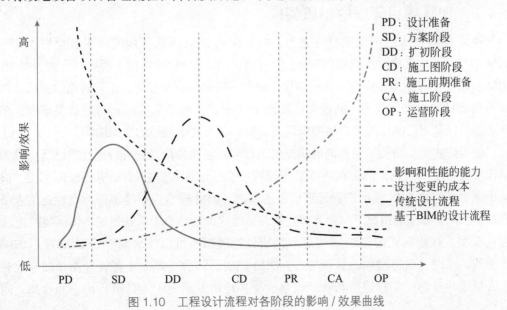

图 1.10　工程设计流程对各阶段的影响/效果曲线

2. 施工方、项目管理咨询公司或监理单位（施工管理阶段）

施工管理阶段是整个项目建设过程中持续时间最长、资金投入最多的阶段，是工程项目管理最重要的组成部分，各个职能部门协调配合的中心工作全部围绕着 BIM 模型开展。施工项目管理 BIM 解决方案如表 1.1 所示，综合管理部门进行项目投标和合约管理中的投标报价以 BIM 模型中的算量为准，排除人为因素的干扰，使项目投资成本更易于在同一标准上控制；设计部门通过对 BIM 模型深化设计与分析，依据工程施工要求优化 BIM 设计模型，改进施工方案；采购部门按照 BIM 模型设计的构件来制订采购计划和质量标准；项目管理部门是工程施工管理的核心部门，多数指令从这里下达，通过 BIM5D 技术对工程的进度、成本、质量、安全等信息进行综合管理，实时采集、更新项目建造资料，并将其集成至 BIM 模型上，为工程施工决策提供依据；信息管理部门管理统一模型上的各方信息，及时对项目过程中的信息进行维护、共享和归档。

表 1.1　施工项目管理 BIM 解决方案

部门名称	工程内容	BIM 解决方案
综合管理部	项目投标及合约管理	算量分析，BIM5D 分析
设计部	方案设计及优化	深化设计模型及方案改进
采购部	设备、材料采购	物料与价格分析
项目管理部	三控制，两管理	BIM5D 管理，BIM 交底
信息管理部	信息维护、共享、归档	管理统一模型上的各方信息

3. 业主、物业公司（维护运营阶段）

在工程项目完工之后，工程项目建造信息统一的 BIM 模型就可以交付给业主和物业公司。他们可以根据 BIM 模型提供的各种信息对建筑物进行实时检查和维护，在设备使用与消耗过程中不断更新数据库，使其能够真正反映建筑物的使用情况、各个设备的运营状况等信息。

1.4.2　BIM 项目管理的组织架构

要将 BIM 技术应用到项目管理上，需要组建 BIM 团队才能完成所有设想。基于 BIM 的特性，什么样的组织结构才能做好 BIM 工程项目管理？在工程项目管理过程中，BIM 技术往往需要多方参与，共同协作，做到最通畅的信息渠道，矩阵式组织结构是沟通效果最好的，也是最适合的模式，如图 1.11 所示，但是从实际运行的效果来看，矩阵式组织也是对团队成员的素质要求最高，协调能力要求最强的组织结构。

在矩阵式组织结构中，竖向的职能组织收集各项职能信息，分包商在自己所负责的工作中收集工程信息，两者在矩阵组织结构中交互。各方信息都向 BIM 模型汇集，成为不断更新完善 BIM 模型工程管理信息的基础。BIM 模型在职能部门与专业施工人员信息不断汇集修改的情况下照映实体建筑，最终成为能够真实反映建筑实体面貌的建筑信息模型。在矩阵式的组织结构之下，项目管理团队可以实现对多个 BIM 项目的同时管理。同时，面对增加的管理项目，BIM 职能部门会更倾向于将管理指令向专业施工人员进行传递，工程建造与管理信息也更多地由专业施工人员进行记录和收集。同时，通过多个项目积累的 BIM 经验能为 BIM 团队提供更多的数据信息与决策参考数据。

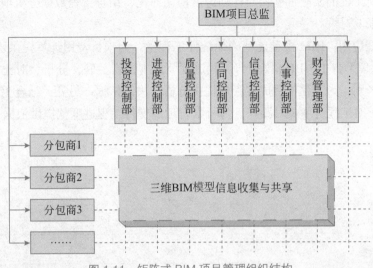

图 1.11　矩阵式 BIM 项目管理组织结构

1.4.3　BIM 项目管理的技术应用

BIM 技术为工程项目管理提供了新的管理工具，也要求工程管理人员能利用 BIM 技术更高效地完成项目管理任务，实现工程项目管理的总目标。以施工过程的项目管理为例，可以通过 BIM5D 技术实现工程项目施工进度、成本、质量、安全等管理目标。

质量管理应用：应用 BIM 模型对细节的精准表达，各个工种的工程师基于同一个 BIM 模型达成对未建项目的统一认识，并高度协作，再通过三维可视化进行表达与交底，可以保证施工细节的可靠性，推动施工工艺的标准化，如图 1.12 所示。同时，在发生设计变更、质量问题或安全问题时，可以及时调整 BIM 模型，挂接相应的资料文件，为项目施工与管理提供交流平台，避免质量控制中的不确定因素，减少不必要的返工。

图 1.12　梁柱节点交底

　　进度管理应用：通过对施工图深化设计模型引入 4D 模拟的方式，反映工程项目进度计划的准确情况，为项目管理的进度控制提供依据。同时，在 BIM 管理平台上，还可以实时更新工程的实际进度，与计划进度横向对比，结合工程数据分析项目进度滞后原因，及时采取对策。

　　成本管理应用：BIM 模型能精确地统计工程量，为项目费用计算提供可靠的依据。在 BIM5D 管理平台中，BIM 模型与工程进度、成本进行关联，分析、对比计划成本和实际成本的区别，为工程项目成本管理提供分析与决策依据。另外，结合工程的施工模拟分析，能够对工程进度及时跟踪，为科学合理地支付工程进度款提供依据。

学习笔记

章节练习

一、单项选择题

1. 下列说法不正确的是（　　　）。

　　A. BIM：Building Information Modeling

　　B. BIM 是一个软件

　　C. BIM 的中文意思是"建筑信息模型"

　　D. BIM 应用领域包含建筑、市政、土木等全部工程范畴

2. BIM 在投标过程中的应用主要包括（　　　）。

　　A. 安全管理　　　　　　　　　　　　B. 协同设计

　　C. 基于 BIM 的施工方案模拟　　　　D. 资产维护

3. 基于 BIM 技术的施工过程模拟是指在施工现场 3D 模型的基础上引入（　　　）维度，从而对工程主体结构施工过程进行 4D 模拟。

　　A. 时间　　　　　　B. 成本　　　　　　C. 荷载　　　　　　D. 材料

二、多项选择题

1. 作为一名 BIM 工程师，对待工作的态度应该是（　　　）。

　　A. 热爱本职工作　　　　　　　　　　B. 遵守规章制度

　　C. 注重个人修养　　　　　　　　　　D. 我行我素

　　E. 事不关己，高高挂起

2. BIM 技术在工程管理中的优势包括（　　　）。

　　A. 降低成本　　　　B. 零风险　　　　C. 节约时间　　　　D. 提高质量

　　E. 提高效率

3. 运维管理主要包括（　　　）。

　　A. 空间管理　　　　B. 时间管理　　　　C. 节能减排管理　　　　D. 隐蔽工程管理

　　E. 应急管理

三、简答题

1. 建设工程项目管理的概念。

_____

_____

2. 什么是 BIM？它有哪些特性？

_____

_____

3. 请查阅相关文献，查找我国现代项目管理的一项典型工程，简单介绍其工程概况、项目管理方式及信息技术应用等情况。

_____

_____

_____

第2章　BIM 项目管理实施准备

【学习目标】

本章主要介绍 BIM 项目管理目标；BIM 管理实施平台的基本架构与基本应用流程；以品茗系列 BIM 软件及"杭州某小学"项目为例，介绍 BIM5D 实施准备阶段的平台及项目设置、资料准备、5D 数据交互与关联等工作，并详细地介绍 BIM5D 项目管理实施准备阶段的平台操作方法。

本章包括以下学习目标：

1. 掌握项目管理目标与"三控三管一协调"工作内容。

2. 熟悉 BIM5D 管理平台的基本架构，以及 PC 端、网页端、移动端的主要功能和相互之间的关系。

3. 了解 BIM5D 项目管理实施准备阶段的主要数据来源，并掌握各种数据的交互方法。

4. 培养良好的专业知识沟通与表达能力、团队协作能力。

2.1　BIM 项目管理目标

2.1.1　项目管理目标

工程项目各参建方都有各自的项目目标管理任务，他们都在围绕着各自的工程目标开展项目全方位的管理工作。

各方的管理目标如下。

（1）业主方：投资目标、进度目标、质量目标。

（2）设计方：设计成本目标、设计进度目标、设计质量目标、项目投资目标。

（3）施工方：施工成本目标、施工进度目标、施工质量目标。

（4）供货方：供货成本目标、供货进度目标、供货质量目标。

（5）项目总承包方：总承包方成本目标、总承包方进度目标、项目质量目标、项目总投资目标。

业主方项目管理主要服务于业主，其投资目标即项目的总投资目标；进度目标即项目建设直至交付的总时间目标；质量目标则指建设项目在满足相应的技术规范与标准的前提下，满足业主方交付使用的质量要求。

对于工程建设来说，施工阶段的管理是整个工程项目全寿命周期的重中之重，直接影响建设项目的成功与否。施工项目管理的重点工作就是有效开展项目的"三控三管一协调"工作，包括成本控制、进度控制、质量控制、职业健康安全与环境管理、合同管理、信息管理和组织协调。在实际工程项目管理中，"三控三管一协调"的各项工作应该是一个整体，应当作为一个整体进行推进，全面开展各项管理工作，彼此之间是不可分割的整体，相辅相成。

1. "三控"

1）施工成本控制

建设工程的施工成本有直接成本和间接成本两大部分，这两大部分构成项目的主要支出，直接成本支出用于项目实体建设，是成本控制的主要工作；间接成本即并非建筑实体建设的成本支出，如企业管理费、规费等。间接成本在项目实施过程中占次要部分，但也不能处于放任不管的状态，例如，严格控制人员出差消费，尽量一人身兼数职以减少管理人员工资等，这部分费用总量占比小，主要由公司层面来管控。

2）施工进度控制

施工进度控制是在公司承包合同约定的工期内，由项目经理和公司之间约定的项目实施工期，是整个项目实施阶段的进度控制。

3）施工质量控制

施工质量控制是以施工合同为依据，参照国家或者行业规范对整个建设工程项目的质量进行的全方位管控。

2. "三管"

1）职业健康安全与环境管理

职业健康安全与环境管理是指项目管理团队经常性地开展安全教育宣传，落实安全与环境管理的法律法规，根据项目特点制订各类项目安全与环境管理条例，按照项目要求定期开展各项安全检查工作。

2）合同管理

合同管理是指项目经理在资料员的配合下严格控制项目实施过程中的合同签订工作，按照合同条款认真履行既定义务，严格控制合同的变更和终止等合同管理活动的全过程。

3）信息管理

施工项目的管理离不开各种数据和信息报表，信息反映了项目进展情况，反映了项目是否在可控范围，风险在哪里。然而，信息管理是一项复杂的现代化的管理活动，尤其是项目规模较大时，应该辅助计算机进行数据的收集、存储、处理和分析，为项目管理提供可靠依据。

3. "一协调"

"一协调"是指在建设项目中全面地组织和协调工作，这项工作在项目管理的过程中也是非常重要的。在控制与管理的过程中，由于各种条件和环境的变化，必然形成不同程度的干扰，使原计划的实施产生困难，就必须进行协调。协调为顺利"控制"服务，协调与控制的目的都是保证实现目标。其中，"协调"主要包括施工单位与项目有关的各方之间的信息交互与资源共享工作，由于协调工作所面向的对象不同，主要有外部的协调和内部的协调，如施工单位与建设单位之间的合同履行问题协调，与政府部门之间的行政审批协调，与材料供应部门的质量和供货期的协调等外部协调工作，以及施工单位内部各个专业之间的内部协调工作等。

2.1.2 BIM 项目管理目标

BIM 项目管理目标即利用 BIM5D 的特点与优势，通过信息化技术进行过程管控，以实现工程项目的进度、质量、成本等目标。

在建筑工程施工建设期间，利用信息技术进行 BIM 建模，基于模型实现对施工现场的 5D 模拟，使工作人员和安全管理人员更直观、全面地了解工程施工过程中存在的各类安全隐患，在此基础上，提前制订相关防范机制与应急处理方案，有效避免安全事故、质量事故的发生。

同时，利用三维模型、项目进度计划及成本数据，构建项目管理信息数据源，并综合三维模型中的各项信息数据，成立 BIM 综合信息数据库。这样，在建筑工程施工建设期间，每个施工阶段的各项信息都能实现科学集成、资源共享，从而确保工程施工的成本与质量管控。

竣工交付阶段相关工作人员汇总整合相关信息和资料，依据各类数据信息进行二次加工竣工模型，在模型中添加能耗、设备等各项新信息，并将遗留在模型中的前期冗余信息剔除，再通过信息技术手段将数据模型进行转换，使之成为运维管理部门便于接收与使用的格式，从而为运维管理部门各项工作的开展提供便利。

2.2 BIM 项目管理实施平台

BIM5D 项目管理实施平台以 3D 模型为载体、数据为核心，通过 BIM 模型集成进度、预算、资源、施工组织等关键信息，可以对施工过程进行模拟，及时为施工过程中的技术、生产、商务等环节提供准确的形象进度、物资消耗、过程计量、成本核算等核心数据，提高沟通和管理决策效率，帮助企业和项目部对施工过程进行数字化管理，从而达到节约时间和成本、提升项目管理效率的目的。

2.2.1 BIM5D 平台架构

如图 2.1 所示，BIM5D 管理平台作为模型及进度成本数据的处理平台，一般包括 PC 端、网页端及移动端，其分别应对管理过程中不同层级的数据处理、不同场景的任务管理。平台通过账号体系进行集中管理，用户账号（如安全员）加入项目后，可由平台管理员对其进行角色配置，以确定该用户在项目内对各项功能的使用权限。

图 2.1 BIM5D 平台组成架构

1. PC 端

PC 端主要用于 BIM 模型及数据交互，包括 BIM 模型、进度计划、预算文件等数据的导入，模型与数据间的关联，数据编辑与填报，部分成果的页面展示等。PC 端大多为项目 BIM 应用开展的前期工作，主要进行模型相关的数据处理及轻量化的模型展示。

2. 网页端

项目施工过程管理作为最主要的管理行为，则主要通过网页端实现。PC 端中的模型工程量、进度及成本等相互关联之后，以数据形式同步至云端（即网页端），在云端实现各方协同管理。

网页端包括"BIM 应用"与"数据中心"两部分，包含进度管理、成本管理、质量管理、安全管理、表单管理、文档管理、监控管理等一系列模块，如图 2.2 所示。

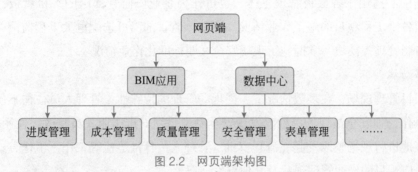

图 2.2　网页端架构图

1）"BIM 应用"

"BIM 应用"作为云端的数据管理平台，主要用于项目管理任务的操作，如实际数据填报、物料管理、线上表单流转与流程审批、模拟建造等。项目管理人员可在网页端的 BIM 应用板块下，进行每日 / 每周 / 每月的物料、机械台班、人工的消耗量及实际进度的填报，实时记录过程进度与成本发生情况。

平台可搭建项目协同管理体系，各方参建人员包括甲方、设计方、监理方、施工方之间，以及总包方（项目部）内部，均可在同一平台中协同管理，如设计方与施工方之间的工程联系单收发；总包单位与分包单位的质量安全整改发起，知会相关人员并进行流转，如图 2.3 所示。同时"BIM 应用"板块可进行文档资料存储，如电子合同、施工图、设计变更、项目质量验收资料等。

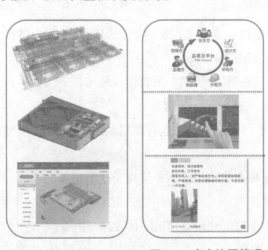

1.多方参与

2.数据现场采集与录入

3.线上审批，问题闭环

图 2.3　多方协同管理

2）"数据中心"

数据中心即项目看板，可展示项目概况、效果图、模型、进度、任务、问题、检查、公告以及延期情况统计等，可以使管理者更方便地获取项目进展情况。其优势在于支持全屏展示，便于通过大屏幕进行投影，信息展示包含汇总数据及分段数据。此外，支持看板格式调整，用户可以自定义展示内容。

作为云端的展示平台，数据中心可展示每日的进度、物资消耗情况、现场监控视频、危大工程监测等；根据项目的实际需求，也可自行选择大屏展示内容，自行搭建管理平台模块。

数据中心适用于各层级管理主体，也可作为企业或监管部门的平台看板，实时监控其下面各个工程项目的施工作业情况。例如，监管部门可选配危大工程监测、现场监控、实名制管理等模块，掌握施工现场安全文明标准化作业情况。

3. 移动端

在项目管理现场，在多数情况下，因现场管理的特殊性，管理人员往往不便于使用网页端操作，如安全员现场巡检时发现安全隐患，须安排作业人员整改。使用移动端，可以很好地进行现场整改发起、流程审批、管理人员日常巡检等工作，工作方式更加便捷，更适应现场的作业管理现状及其他突发情况。

移动端即手机端的轻量化管理平台，包含除数据分析以外的所有模块，支持员工出勤、现场监测、监控查看、过程记录、协同交互等。为保证使用便捷，移动端同时支持轻量化模型、图片、Office 文档、PDF 以及视频等文件在线预览查看功能。

项目内的成员包括各方参建单位、项目部管理人员、各分包单位管理人员等，可以随时随地发起工程动态。例如，施工员可以在施工过程中将每天的工作情况、进度以及标准、优秀做法等通过拍照或录视频等方式发送到工程动态，分享给整个项目的成员。

2.2.2 BIM5D 项目管理实施流程

BIM5D 项目管理平台实施主要包含管理平台配置、前期数据准备、过程记录与管理、过程分析与管控等流程环节，如图 2.4 所示。

（1）平台配置：根据项目"三控三管一协调"的管理目标与任务，由平台管理员选配管理模块，包括 BIM 应用要点、大屏展示内容等。

（2）前期数据准备：BIM5D 平台实施前，需进行数据录入，如 BIM 模型创建、进度计划编制、预算文件编制。

（3）过程记录与管理：包括实际数据填报、表单流程、现场记录与整改、进度协调与优化等。

（4）过程分析与管控：根据后台数据分析，辅助项目管理与决策。

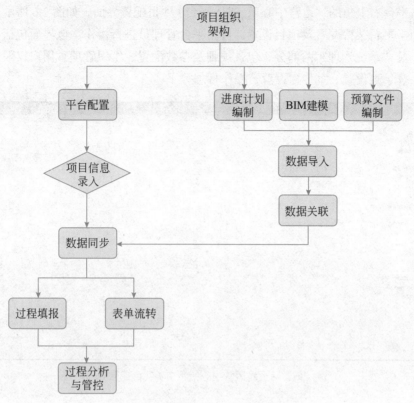

图 2.4　BIM5D 项目管理平台实施流程

2.3　BIM 项目管理实施准备

2.3.1　BIM5D 平台及项目设置

1. 项目及 BIM 应用设置

项目施工前，即 BIM5D 实施准备阶段，需进行平台搭建、项目信息设置及组织框架搭建。根据项目制订的 BIM 管理目标，进行模块的选配，完成平台配置。本书以品茗系列 BIM 软件及配套的"杭州某小学"项目为例进行介绍。打开网页端，如图 2.5 所示，通过项目管理员账号登录平台。

图 2.5　网页端登录界面

单击平台右上角的"运营中心",进入平台 / 项目配置界面,如图 2.6 所示。运营中心主要用于平台架构配置及项目设置,可由平台管理员进行操作。该界面包括"数智企业管理"及"系统管理"两部分,包含规则及参数配置、组织管理、用户权限管理、应用管理、登录页设置、宣传栏设置、操作日志等子项。

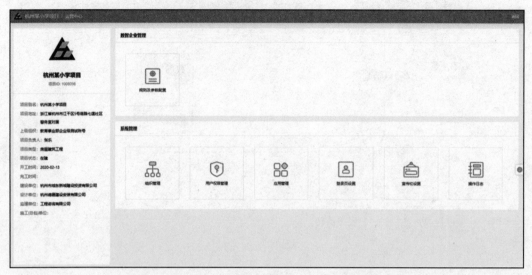

图 2.6　网页端运营中心的平台 / 项目配置界面

任务 2.1:运营中心设置

1. 规则及参数配置

工程项目中材料一般种类及规格型号众多,平台中已默认配置了部分常用材料信息,如钢筋、混凝土、钢材、水泥等材料。同时,"规则及参数配置"子项支持新增 / 编辑项目材料、计量单位等信息,可根据项目情况自定义设置。

教学视频:
运营中心设置

2. 组织管理

组织管理主要用于组织信息(即组织架构)的设置,包含"项目信息"及"组织架构"两部分。

步骤 1:单击组织管理下 ▤ 图标,根据项目施工图等资料,可进行组织信息设置,如图 2.7 所示。组织信息包含项目概况、工程信息、项目介绍及区域划分,按实依次填写。其中,带 * 的为必填项。

步骤 2:单击组织管理下 ⛋ 图标,弹出"新增组织"界面,如图 2.8 所示。根据项目管理需求,可设置该项目建设单位、设计单位、建立单位、施工单位及其下各分包单位等。设置部门负责人时,可根据该部门的职能需求,同时设置该人员(账号)的授权应用权限。如项目安全部门,以安全员为主要负责人,需授权"安全管理"模块,而项目经理则可设置最高权限。

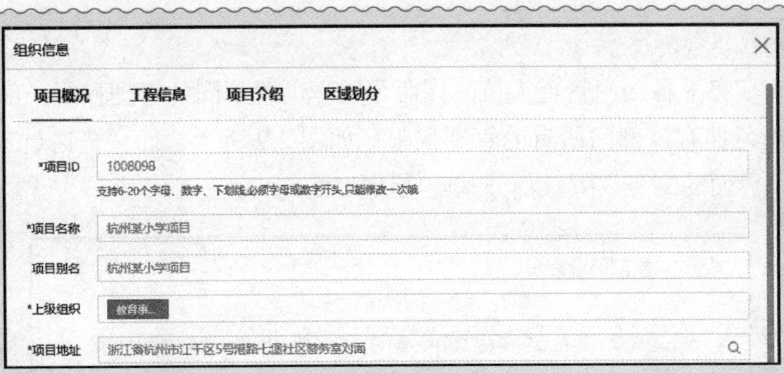

图 2.7　组织信息设置

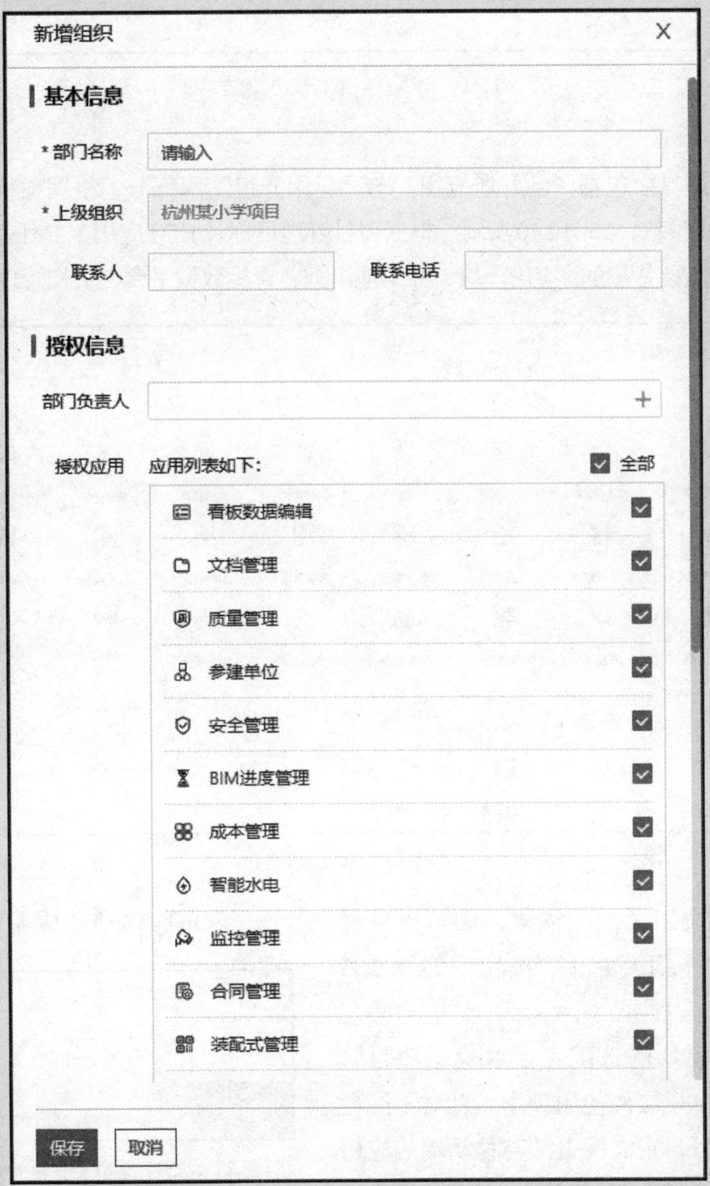

图 2.8　组织 / 部门设置

3. 用户权限管理

针对该项目下各部门管理人员，该命令用于设置不同的管理权限。例如，"部门管理员"角色拥有该部门所有的管理权限，如图 2.9 所示，而"普通员工"则主要拥有各应用界面的浏览权限及部分基础使用权限。

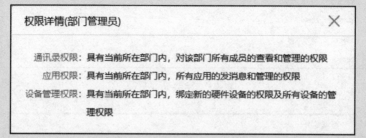

图 2.9　权限详情（部门管理员）

4. 应用管理

应用管理界面包括"已开通应用"与"应用分组"两部分，根据项目需求选择需要开通的应用模块，如图 2.10 所示。根据项目管理目标及 BIM 应用主要任务，可在"应用管理"下选配主界面的应用模块，如工地出勤、看板数据平台、文档管理等应用。

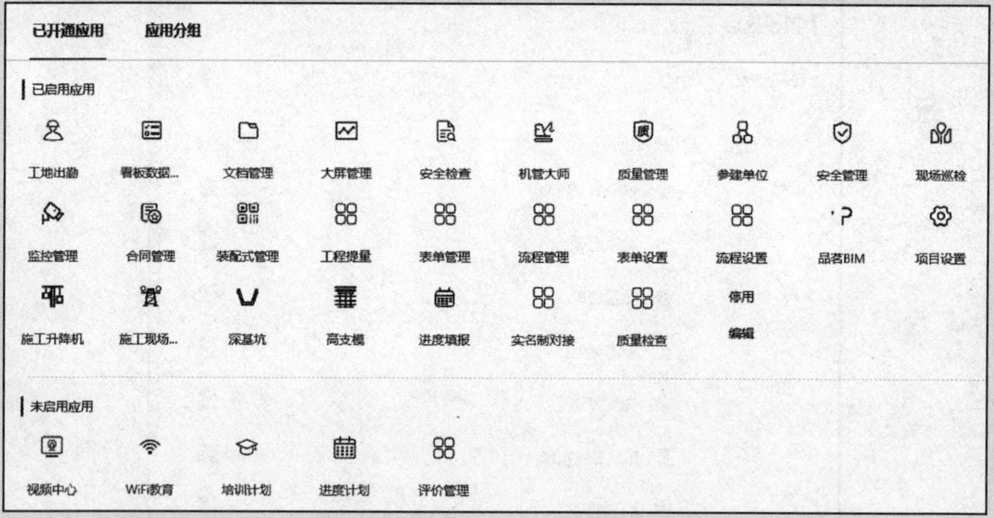

图 2.10　BIM 应用

如部分应用无使用需求，则可以选择"停用"。光标移动至应用模块上，可自动显示"停用／编辑"按钮，如图 2.11所示。

当然，模块的选配主要取决于项目管理需求及各个模块的使用频率。针对不同项目，管理员可自定义网页端与移动端的应用分组与收纳，如图 2.12 所示。

图 2.11　停用／编辑应用模块

图 2.12　应用分组

单击"应用分组"，选择"添加分组"，根据需求设置分组及组下的应用模块，如图 2.13 所示。

图 2.13　自定义分组

> **提示**
>
> 同一项目移动端的管理模块由网页端统一设置，如需将设置同步至移动端，需打开"同步到 APP 端"选项。

5. 登录页设置

项目登录时，页面一般会转到主界面。根据模块的使用频率与管理人员的使用习惯，可将项目设置为登录即跳转至某一模块 / 应用，一般可不设置。

6. 宣传栏设置

进行看板展示时，可在主界面设置宣传窗口，用以展示项目动态信息、本阶段重要工作等，如图 2.14 所示。

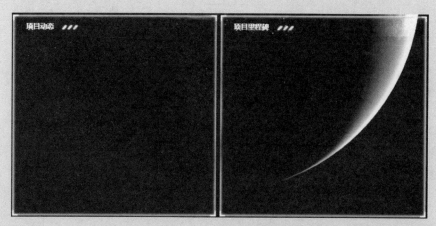

图 2.14　项目看板宣传栏

单击宣传栏设置模块下的"新增"，自定义宣传栏内容，如图 2.15 所示。新增后的信息可直接在本项目看板中展示。

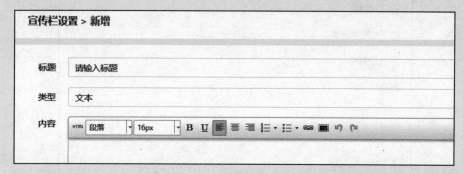

图 2.15　新增宣传栏设置

7. 操作日志

该界面可实时记录各部门人员的所有操作行为，可支持批量导出，方便部门管理人员进行下属人员及分包班组的行为管理。

2. 数据中心设置

完成项目基础及 BIM 应用设置后，可单击主界面"数据中心"，进入看板管理。新建项目时，平台已默认提供一种看板方案，管理员可根据展示需求对默认看板进行编辑，也可新增看板。

任务 2.2：数据看板设置

步骤 1：选择"数据中心"下的"大屏管理"，单击"新增"，如图 2.16 所示。目前看板类型包括智慧工地云平台 4.0 及 5.0 两种，可自行选择；屏幕分辨率可根据展示屏幕的实际尺寸进行设置。

教学视频：
数据看板设置

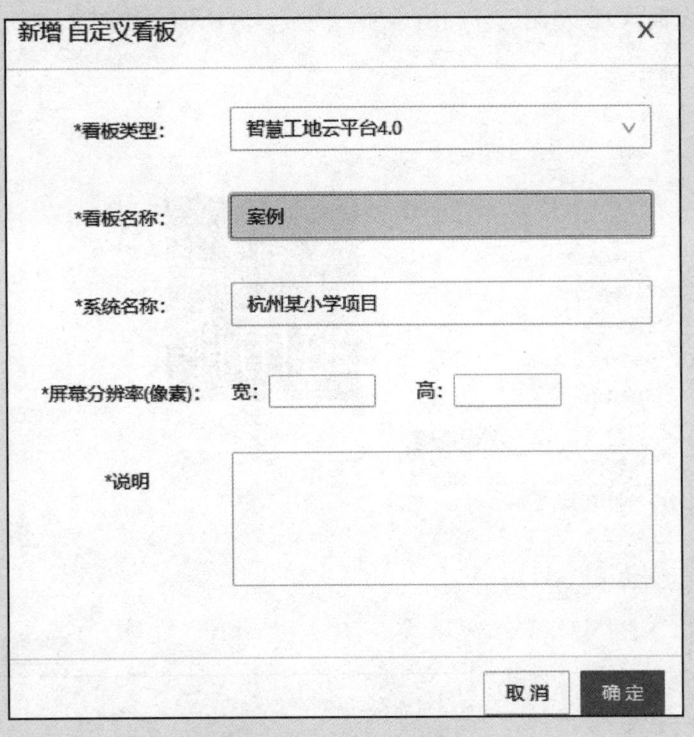

图 2.16　自定义看板类型

步骤 2：新增的看板默认无展示信息，需自行配置。选择新增的"案例"看板，单击"管理"，进入看板编辑界面。

步骤 3：对看板的展示模块进行设计。单击"新增页面"，添加展示模块，如图 2.17 所示。可自定义添加页面名称、页面标题及菜单 logo 等信息。

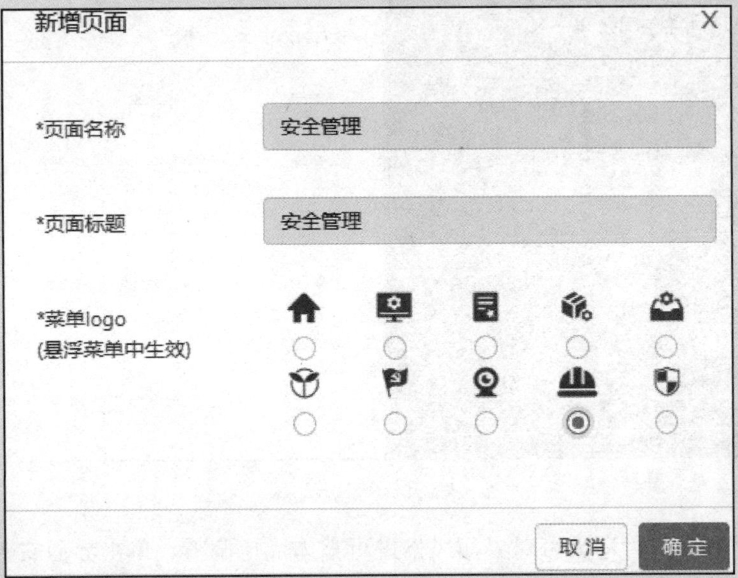

图 2.17　对看板的展示模块进行设计

步骤 4：完成模块新增后，在指定模块下可自行添加展示内容，即新增面板。

单击"新增面板",在左侧选择应用子项,完成内容添加,如图 2.18 所示。

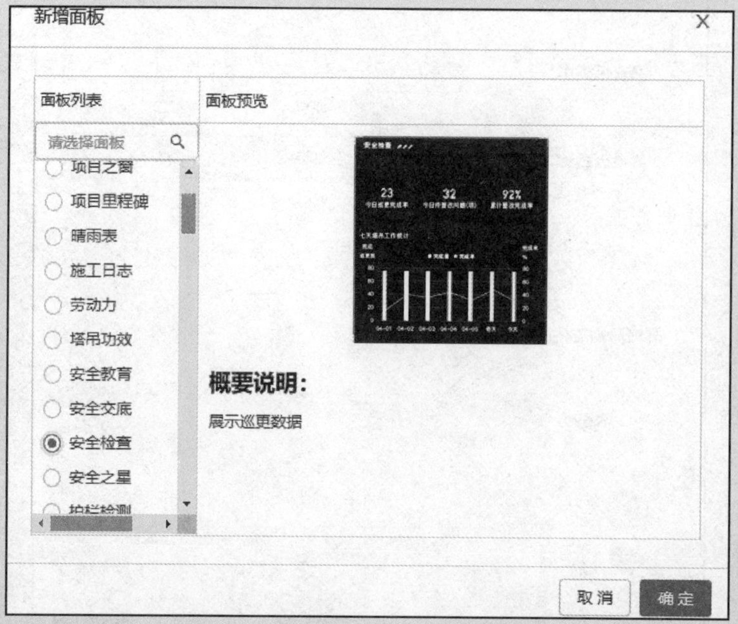

图 2.18 对看板的模块添加展示内容

步骤 5:添加模块内容时,系统默认内容的展示大小、尺寸等信息。如需进行调整,可单击展示内容,选择"编辑",更改相关设置,如图 2.19 所示。

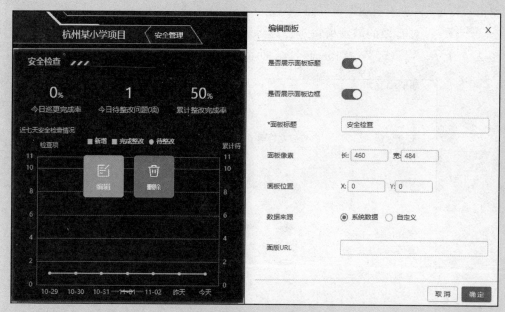

图 2.19 面板编辑

完成设置后,管理员可对界面风格进行整体优化调整。单击界面右上角的"整体风格",可设置看板的显示参数,如图 2.20 所示。完成看板编辑后,可通过"预览看板"查看展示效果。

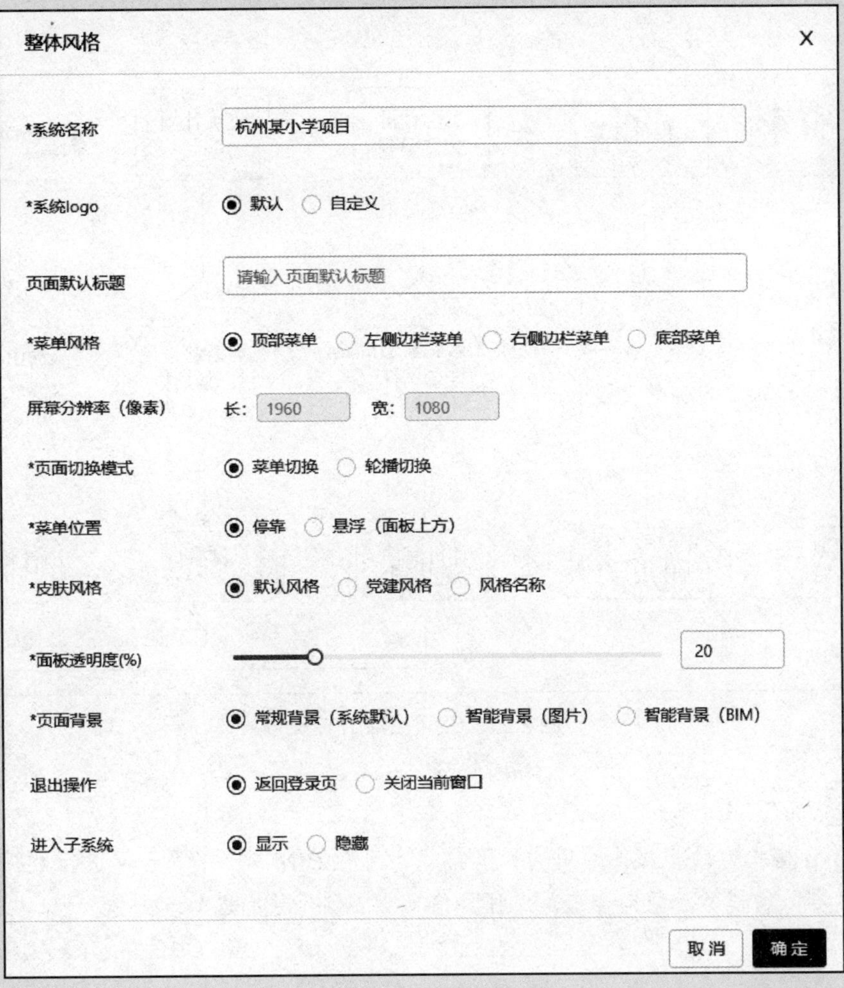

图 2.20　整体风格设置

> **提示**
>
> 　　在同一项目下，可新增多个类型看板，便于企业、项目指挥部、大屏展示等多种场景使用。

2.3.2　5D 数据来源

　　5D 数据包括 BIM 模型、施工进度计划、工程预算文件等。应用相关 BIM 软件，由项目技术人员进行文件制作，制作流程如图 2.21 所示。

　　1. BIM 模型

　　BIM 模型作为数据载体，是其中最为关键的一环，而前期的建模过程也可辅助进行图纸审查、工程出量。常见的建模软件包括 Revit、Tekla、品茗系列 BIM 软件等。根据品茗 BIM5D 平台的需求，需搭建附带清单工程量信息的 BIM 模型（.pbim），该 BIM 模型可由 HiBIM 软件或 BIM 算量软件创建（本书已配套案例模型，包含 .rvt 模型及算量工程模型）。然后进行模型数据交互，将该 BIM 模型导出，并导入 BIM5D平台。

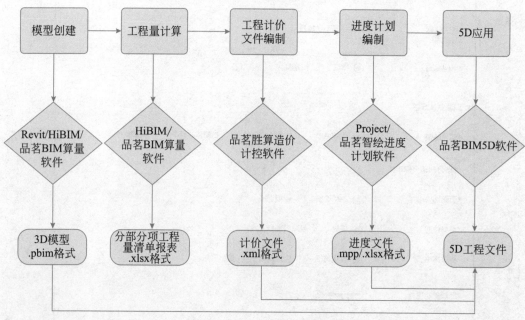

图 2.21　5D 数据制作流程

> **提示**
>
> 　　.pbim 格式为品茗软件通用的模型格式，可在 BIM 软件 / 平台间进行数据交互；BIM5D 导入的模型必须包含清单工程量信息，否则无法完成后续工作。

任务 2.3：模型数据交互

教学视频：
模型数据交互

1. HiBIM（.rvt）模型导出

　　HiBIM 软件基于 Revit 平台建模，完成 .rvt 格式模型创建后，需对模型构件进行楼层划分与类型映射，具体操作流程如图 2.22 所示。

楼层划分 → 构件类型映射 → 构件属性定义 → 工程量计算 → 模型导出

图 2.22　Revit 模型交互

1）楼层划分

　　步骤 1：打开工程，单击 HiBIM 软件右下角的"打开工程"，选择打开已完成的 Revit 模型，如图 2.23 所示。

　　步骤 2：设置算量，单击软件界面"土建算量（品茗）"选项卡中的"算量模式"，如图 2.24 所示。弹出"清单定额设置选项"后，根据项目信息（地区、计价模板）更换清单或定额模板，如图 2.25 所示。

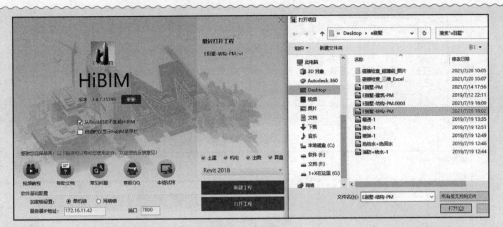

图 2.23　工程界面

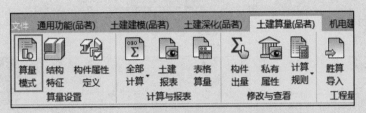

图 2.24　算量模式

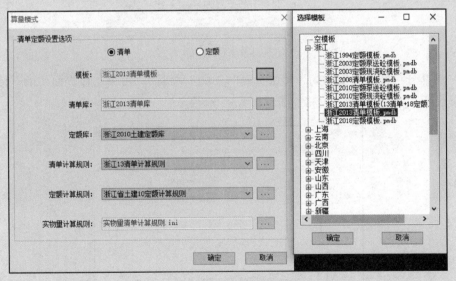

图 2.25　算量模式设置

步骤 3：算量楼层划分，单击软件界面"通用功能（品茗）"选项卡中的"算量楼层划分"，如图 2.26 所示。在"算量楼层划分"界面中，勾选需要统计工程量的楼层标高，如图 2.27 所示。应用 Revit 软件建模时，通常会根据建模需求创建标高，但是没有明确楼层概念。划分算量楼层，即明确模型中所有构件的归属，为统计工程量做准备。实际建模时，常多绘制几条辅助标高线，如最常见的室外地坪标高，划分在算量楼层时，要将其取消勾选。

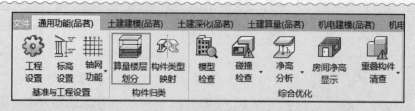

图 2.26 算量楼层划分

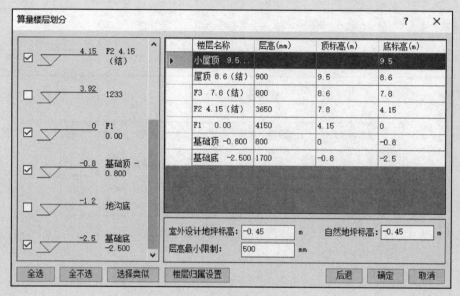

图 2.27 算量楼层划分设置

当部分构件标高实际高于楼层标高时（如上翻梁），可单击该界面中的"楼层归属设置"，设置上、下偏移范围，如图 2.28 所示。

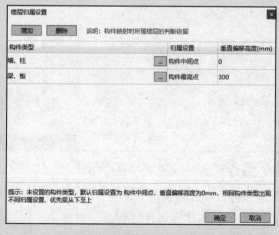

图 2.28 楼层归属设置

2）构件类型映射

步骤 1：单击软件界面"通用功能（品茗）"选项卡中的"构件类型映射"，如图 2.29 所示。构件类型映射即匹配 Revit 中的族类型与算量构件类型，将其进行一一对应。一般常规的族类型，可自动匹配算量类型，特殊族需要手动处理。

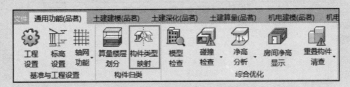

图 2.29　构件类型映射

步骤 2：弹出"构件类型映射"窗口后，在未识别构件模块中，根据左侧 Revit 构件名称，双击选择右侧算量构件类型进行设置，直至全部映射完成，如图 2.30 所示。

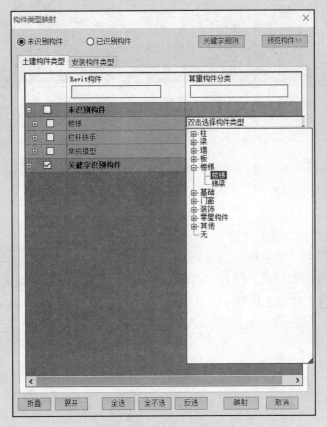

图 2.30　构件类型映射设置

3）构件属性定义

步骤 1：单击软件界面"土建算量（品茗）"选项卡中的"构件属性定义"，如图 2.31 所示。弹出"构件属性定义"窗口后，可根据需求套取清单定额，如图 2.32 所示。

图 2.31　构件属性定义

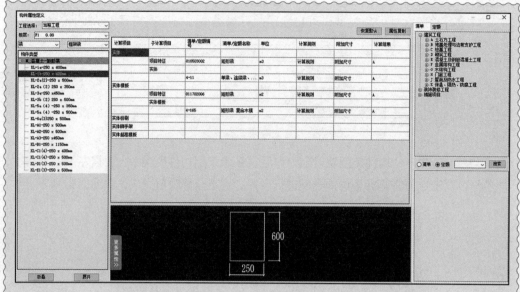

图 2.32　构件属性定义设置

> **提示**
>
> 　　软件可根据构件所属的算量构件类型，自动套取部分清单、定额，可根据项目实际情况进行补充。

　　4）工程量计算

　　单击软件界面"土建算量（品茗）"选项卡中的"全部计算"，如图 2.33 所示。弹出"土建计算"窗口后，选择"清单定额量"或"实物量"，勾选需要统计工程量的楼层及构件，如图 2.34 所示。

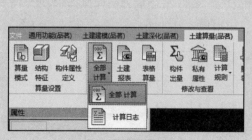

图 2.33　工程量计算

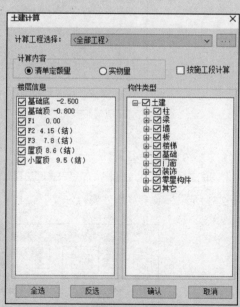

图 2.34　计算范围设置

5）模型导出

单击软件界面"通用功能（品茗）"选项卡中的"pbim 导出"，按需求选择需要导出的楼层并单击确定，如图 2.35 所示。

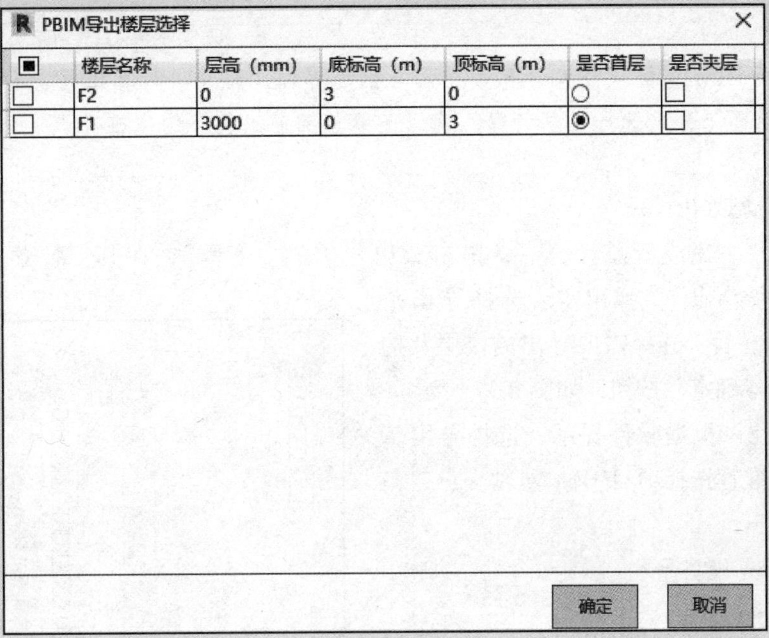

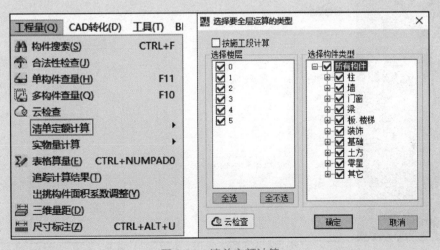

PBIM导出楼层选择					
楼层名称	层高（mm）	底标高（m）	顶标高（m）	是否首层	是否夹层
F2	0	3	0	○	
F1	3000	0	3	◉	

图 2.35　pbim 模型导出

2. BIM 算量模型导出

1）工程量汇总计算

步骤 1： 双击品茗 BIM 算量软件图标打开软件，选择"打开工程"，选择指定案例工程。单击菜单栏中的"工程量"，在其下拉菜单中选择"清单定额计算"，弹出"选择要全层运算的类型"对话框后，全选需要计算的各层构件类型，单击"确定"按钮进行工程量汇总计算，如图 2.36 所示。

图 2.36　清单定额计算

步骤 2：单击菜单栏中 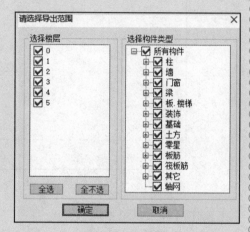 图标，选择切换至钢筋界面。单击菜单栏中的"工程量"，在其下拉菜单中选择"钢筋量计算"。弹出"选择要全层运算的类型"对话框后，全选需要计算的各层构件类型，单击"确定"按钮即可进行工程量汇总计算。

> **提示**
>
> 品著 BIM 算量软件包含算量界面与钢筋界面，汇总、计算工程量时，必须在两个界面下分别选择汇总计算，确保土建与钢筋工程量的完整性。

2）模型导出

步骤 1：完成汇总计算后，单击菜单栏中的"工程"，在其下拉菜单中选择"BIM 模型导出"，弹出"请选择导出范围"对话框后，选择需要导出的楼层及构件，单击"确定"按钮，如图 2.37 所示。

步骤 2：根据软件提示，选择导出基点坐标，推荐选择项目①轴/A轴交点，完成模型导出。

3. pbim 模型导入

1）新建工程

导出 HiBIM/BIM 算量软件模型后，打开 BIM5D 软件，新建工程，如图 2.38 所示。其中，工程信息根据项目信息设置；计价模板与本项目预算文件模板选择一致即可。

图 2.37　模型导出

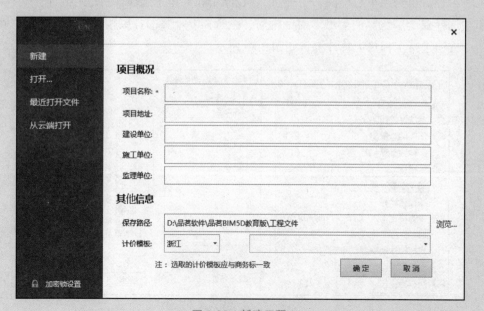

图 2.38　新建工程

2）模型导入

完成工程新建后，单击左侧功能面板下的"模型导入"，选择名称下的"工程1"，如图 2.39 所示。单击"本地导入"，选择已导出的 pbim 文件，完成模型导入。

> **提示**
>
> 必须选择"工程 1"后，再导入模型。如项目含多个单体，则可在工程 1 下新增单位工程，并依次导入项目各个单体。

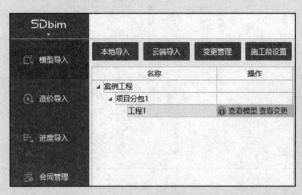

图 2.39　模型导入

3）工程信息编辑

步骤：右击"工程 1"，弹出编辑工程界面，根据项目图纸信息对工程信息进行设置，如图 2.40 所示。

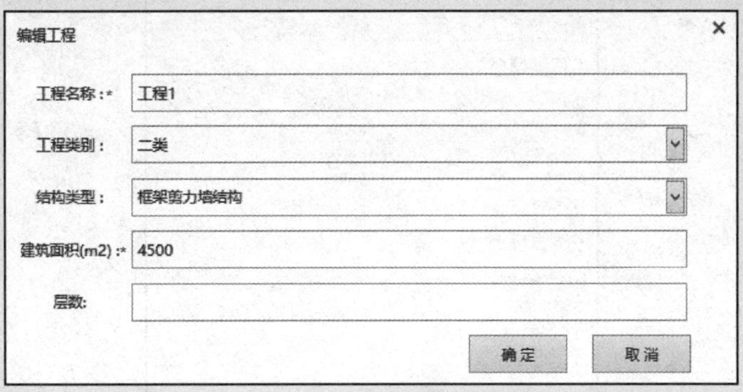

图 2.40　工程编辑

完成模型导入后，可在该界面下进行模型审查。界面正上方包含"单位工程""专业""楼层""构件""施工段"等条件筛选框，帮助快速筛选构件，模型审查如图 2.41 所示。

整体审查后，也可以对某一构件进行信息核查。右击任一构件（如结构柱），选择"属性"，弹出构件属性窗口，如图 2.42 所示。在该界面下，可查看构件信息、所属楼层、工程量信息、进度信息等，其中，进度信息需在关联进度后方可查看。

初始版本
土建
全部楼层
全部构件
全部施工段
轴网/施工段设置
全屏显示

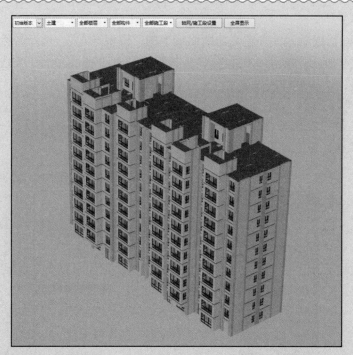

图 2.41　模型审查

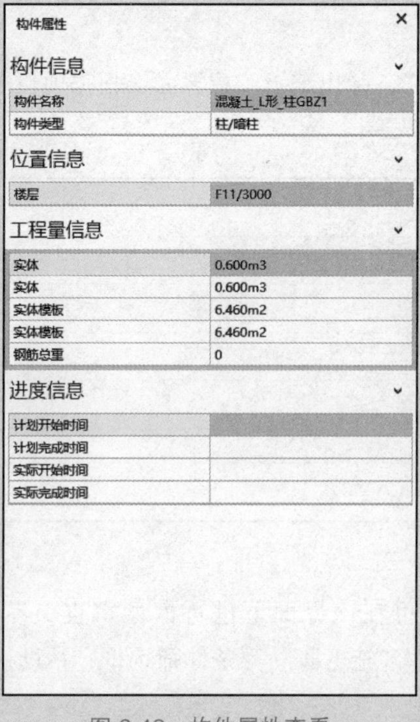

构件属性
构件信息
构件名称　混凝土_L形_柱GBZ1
构件类型　柱/暗柱
位置信息
楼层　F11/3000
工程量信息
实体　0.600m3
实体　0.600m3
实体模板　6.460m2
实体模板　6.460m2
钢筋总重　0
进度信息
计划开始时间
计划完成时间
实际开始时间
实际完成时间

图 2.42　构件属性查看

2. 进度计划文件

施工进度计划即为实现项目设定的工期目标，对各项施工过程的施工顺序、起止时间和相互衔接关系所做的统筹策划和安排。编制施工进度计划时，需依据建筑工程施工的客观规律和施工条件，参考工期定额，综合考虑资金、材料、设备、劳动力等资源的投入。编制的施工进度计划要保证拟建工程在规定的期限内完成，同时保证施工的连续性和均衡性，节约施工费用。

品茗 BIM5D 管理平台支持 .mpp 与 .xls（.xlsx）格式导入，进度计划可通过 Project 或 Excel 进行编制，也可通过品茗智绘进度计划软件绘制网络图，再导出进度。

任务 2.4：导入进度计划文件

1. Excel/Project 进度文件导入

步骤：单击左侧菜单栏的"进度导入"，在界面左上角选择"导入进度"，选择相应的进度计划文件进行导入。如导入的是 Excel 文件，需确认导入的字段，包括任务名称、计划开始时间、计划完成时间等信息，如图 2.43 所示。

教学视频：进度及造价文件导入

进度导入字段设置

名称	计划开始时间	计划完成时间	实际开始时间	实际完成时间	
任务名称	计划开始时间	计划完成时间	实际开始时间	实际完成时间	
基础施工	2021年3月1日	2021年3月10日	2021年3月1日	2021年3月10日	
1层结构	2021年3月11日	2021年3月16日	2021年3月11日	2021年3月16日	
2层结构	2021年3月17日	2021年3月22日	2021年3月17日	2021年3月22日	
3层结构	2021年3月23日	2021年3月28日	2021年3月23日	2021年3月28日	
4层结构	2021年3月29日	2021年4月3日	2021年3月29日	2021年4月3日	
5层结构	2021年4月4日	2021年4月9日	2021年4月4日	2021年4月9日	
6层结构	2021年4月10日	2021年4月15日	2021年4月10日	2021年4月15日	
屋面层结构	2021年4月16日	2021年4月18日	2021年4月16日	2021年4月18日	
1~3层砌体	2021年4月19日	2021年4月28日	2021年4月19日	2021年4月28日	
4~6层砌体	2021年4月29日	2021年5月7日	2021年4月29日	2021年5月10日	
1~3层门窗安装	2021年5月8日	2021年5月10日	2021年5月11日	2021年5月13日	
4~6层门窗安装	2021年5月11日	2021年5月13日	2021年5月14日	2021年5月16日	

取消　　确定

图 2.43　Excel 进度导入字段设置

第一次导入进度时，会弹出时间设置界面，根据项目实际情况，设置工程开工及完成时间，如图 2.44 所示。此处的项目开工及完成时间仅用于平台自主判断进度的状态，如提前、延误、正常等，不会影响计划进度本身的时间节点。如后期需要更改，可在右上角重新单击"开工 / 完成时间"进行设置。

进度计划导入完成，请修改计划开工、完成时间

开工时间：

完成时间：

确定

图 2.44　开工及完成时间设置

2. 品茗智绘进度计划文件导入

品茗智绘进度计划软件绘制的进度网络图不能直接导入 5D 平台，需提前将其导出为 .xlsx 格式文件，再另行导入。打开品茗智绘进度计划软件，选择并打开"案例网络图"文件，单击菜单栏面板"文件"下的"工作导出"，将其命名为"案例工程进度计划 .xlsx"。

3. 预算文件

项目前期编制的预算文件主要涉及合同预算与成本预算两类。合同预算是施工单位中标之后，与甲方签订合同后形成的合同价，主要是根据定额和人材机市场价明确各项清单的综合单价和各项其他费用。成本预算是中标之后的总包单位在进行内部实际成本核算时对内部的生产工人、材料供应商、机械租赁方支付的资金，包括实际材料价、人工价、机械价等。利用 BIM5D 进行成本管理，将合同预算和成本预算文件导入 BIM 系统，可与模型进行关联后进行两算对比，可为项目成本管理奠定基础。

任务 2.5：导入预算文件

1. 预算数据导出

打开本书配套的"案例工程合同预算 .SSQ6"，单击菜单栏中的"数据"，在其下拉菜单中选择"导出 5D 数据接口"。根据软件提示，依次设置项目信息，另存为合同预算 .xml（成本预算 .xml）文件，完成数据导出。

2. 预算数据导入

步骤 1：单击左侧菜单栏中的"造价导入"，在界面左上角单击"导入造价"，根据导入的预算文件类型选择"合同预算"或"成本预算"，根据提示选择本案例的预算文件，如图 2.45 所示。

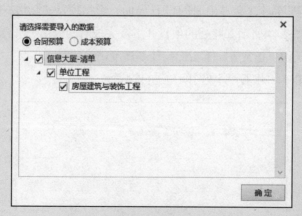

图 2.45　造价导入

步骤 2：完成"造价导入"后，软件自动弹出"费率设置"界面；此处不用额外设置，已在预算文件编制时明确，如图 2.46 所示。

图 2.46　费率设置

2.3.3　其他前期资料

在项目准备阶段，除 BIM 模型、进度计划及预算文件三大数据来源以外，针对项目文档管理、质安管理等，需要预先规范表单、制订管理体系。

传统施工项目现场文档、资料、图纸管理较为混乱，各单位信息不同步，现场整改责任不明确，流程审批不及时，都给资料管理带来了一定的难度。基于 BIM 的管理平台，可搭建文档、资料管理体系，所有资料集中管理。同时，特殊资料直接挂接模型，如变更单、日检记录、质安整改单等，实现模型反查。

任务 2.6：导入其他文件

1. 模型与图纸

为便于项目各方管理人员对模型与图纸审查，保证项目管理人员、作业班组人员等信息同步，所有设计施工图、变更单（图纸）上云平台，形成一套体系并对各方管理人员进行管理平台交底，如图 2.47 所示。

教学视频：
导入其他文件

2. 流程表单

现场管理过程中产生的各方表单，如监理整改单、现场质量整改单等，可形成一套完整的审批流转体系，如图 2.48 所示，以实现现场管理责任到人、及时整改，提高管理效率。

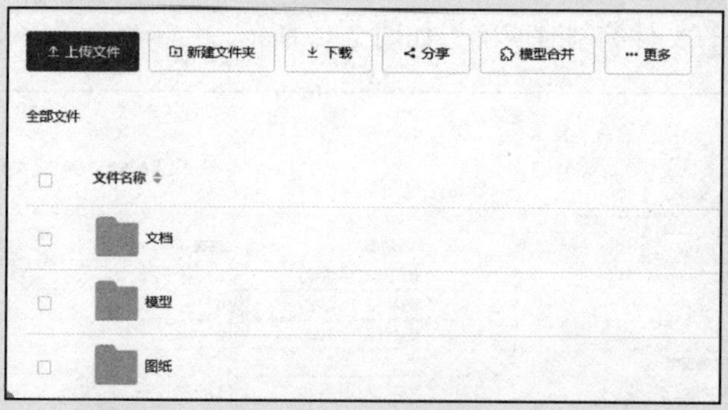

图 2.47 文档管理

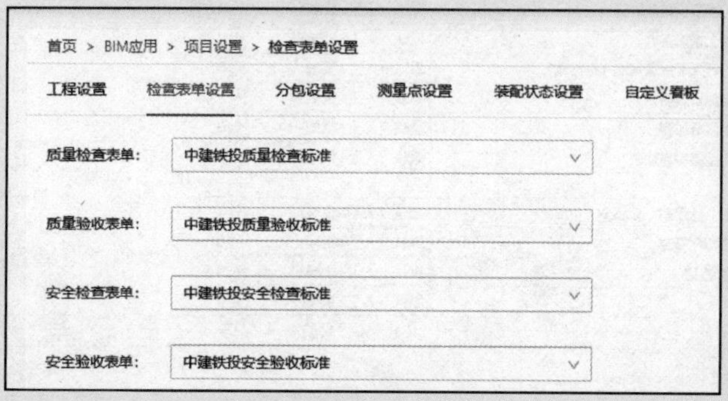

图 2.48 表单设置

针对不同的表单需求，平台支持自定义表单。选择"BIM 应用"下的"表单设置"，单击"新建模板"，进行表单设置：模板名称按实设置即可；设计表单时，根据界面左侧提供的"基础字段""增强字段""成员字段"等，以拖曳的方式自行设计表单界面的所有模块，如图 2.49 所示；表单完成设计后，选择需要进行表单统计的字段，完成自定义表单，自定义表单可在表单管理下查看/使用。

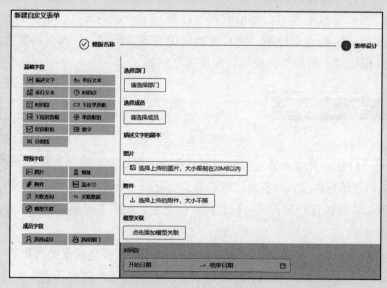

图 2.49 表单设计

3. 其他文档

现场管理过程中，如进度计划、施工方案、技术交底等现场施工指导性文件，同样需要建立完备的管理体系。

学习笔记

章节练习

一、单项选择题

1.（　　）的管理是整个工程项目全寿命周期的重中之重。

　　A. 决策阶段　　　　　　B. 设计阶段　　　　　　C. 施工阶段　　　　　　D. 使用阶段

2. 业主方项目管理的目标包括（　　）。

　　A. 投资目标、进度目标、质量目标　　　　　B. 成本目标、进度目标、质量目标

　　C. 投资目标、进度目标、成本目标　　　　　D. 成本目标、安全目标、质量目标

3. 建设工程项目的实施阶段不包括（　　）。

　　A. 设计阶段　　　　　　B. 设计准备阶段　　　　　C. 决策阶段　　　　　　D. 保修阶段

4. 下列关于建造师和项目经理的关系的表述中，正确的是（　　）。

　　A. 取得建造师注册证书的人员即可成为施工项目经理

　　B. 建造师是管理岗位，项目经理是技术岗位

　　C. 大、中型工程项目的项目经理必须由取得建造师注册证书的人员担任

　　D. 取得建造师注册证书的人员只能担任施工项目经理

二、简答题

1. 施工项目管理的重点工作是什么？请简述其具体内容。

　　　　　　　　　　　　　　　　　　　　　　　　　　　　　　　　　　　　

　　　　　　　　　　　　　　　　　　　　　　　　　　　　　　　　　　　　

　　　　　　　　　　　　　　　　　　　　　　　　　　　　　　　　　　　　

　　　　　　　　　　　　　　　　　　　　　　　　　　　　　　　　　　　　

2. 简述 BIM5D 管理平台的架构和实施流程。

　　　　　　　　　　　　　　　　　　　　　　　　　　　　　　　　　　　　

　　　　　　　　　　　　　　　　　　　　　　　　　　　　　　　　　　　　

　　　　　　　　　　　　　　　　　　　　　　　　　　　　　　　　　　　　

3. BIM5D 管理平台在项目管理实施准备阶段应完成哪些设置，并导入哪些数据文件？

第3章 BIM 进度管理

【学习目标】

本章主要介绍工程项目进度管理的概念和目标；工程项目进度计划编制；进度管理实施、检查和调整；并通过六个任务详细地介绍应用 BIM5D 管理平台进行进度管理的实施流程和操作方法。

本章包括以下学习目标：

1. 了解建筑工程项目进度管理工程程序和目标。

2. 掌握流水施工的组织方式。

3. 理解工程项目横道图与双代号网络图进度计划和编制方法。

4. 掌握进度管理的主要内容与基本方法。

5. 掌握 BIM5D 平台进行进度数据的交互、关联与编辑和操作方法，会通过模拟建造分析进度，并进行工程项目进度管理。

6. 培养良好的团队协作能力、严谨细致的职业态度和具体问题具体分析的逻辑能力。

3.1 工程项目进度管理的目标

工程项目进度管理是指在工程项目建设过程中，为了在合同约定工期内完成工程项目建设任务而开展全部管理活动的总称，包括进度计划的编制、实施与调整等一系列工作。工程项目进度管理是一个动态、循环、复杂的过程，也是一项效益显著的工作，是以工程建设总目标为基础进行工程项目的进度分析、进度计划及资源优化配置，并进行进度控制管理的全过程，直至工程项目竣工，并验收交付使用后结束。工程项目进度管理的目的是保证进度计划的顺利实施，并纠正进度计划的偏差，即保证各工程活动按进度计划及时开工、按时完成，保证总工期不推迟。应用 BIM 技术，能更主动、快速地完成对进度管理的实施和调整。

建筑工程项目进度管理目标应在项目分解的基础上确定，包括项目进度总目标和分阶段目标，也可根据需要确定年、季、月、旬（周）目标或里程碑事件目标等。里程碑事件目标是指关键工作的开始时刻或完成时刻。

在确定施工进度管理目标时，必须全面细致地分析与建设工程项目进度有关的各种有利因素和不利因素，才能制订出科学、合理的进度管理目标。在确定施工进度管理目标时，还要考虑以下几个方面。

（1）施工单位要结合工程特点，确保工程总进度目标满足施工合同工期要求。

（2）结合本工程的特点，参考同类建设工程的经验来确定施工进度目标，避免主观盲目确定进度目标，即可避免在实施过程中造成进度失控。

（3）合理安排土建与设备、总包与分包的综合施工。应按照它们各自的特点和要求，合理安排施工的先后顺序及搭接、交叉或平行作业。

（4）做好资金供应能力、施工力量配备、物资（包括材料、构配件、设备等）供应能力与施工进度的平衡工作，确保工程进度目标的要求，从而避免工程进度目标落空。

（5）考虑外部施工条件的配合情况，工程项目所在地区的地形、地质、水文、气象等方面的限制条件，施工过程中及项目竣工动用所需的水、电、气、通信、道路及其他社会服务项目的满足程度和满足时间。

3.2 工程项目进度计划编制

3.2.1 进度计划编制基础

1. 工程项目进度计划的分类

（1）按对象分类，包括建设项目总进度计划、单项工程进度计划、单位工程进度计划和分部、分项工程进度计划等。

（2）按项目组织分类，包括建设单位进度计划、设计单位进度计划、施工单位进度计划、供应单位进度计划、监理单位进度计划和工程总承包单位进度计划等。

（3）按功能分类，包括控制性进度计划和实施性进度计划。

（4）按施工时间分类，包括年度施工进度计划、季度施工进度计划、月度施工进度计划、旬施工进度计划和周施工进度计划。

2. 单位工程施工进度计划的编制依据

（1）项目管理目标责任：项目部的"项目管理目标责任书"中明确规定了项目进度目标，是编制单位工程施工进度计划的依据。

（2）施工总进度计划：单位工程施工进度计划必须执行施工总进度计划中所要求的开工时间、竣工时间及工期安排。

（3）施工方案：施工方案对施工进度计划有决定性作用，施工顺序就是按施工进度计划的施工顺序，施工方法直接影响施工进度。

（4）主要材料和设备的供应能力：施工进度计划编制的过程中，必须考虑主要材料和机械设备的供应能力，机械设备既影响所涉及项目的持续时间、施工顺序，又影响总工期。

（5）施工人员的技术素质及劳动效率。

（6）施工现场条件、气候条件、环境条件。

（7）已建成的同类工程的实际进度及经济指标。

3. 单位工程施工进度计划的编制要点

1）分解单位工程工作

单位工程施工进度计划属于实时性计划，用于指导工程施工，所以其工作分解宜详细一些，一般要分解到分项工程，如混凝土结构工程应进一步分解到模板工程、钢筋工程、预应力混凝土工程等分项工程。工作分解应全面，不能遗漏，还应注意适当简化工作内容，避免分解过细或重点不突出。为避免分解过细，可考虑将次要、零星的分项工程合并为其他工程；对于分包工程，主要确定与施工项目的配合，可以不必继续分解。

2）确定施工顺序

确定施工顺序，是为了按照施工的技术规律和合理的组织关系，解决各工作项目之间在时间上的先后和搭接问题，以达到保证工程质量、保障施工安全、充分利用施工空间和时间、实现合理安排工期的目的。一般来说，施工顺序受施工工艺和施工组织两方面制约。当施工方案确定之后，工作项目之间的逻辑关系也就随之确定。如果违背这种关系，可能会导致无法施工，或者导致工程质量事故和安全事故，或者造成返工浪费等。

具体确定施工顺序时，首先应找出各个主要工艺组合，并按流水原理组织流水施工，合理安排各个主要工艺组合，然后将搭接工艺组合及其他工作尽可能地与其平行施工，或做最大限度的搭接施工。不同的工程项目，因为工程特点、施工单位、施工项目部、施工时间、地质条件等不同，施工顺序也难以做到完全相同。因此，在确定施工顺序时，必须根据工程的特点、技术组织要求以及施工方案等进行研究，不能拘泥于某种固定的顺序。

3）计算施工项目工作持续时间

施工项目工作持续时间（流水节拍）的计算方法一般有经验估计法、定额计算法和倒排计划法。

（1）经验估计法是根据过去的经验进行估计，一般适用于采用新工艺、新技术、新结构、新材料等无定额可循的工程，具体方法是先估计出完成该施工项目的最乐观时间 A、最保守时间 B 和最可能时间 C 三种施工时间，然后确定该施工项目的工作持续时间 T。

$$T = \frac{A + B + 4C}{6} \tag{3-1}$$

（2）定额计算法是根据施工项目的工程量、配备的劳动量或机械台班量来确定其工作持续时间。工程量应根据施工图和工程量计算规则计算，针对所划分的每一个工作项目进行。当编制施工进度计划时已有造价文件，且工作项目的划分与施工进度计划一致时，可以直接套用造价文件的工程量，不必重新计算。若某些项目有出入，应结合工程的实际情况进行某些必要的调整。

$$T = \frac{M}{RN} \tag{3-2}$$

式中：T——工作持续时间；

　　　M——某工作项目工程量；

　　　R——施工班组 / 机械台班单位工作量；

　　　N——施工班组 / 机械台班数。

典型案例 1

　　根据造价文件查询可知，某土建工程 A 施工段中砌筑工程的工程量为 1 000m³，项目部每个施工班组在合理的施工组织下，每日能完成 20m³，项目部一共有 2 个施工班组，试确定该施工段砌筑工程的工作持续时间。

　　分析：

$$T=\frac{M}{R\times N}=\frac{1\ 000}{20\times 2}=25（天）$$

　　（3）倒排计划法是根据流水施工方式及总工期要求，先确定施工时间和工作班制，再确定施工班组人数或机械台数。如果计算出的施工人数或机械台班数过多或过少，则应根据施工现场条件、施工工作面大小、最小劳动组合、可能得到的人数和机械等因素合理调整；如果工期太紧，不能延长施工时间，则可考虑组织多班组、多班制施工。

　　4）绘制施工进度计划图

　　绘制施工进度计划图，首先应选择施工进度计划的表达形式。目前，常用来表达建设工程施工进度计划的方法有横道图和网络计划图两种形式。横道图比较简单，而且非常直观，多年来广泛应用于工程建设中，工程建设人员以此作为控制工程进度的主要依据。但是，采用横道图控制工程进度具有一定的局限性。随着计算机的广泛应用，网络计划图日益受到人们的青睐。

　　5）检查与调整施工进度计划

　　当施工进度计划初始方案编制好后，需要对其进行检查并调整，以使进度计划更加合理。进度计划的检查主要包括以下内容：各工作项目的施工顺序、平行搭接和技术间歇是否合理；总工期是否满足合同规定；主要工种的工人是否能满足连续、均衡施工的要求；主要机具、材料等的准备和利用是否均衡和充分。

3.2.2　编制横道图进度计划

　　横道图也称甘特图，是用横道图表示的工程项目进度计划，一般包括两个基本部分：左侧是工作名称和工作持续时间等基本数据，右侧是横线部分。该计划明确地表示出各项工作的划分、工作的开始时间和完成时间、工作的持续时间、工作之间的相互搭接和间歇关系，以及整个工程项目的开工时间、完工时间和总工期。

　　1. 建筑工程项目施工组织方式

　　建筑工程项目的施工组织方式包括依次施工、平行施工和流水施工。

　　1）依次施工

　　依次施工是将拟建工程的整个建造过程分解成若干个施工段，按照一定的施工顺序，依次完成每个施工段的第一个施工过程，再开始第二个施工过程，直至完成最后一个施工过程。这是一种最基本、最原始的施工组织方式，如图 3.1 所示。

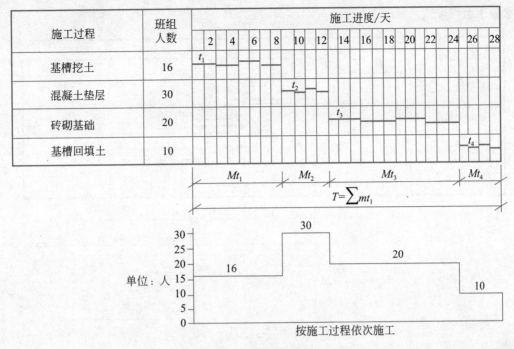

图 3.1　依次施工横道图

　　依次施工组织具有以下特点：由于没有充分利用工作面去争取时间，所以工期较长；工作队不能实现专业化连续施工，不利于工人改进操作方法和施工机具，不利于提高工程质量和劳动生产率；单位时间内投入的资源数量比较少，有利于资源供应的组织工作；施工现场的组织、管理比较简单。

　　2）平行施工

　　在拟建工程任务十分紧迫、工作面允许以及资源保证供应的条件下，可以组织几个相同的工作队，在同一时间、不同的空间上进行施工，这样的施工组织方式称为平行施工，如图 3.2 所示。

　　平行施工组织方式具有以下特点：可以充分利用工作面，争取时间，缩短工期；工作队不能实现专业化连续生产，不利于改进工人的操作方法和施工机具，不利于提高工程质量和劳动生产效率；单位时间投入施工的资源成倍增长，现场临时设施也相应增长，施工成本高；施工现场组织、管理复杂。

　　3）流水施工

　　流水施工是将拟建工程项目的全部建造过程在工艺上分解为若干施工过程，在平面上划分为若干施工段，在竖向上划分为若干施工层，然后按照施工过程组建专业工作队（或组），专业工作队按照规定的施工顺序投入施工，完成第一施工段上的施工之后，专业工作人数、使用材料和机具不变，依次、连续地投入第二、第三……施工段，完成相同的施工过程，并使相邻两个专业工作队在开工时间上最大限度地、合理地搭接起来；同理，分层施工，当第一施工层各施工段的相应施工过程全部完成后，专业工作队依次地、连续地投入第二、第三……施工层，保证工程项目施工全部过程在时间和空间上有节奏、均衡、连续地进行下去，直到完成全部的工程任务，这种施工组织方式，称为流水施工组织方式，如图 3.3 所示。

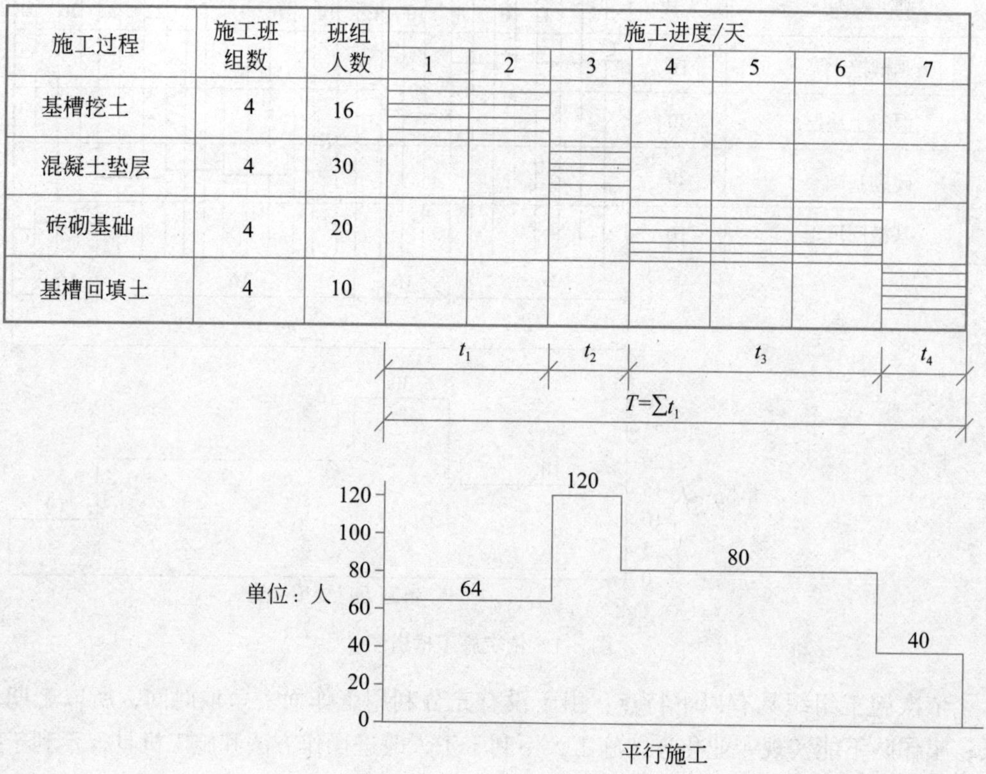

施工过程
施工班组数
班组人数
施工进度/天
1 2 3 4 5 6 7
基槽挖土 4 16
混凝土垫层 4 30
砖砌基础 4 20
基槽回填土 4 10
t1 t2 t3 t4
T=∑t1
120 100 80 60 40 20 0
单位：人
64
120
80
40
平行施工

图 3.2 平行施工横道图

施工过程
班组人数
施工进度/天
1 3 5 7 9 11 13 15 17 19
基槽挖土 16
混凝土垫层 30
砖砌基础 20
基槽回填土 10
K1,2 K2,3 K3,4 Tn
T=∑ Ki,j+1+Tn
70 60 50 40 30 20 10 0
单位：人
16
46
66
50
20
30
10
流水施工（全部连续）

图 3.3 流水施工横道图

流水施工组织方式具有以下特点：科学地利用了工作面，争取了时间，总工期趋于合理；工作队及其工人实现了专业化连续生产，有利于改进操作技术，可以保证工程质量和提高劳动生产率；每次投入的资源数量较为均衡，有利于资源供应的组织工作；现场能进行文明施工和科学管理。

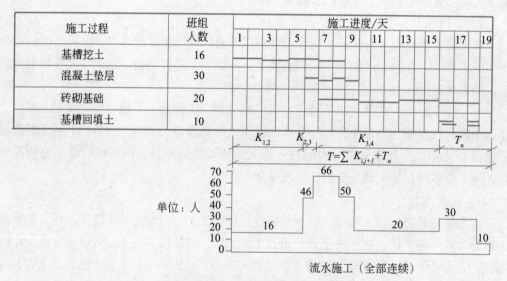

实践证明，流水施工是建筑安装工程施工最有效的科学组织方法。

2. 流水施工参数

为了说明组织流水施工时，各施工过程在时间和空间上的展开情况及相互制约关系，必须引入一些描述流水施工的工艺流程、空间布置和时间安排等方面的特征和各种数量关系的状态参数，这些参数称为流水施工参数，主要包括工艺参数、空间参数和时间参数。

1）工艺参数

工艺参数是指在组织流水施工时，用以表达流水施工在施工工艺方面进展状态的参数，包括施工过程数和流水强度两个参数。

（1）施工过程数。在工程项目施工作业过程中，施工过程可理解为施工的工艺阶段或工序，施工工艺阶段的划分可大可小，既可以是分部分项工程，也可以是单位工程或单项工程。施工过程数是流水施工的基本参数之一，一般以 n 表示。

（2）流水强度是指每一施工过程在单位时间内所完成的工程量，又称流水能力或生产能力。

2）空间参数

空间参数是指在组织流水施工时，用以表达流水施工在空间布置上开展状态的参数，通常包括工作面、施工段及施工层。

（1）工作面是指施工对象上可供操作工人或施工机械进行施工的活动空间。它是根据相应工种单位时间内的产量定额、建筑安装工程操作规程和安全规程等要求来确定的。

（2）施工段是指为了有效地组织流水施工，通常把拟建工程项目在平面上划分成若干个工作量大致相等的施工段落，一般用 m 来表示，它是流水施工的主要参数之一。划分施工段的原则如下：建筑物每层可分为一个或若干个施工段，各层应有相等的段数和上下垂直对应的分段界限；每个流水段内要有足够的工作面，以保证相应数量的人员、主导机械的生产效率，满足合理劳动组织的要求；同一工作队在各个流水段上的劳动量应大致相等，相差幅度不宜超过 15%，以便组织节奏流水，使施工连续、均衡、有节奏；分段界限应设在对建筑结构整体性影响小的部位，尽量利用结构自然分界（如沉降缝、伸缩缝等）或建筑特征（单元、平面形状）；施工段的数目要满足合理组织流水作业的要求，流水段数目过多，会降低作业速度，延长工期；流水段过少，不利于充分利用工作面，可能造成窝工。

（3）施工层是指为了满足专业工种对操作高度和施工工艺的要求，将拟建工程项目在竖向上划分为若干个操作层，这些操作层称为施工层，一般以 r 表示。

3）时间参数

时间参数指在组织流水施工时，用以表达流水施工在时间安排上所处状态的参数，主要包括流水节拍、流水步距和流水施工工期等。

（1）流水节拍是指从事某一施工过程的施工班组在某一施工段上完成施工任务所需的时间，用符号 t_i 表示（ $i=1,2,\cdots$ ）。流水节拍的大小直接关系到投入的劳动力、材料和机械的多少，决定着施工速度和施工的节奏，因此，合理确定流水节拍具有重要意义。

在确定流水节拍时，要考虑以下因素：施工班组人数应符合该施工过程最少劳动组合人数的要求；要考虑工作面的大小限制，每个工人的工作面要符合最小工作面的要求，否则，就不能发挥正常的施工效率，或不利于安全生产；要考虑各种机械台班的效率或机械台班产量的大小，各种材料、构件等施工现场堆放量、供应能力及其他有关条件的制约，施工及技术条件的要求，例如，不能留施工缝必须连续浇筑的钢筋混凝土工程，有时要按三班制工作的条件决定流水节拍，以确保工程质量；节拍值一般取整数，必要时可保留 0.5 天（台班）的小数值。

（2）流水步距是指组织流水施工时，相邻两个施工过程（或专业工作队）相继开始施工的最小间隔时间。流水步距一般用 K_{ij} 来表示，其中 i、j（i, j=1，2，3，…）为专业工作队或施工过程的编号。流水步距是流水施工的主要参数之一。

流水步距的大小对工期有较大的影响。一般来说，在施工段不变的条件下，流水步距越大，工期越长；流水步距越小，则工期越短。流水步距还与前、后两个相邻施工过程流水节拍的大小、施工工艺技术要求、是否有技术和组织间歇时间、施工段数目、流水施工的组织方式等有关。

计算流水步距时，一般采用累加数列法，即累加数列错位相减取大差。其计算步骤如下：将每个施工过程的流水节拍逐段累加，求出累加数列；根据施工顺序，对所求相邻的两累加数列借位相减；确定流水步距，即错位相减所得结果中数值最大者。

┌─ 典型案例 2 ─

某项目由 A、B、C、D 四个施工过程组成，分别由四个专业工作队完成，在平面上划分成四个施工段，每个施工过程在各个施工段上的流水节拍如表 3.1 所示。试确定相邻专业工作队之间的流水步距。

表 3.1　某工程流水节拍

施工过程	I	II	III	IV
A	4	2	3	2
B	3	4	3	4
C	3	2	2	3
D	2	2	1	2

分析：

（1）求流水节拍的累加数列。

A：4，6，9，11；B：3，7，10，14；C：3，5，7，10；D：2，4，5，7。

（2）对所求相邻的两累加数列借位相减。

$$
\begin{array}{r}
4,\ 6,\ 9,\ 11 \\
-\quad 3,\ 7,\ 10,\ \ 14 \\
\hline
4,\ 3,\ 2,\ \ 1,\ -14
\end{array}
$$

A 与 B：

$$
\begin{array}{r}
3,\ 7,\ 10,\ 14 \\
-\quad 3,\ 5,\ \ 7,\ \ 10 \\
\hline
3,\ 4,\ \ 5,\ \ 7,\ -10
\end{array}
$$

B 与 C：

$$
\text{C 与 D：}\quad
\begin{array}{r}
3,\ 5,\ 7,\ 10 \\
-\quad 2,\ 4,\ 5,\ 7 \\
\hline
3,\ 3,\ 3,\ 5,\ -7
\end{array}
$$

（3）确定流水步距。因流水步距等于错位相减所得结果中数值最大者，故有

$$K_{A,B}=\max\{4,\ 3,\ 2,\ 1,\ -14\}=4（天）$$
$$K_{B,C}=\max\{3,\ 4,\ 5,\ 7,\ -10\}=7（天）$$
$$K_{C,D}=\max\{3,\ 3,\ 3,\ 5,\ -7\}=5（天）$$

（3）间歇时间是指在组织流水施工时，由于施工工艺技术要求或建筑材料、构配件的工艺性质，使相邻两施工过程在流水步距以外需增加一段间歇等待时间，称为技术间隙时间，如混凝土浇筑后的养护时间、砂浆抹面和油漆面的干燥时间等。还包括因为施工组织原因导致的组织间隙时间，如工作班组调配时间等。技术与组织间歇时间以符号 Z 表示。

（4）平行搭接时间是指在组织流水施工时，有时为了缩短工期，在工作面允许的条件下，如果前一个专业工作队完成部分施工任务后，能够提前为后一个专业工作队提供工作面，使后者提前进入该工作面，两者在同一施工段上平行搭接施工，这个搭接时间称为平行搭接时间，如绑扎钢筋与支模板可平行搭接一段时间。平行搭接时间通常以符号 C 表示。

（5）流水施工工期是指从第一个专业工作队投入流水施工开始，到最后一个专业工程队完成流水施工为止的整个持续时间。由于一项建设工程往往包含多个流水组，故流水施工工期一般均不是整个工程的总工期。

3. 流水施工的组织方式

1）全等节拍流水施工

当所有的作业过程（施工过程）在各个作业段（施工段）上的流水节拍彼此相等，这时组织的流水施工方式称为全等节拍流水。全等节拍流水施工适用于各施工段的工程量基本相等，其他施工过程的流水节拍与主导施工过程的流水节拍相等，一般在多层的建筑施工中，且每层的工程量变化不大的情况下最合适，但应做到施工段数与专业队数相等。它是最理想的组织流水方式，这种组织方式能够保证专业队的工作连续且有节奏，可以实现均衡施工。在可能的情况下，应尽量采用这种流水方式组织流水施工。

流水施工总工期的组织和计算步骤如下。

（1）确定项目施工起点流向，确定施工顺序，确定施工过程数 n。

（2）划分施工段 m。

当为一层建筑时，只有一个施工层，施工段 m 按划分施工段的基本要求确定即可。

当为多层建筑，有多个施工层时，

$$m = n + \frac{\sum Z_1}{K} + \frac{Z_2}{K} - \frac{C}{K} \tag{3-3}$$

式中：$\sum Z_1$——同一施工层各施工过程间技术、组织间隙时间之和；

Z_2——相邻施工层间技术、组织间隙，若不相等，取大值；

C——层内平行搭接时间；

K——流水步距。

（3）确定流水节拍 t。根据全等节拍流水要求，各流水节拍彼此相等。

（4）确定流水步距 K。全等节拍流水的特征可知，各流水步距彼此相等，且等于流水节拍，$K=t$。

（5）计算流水施工的工期。

$$T=（rm+n-1）K+\sum Z_i-\sum C \tag{3-4}$$

式中：r——施工层数；

m——施工段数；

n——施工过程数；

K——流水步距；

Z_i——两施工过程在同一层内的技术组织间隙时间；

C——同一层内两施工过程间的平行搭接时间。

典型案例 3

某单层建筑，无技术组织间隙和搭接时间，其某分部工程划分为 A、B、C、D 四个施工过程，每个施工过程分三个施工段，各施工过程的流水节拍均为 4 天，试组织全等节拍流水施工。

分析：

（1）由题可知施工层数 $r=1$；划分为 A、B、C、D 四个施工过程，所以施工过程数 $n=4$；施工段 $m=3$；流水节拍 $t=4$。

（2）确定流水步距。全等节拍流水的特征可知，$K=t=4$ 天。

（3）计算工期。

$$T=（rm+n-1）t=（3+4-1）×4=24（天）$$

（4）用横道图绘制流水进度计划，如图 3.4 所示。

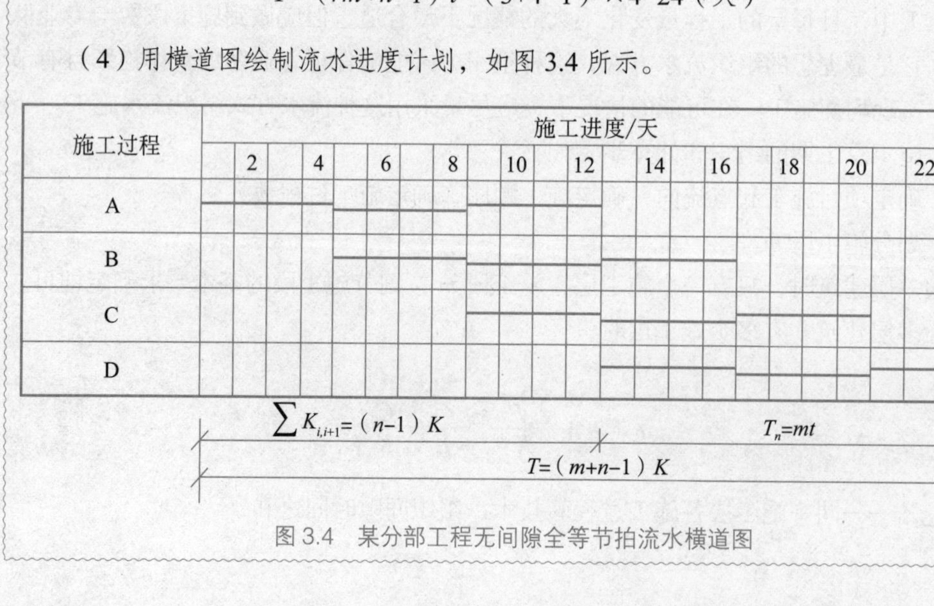

施工过程	施工进度/天											
	2	4	6	8	10	12	14	16	18	20	22	24
A												
B												
C												
D												

$$\sum K_{i,i+1}=（n-1）K \qquad T_n=mt$$

$$T=（m+n-1）K$$

图 3.4　某分部工程无间隙全等节拍流水横道图

┌ 典型案例 4 ┐

　　某多层建筑，无组织间隙和搭接时间，由 A、B、C、D 四个施工过程组成，划分为两个施工层组织流水施工，各施工过程的流水节拍均为两天。其中，施工过程 B 与 C 之间层内有两天的技术间歇时间，层间技术间歇为两天，为了保证施工队组连续作业，试确定施工段数，计算工期并绘制流水施工进度横道图。

　　分析：

　　（1）分析案例，可知施工层数 $r=2$；由 A、B、C、D 四个施工过程组成，所以施工过程数 $n=4$；流水节拍 $t=2$。

　　（2）确定流水步距。由等节奏流水的特征可知，$K_{A,B}=K_{B,C}=K_{C,D}=t=2$ 天。

　　（3）确定施工段数。本工程分两个施工层，施工段数由公式确定。

$$m=n+\frac{\sum Z_1}{K}+\frac{Z_2}{K}-\frac{C}{K}=4+\frac{2}{2}+\frac{2}{2}=6\ （段）$$

　　（4）计算流水工期。

$$T=（mr+n-1）K+\sum Z_1-\sum C=（6\times2+4-1）\times2+2-0=32\ （天）$$

　　（5）绘制流水施工进度表。如图 3.5 和图 3.6 所示。

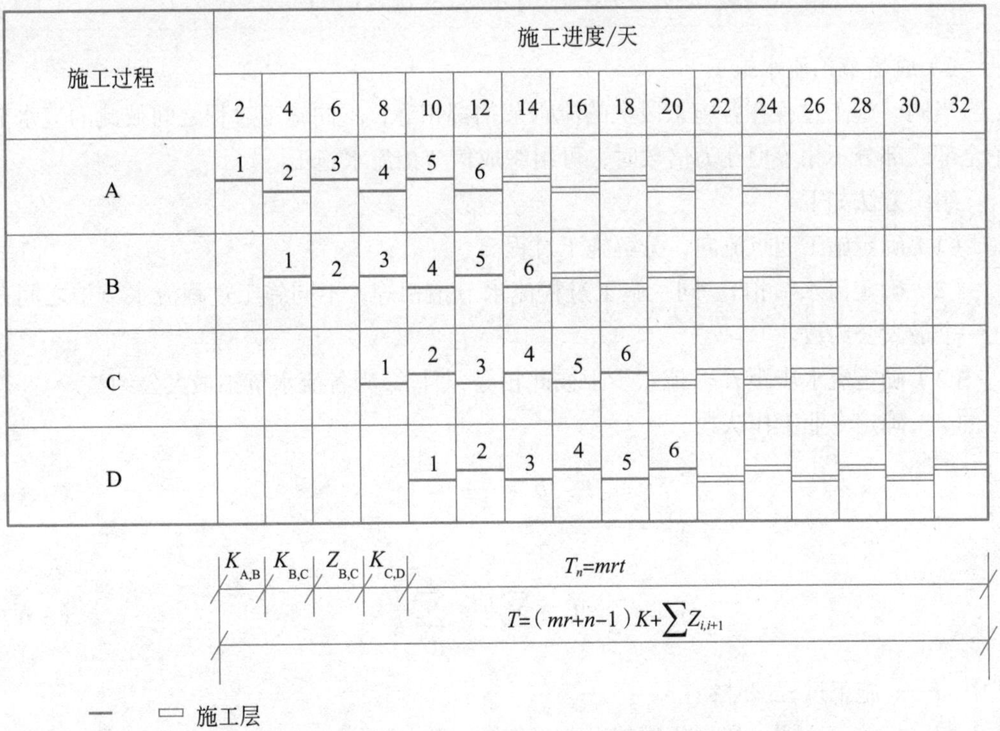

施工过程	施工进度/天															
	2	4	6	8	10	12	14	16	18	20	22	24	26	28	30	32
A	1	2	3	4	5	6										
B		1	2	3	4	5	6									
C				1	2	3	4	5	6							
D					1	2	3	4	5	6						

$K_{A,B}$ ｜ $K_{B,C}$ ｜ $Z_{B,C}$ ｜ $K_{C,D}$　　　　$T_n=mrt$

$$T=（mr+n-1）K+\sum Z_{i,i+1}$$

━ 　□ 施工层

图 3.5　某工程分层全等节拍流水施工横道图（施工层横向排列）

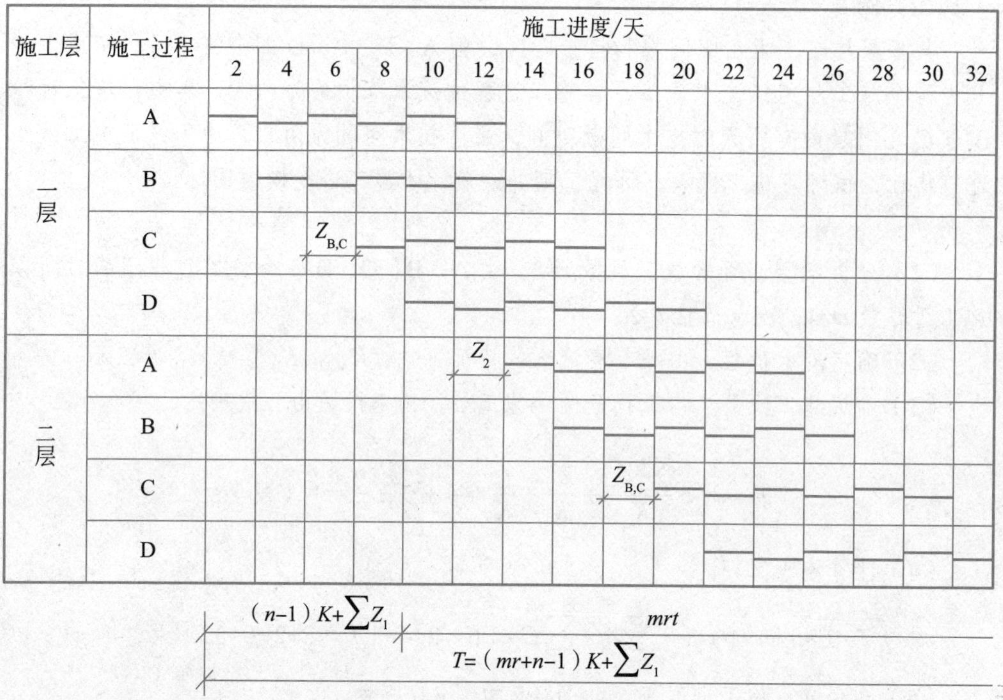

施工层	施工过程	施工进度/天														
		2	4	6	8	10	12	14	16	18	20	22	24	26	28	30	32
一层	A															
	B															
	C		$Z_{B,C}$													
	D															
二层	A						Z_2									
	B															
	C								$Z_{B,C}$							
	D															

$$(n-1)K+\sum Z_1 \qquad mrt$$
$$T=(mr+n-1)K+\sum Z_1$$

图 3.6　某工程分层全等节拍流水施工横道图（施工层竖向排列）

2）成倍节拍流水施工

当同一施工过程在各施工段上的流水节拍都相等，不同施工过程之间彼此的流水节拍全部或部分不相等但互为倍数时，可组织成倍节拍流水施工。

组织方法如下。

（1）确定施工起点流向，分解施工过程。

（2）确定流水节拍 t。同一施工过程流水节拍相等，不同施工过程流水节拍之间存在一个最大公约数。

（3）确定流水步距 K_b。流水步距彼此相等，且 K_b 为各流水节拍最大公约数。

（4）确定专业工作队数。

$$b_i = \frac{t_i}{K_b} \tag{3-5}$$

$$n_1 = \sum_{i=1}^{n} b_i = \sum_{i=1}^{n} \frac{t_i}{K_b} \tag{3-6}$$

式中：i——施工过程编号；

　　　b_i——施工过程 i 所要组织的专业工作队组数；

　　　t_i——施工过程 i 在个施工段上的流水节拍；

　　　n_1——专业工作队总数。

（5）确定施工段数。

当为一层建筑，只有一个施工层时，则施工段数与施工过程数不作改变，一般

$m=n_1$。

当为多层建筑，有多个施工层时，施工段数应大于等于施工过程总数。

$$m \geqslant n_1 + \frac{\sum Z_1}{K_b} + \frac{Z_2}{K_b} - \frac{\sum C}{K_b} \tag{3-7}$$

式中符号含义同前。

（6）确定计划总工期。

$$T = (rm+n_1-1) \times K_b + \sum Z_1 - \sum C \tag{3-8}$$

（7）绘制流水施工进度图。

典型案例 5

某工程由 A、B、C 三个施工过程组成，分六段施工，流水节拍分别为 t_A=6 天，t_B=4 天，t_C=2 天，试组织成倍节拍流水施工，并绘制流水施工进度图。

分析：

（1）确定流水步距：K_b= 各流水节拍最大公约数 =2 天。

（2）确定专业工作队数。

$$b_A = \frac{t_A}{K_b} = \frac{6}{2} = 3 \text{（个）}, \quad b_B = \frac{t_B}{K_b} = \frac{4}{2} = 2 \text{（个）}, \quad b_C = \frac{t_C}{K_b} = \frac{2}{2} = 1 \text{（个）}$$

$n_1 = \sum b_i = 3+2+1 = 6$（个）

（3）确定施工段数：分六段施工，所以 $m=6$ 段。

（4）计算总工期。

$$T = (m+n_1-1)K_b + \sum Z_1 - \sum C = (6+6-1) \times 2 + 0 - 0 = 22 \text{（天）}$$

（5）绘制流水施工进度表，如图 3.7 所示。

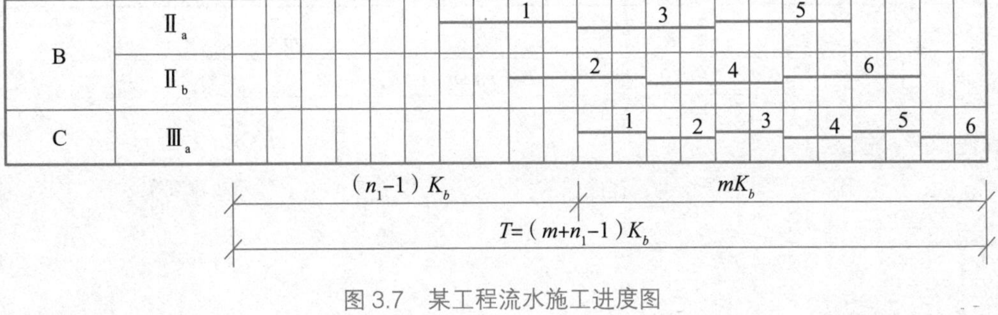

图 3.7　某工程流水施工进度图

典型案例 6

某两层现浇钢筋混凝土工程，施工过程分为支模板、扎钢筋和浇筑混凝土，其流水节拍分别为 $t_{模板}$=2 天，$t_{钢筋}$=2 天，$t_{混凝土}$=1 天。当安装模板工作队转移到第二层第一段施工时，需待第一层第一段的混凝土养护 1 天后才能进行。试组织工期最短的流水施工并绘制流水施工进度计划表。

分析：

（1）确定流水步距：K_b= 各流水节拍最大公约数 =1 天。

（2）确定专业工作队数。

$$b_{模版}=\frac{t_{模版}}{K_b}=\frac{2}{1}=2（个），b_{钢筋}=\frac{t_{钢筋}}{K_b}=\frac{2}{1}=2（个），b_{混凝土}=\frac{t_{混凝土}}{K_b}=\frac{1}{1}=1（个）$$

$$n_1=\sum b_i=2+2+1=5（个）$$

（3）确定施工段数。

$$m=n_1+\frac{\sum Z_1}{K_b}+\frac{\sum Z_2}{K_b}-\frac{\sum C}{K_b}=5+\frac{0}{1}+\frac{1}{1}=6（段）$$

（4）计算总工期。

$$T=(rm+n_1-1)\times K_b+\sum Z_1-\sum C=(2\times6+5-1)\times1+0-0=16（天）$$

（5）绘制流水施工进度表，如图 3.8 和图 3.9 所示。

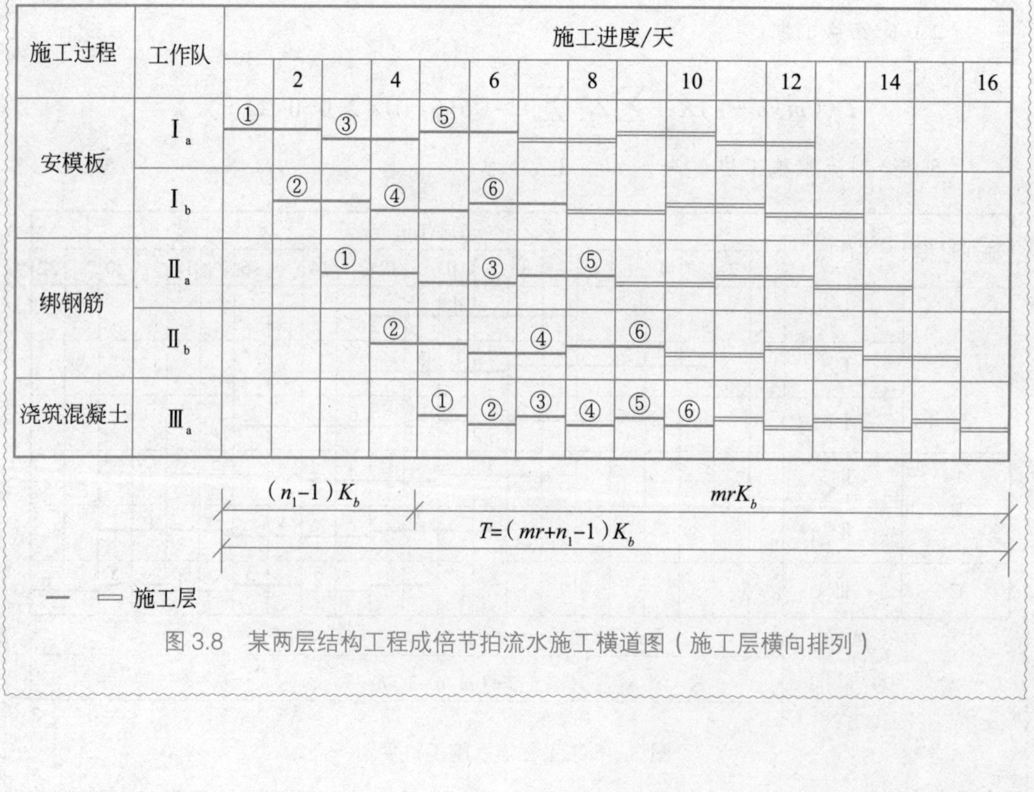

施工过程	工作队	施工进度/天								
		2	4	6	8	10	12	14	16	
安模板	I$_a$	①	③	⑤						
	I$_b$	②	④	⑥						
绑钢筋	II$_a$		①	③	⑤					
	II$_b$		②	④	⑥					
浇筑混凝土	III$_a$		①②③	④⑤⑥						

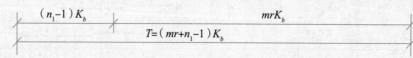

$(n_1-1)K_b$　　　　mrK_b

$T=(mr+n_1-1)K_b$

— — 施工层

图 3.8 某两层结构工程成倍节拍流水施工横道图（施工层横向排列）

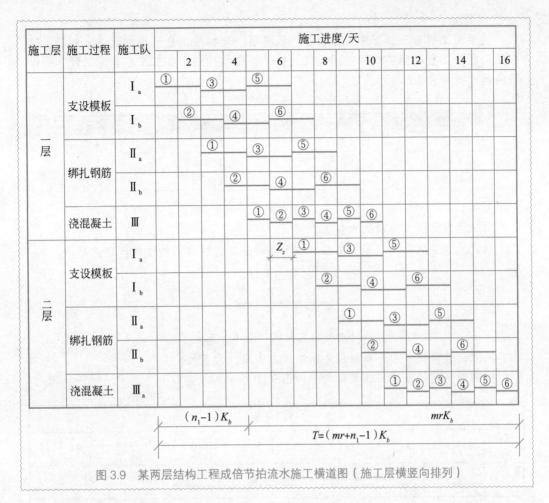

图 3.9　某两层结构工程成倍节拍流水施工横道图（施工层横竖向排列）

3）无节奏流水施工

在组织流水施工时，由于工程结构形式、施工条件等不同，使得各施工过程在各施工段上的工程量有较大差异，导致各施工过程的流水节拍差异很大，无任何规律。这时，应最大限度地确保各专业队连续作业，计算确定流水步距，使专业队之间在一个施工段内不会相互干扰，尽量做到施工过程相邻的专业队之间工作紧密衔接。因此，组织无节奏流水的关键就是正确计算流水步距。这种无节奏流水施工，是工程项目流水施工的普遍方式。

组织无节奏流水施工有两种方法：一种是保证空间连续（工作面连续）；另一种是保证时间连续（工人队组连续）。

组织方法如下。

（1）确定施工起点流向，分解施工过程。

（2）确定施工顺序，划分施工段。

（3）按相应的公式计算各施工过程在各个施工段上的流水节拍。

（4）采用累加数列法——"累加数列错位相减取大差"，按空间连续或时间连续的组织方法确定相邻两个专业工作队之间的流水步距。

（5）绘制流水施工进度图。

┌───┐
典型案例 7

某屋面工程有三道工序：保温层、找平层、卷材层，分三段进行流水施工，试分别绘制该工程时间连续和空间连续的横道图进度计划。各工序在各施工段上的作业持续时间如表 3.2 所示。

表 3.2　某工程流水节拍

施工过程	第一段	第二段	第三段
保温层	3 天	3 天	4 天
找平层	2 天	2 天	3 天
卷材层	1 天	1 天	2 天

分析：

（1）按时间连续组织流水施工。

确定流水步距。先计算保温层与找平层两施工过程之间的流水步距：

$$
\begin{array}{r}
3,\ 6,\ 10,\ \ 0 \\
-\quad 2,\ \ 4,\ \ 7 \\
\hline
3,\ 4,\ \ 6,\ -7
\end{array}
$$

$$K=\max\{3,4,6,-7\}=6（天）$$

同理，计算找平层与卷材层之间的流水步距，为 5 天。

绘制时间连续横道图进度计划，如图 3.10 所示。

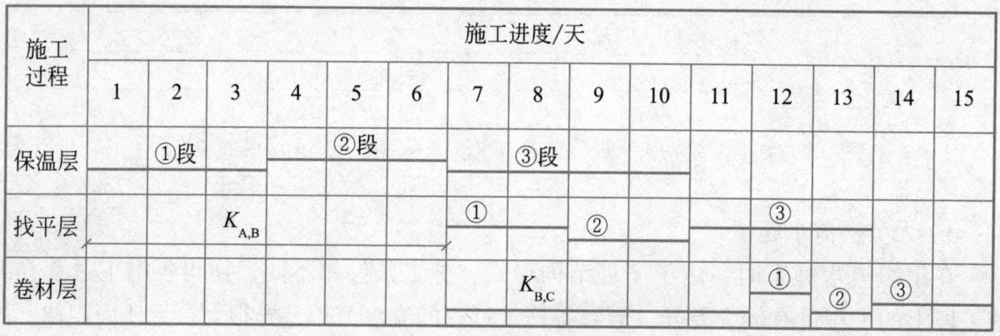

图 3.10　时间连续横道图进度计划

（2）按空间连续组织流水施工。

确定流水步距：按流水施工概念分别确定各工序在各施工段上的流水步距。

绘制空间连续横道图进度计划，如图 3.11 所示。

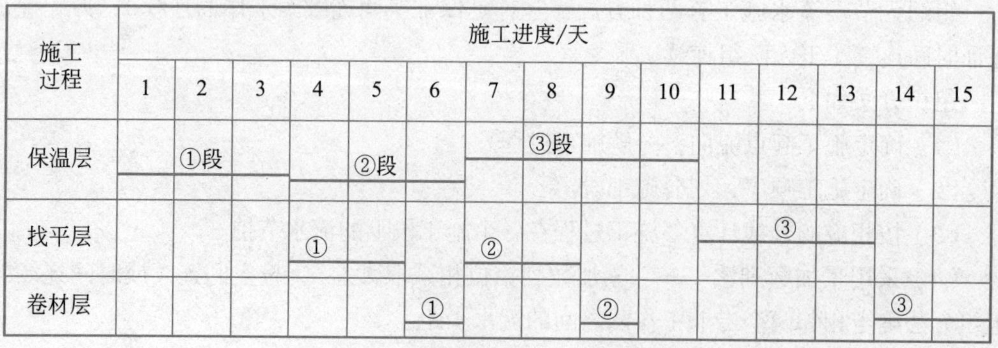

图 3.11　空间连续横道图进度计划
└───┘

3.2.3　网络计划技术

与横道图进度计划相比，网络图进度计划方法能够明确地反映出工程各组成工序之间的相互制约和依赖关系，可以用来进行时间分析，确定哪些工序是影响工期的关键工序，以便施工管理人员集中精力抓施工中的重要矛盾，减少盲目性，而且它是一个定义明确的数学模型，可以建立各种调整优化方法，利用计算机进行分析计算。《工程网络计划技术规程》（JGJ/T 121—2015）中推荐了常用的工程网络计划，包括双代号网络计划、单代号网络计划、双代号时标网络计划、单代号搭接网络计划，本节主要介绍双代号网络计划。

1. 双代号网络计划

由箭头和节点组成，用来表示工作流程的有向、有序的网状图形称为网络图。在网络图上加注工作时间参数而编成的进度计划，称为网络计划，如图 3.12 所示。双代号网络图的组成包括节点、箭线和线路三个要素。

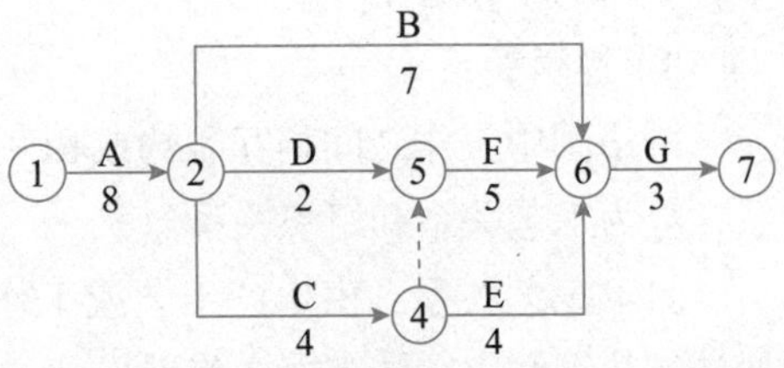

图 3.12　某双代号网络计划

1）节点

节点是网络图中箭线之间的连接点。节点表示一项工作的开始或结束，用圆圈表示，并在圆圈内标注编号节点是前、后两项工作的交接点，它既不占用时间，也不消耗资源。

双代号网络图中有三个类型的节点：①起点节点，即第一个节点，它只有外向箭线（由节点向外指的箭线），一般表示一项任务或一个项目的开始；②终点节点，即最后一个节点，它只有内向箭线（指向节点的箭线），一般表示一项任务或一个项目的完成；③中间节点，网络图中既有内向箭线又有外向箭线的节点。

一项工作应当只有唯一的一条箭线和相应的一对节点，且要求箭尾节点的编号小于其箭头节点的编号，即 $i < j$。网络图节点的编号顺序应从小到大，可不连续，但不允许重复。

2）箭线

一条箭线表示一项工作，工作是泛指一项需要消耗人力、物力和时间的具体活动过程，也称为工序、活动或作业。在双代号网络图中，箭线的箭尾节点表示该工作的开始，箭头表示该工作的结束，工作名称应写在箭线上方，工作持续时间可标注在箭线的下方，如图 3.12 所示。由于一项工作需用一条箭线和其箭尾与箭头处两个圆圈中的号码来表示，故称为双代号网络计划。

在双代号网络图中，任意一条实箭线都要占用时间，并且多数要消耗资源（劳动力、机具、设备、材料等）。在建筑工程中，一条箭线表示项目中的一个施工过程，它可以是一道工序、一个分项工程、一个分部工程或一个单位工程，其粗细程度和工作范围的划分根据计划任务的需要来确定。在无时间坐标的网络图中，箭线的长度并不反映该工作占用时间的长短，其占用的时间以下方标注的时间参数为准。箭线可以为直线、折线或斜线，但其行进方向均应从左向右。

在双代号网络图中，为了正确地表达图中工作之间的逻辑关系，往往还需要应用虚箭线。虚箭线是实际工作中并不存在的一项虚设工作，故它们既不占用时间，也不消耗资源，仅用于表达逻辑关系，虚箭线的运用较复杂，一般起着工作之间的联系、区分和断路三个作用。

（1）紧前工作：紧安排在本工作之前进行的工作。如图 3.12 所示，工作 B 的紧前工作为工作 A，工作 F 的紧前工作为工作 C 和工作 D。

（2）紧后工作：紧安排在本工作之后进行的工作。如图 3.12 所示，工作 D 的紧后工作为工作 F，工作 A 的紧后工作为工作 B、工作 C 和工作 D。

（3）平行工作：平行工作可与本工作同时进行的工作。如图 3.12 所示，工作 B 的平行工作为工作 C 和工作 D。

3）逻辑关系

网络图中工作之间相互制约或相互依赖的关系，工作之间的先后顺序关系称逻辑关系，分为工艺关系和组织关系。

（1）工艺关系：由生产工艺或工作程序决定的先后顺序关系称工艺上的逻辑关系，如柱绑扎钢筋应在柱支模之前进行。

（2）组织关系：由组织安排或资源调配的需要而规定的先后顺序关系称组织上的逻辑关系，如不同施工段的先后施工顺序。

网络图必须正确地表达整个工程或任务的工艺流程和各工作开展的先后顺序，以及它们之间相互依赖和相互制约的逻辑关系。因此，绘制网络图时，必须遵循一定的基本规则和要求。

4）线路

网络图从开始节点沿箭线方向连续通过若干个中间节点，最后到达结束节点所经过的道路称为线路。

5）关键线路

在各条线路中，有一条或多条线路的总时间最长，称为关键线路，一般用双线或粗线标注。其他线路长度均小于关键线路，称为非关键线路。

2. 双代号网络图的绘图规则

（1）双代号网络图必须正确表达已确定的逻辑关系。

（2）在网络图中，只允许有一个起点节点和一个终点节点。

（3）在网络图中，不允许出现循环回路，即不允许从一个节点出发，沿箭线方向再返回到原来的节点。

（4）在网络图中，不允许出现无指向箭头或有双向箭头的连线。

（5）在网络图中，不允许出现没有箭尾节点的箭线和没有箭头节点的箭线。

（6）在网络图中，应尽量减少交叉箭线，当无法避免时，应采用过桥法、断线法或指向法表示。

3. 双代号网络图的绘图方法

（1）逻辑关系分析：依据已设计的工作方案、收集到的有关信息、工作分解、工作经验等，分析工作的逻辑关系，确定每项工作的紧前工作或紧后工作，形成工作逻辑关系分析表。

（2）网络图构图：依据网络图的绘制规则、工作逻辑关系分析表等，按照方便使用以及方便分图与并图的原则，确定网络图的布局。

（3）从起始工作开始，自左至右依次绘制初始网络图。首先绘制无紧前工作的工作箭线，使它们具有相同的开始节点，以保证网络图只有一个起点节点；再依次绘制其他工作箭线；当各项工作都绘制出来之后，应合并那些没有紧后工作的工作末节点，以保证网络图只有一个终点节点。

（4）检查各项工作及逻辑关系：应逐项检查网络图所表示的各项工作逻辑关系是否与给定的工作逻辑关系相一致，如需修正，主要是利用虚工作的断路或联系作用，增减虚工作来实现。

（5）节点编号：当确认所绘制的网络图正确后，按前述要求进行节点编号。为了避免以后增加工作时而改动整个网络图的节点编号，可采用不连续的编号方式。

（6）整理网络图，使网络图条理清楚、层次分明。

4. 双代号网络图中常见的逻辑关系及其表示方法

双代号网络图中常见的逻辑关系及其表示方法，见表 3.3。

表 3.3　双代号网络图中常见的逻辑关系及其表示方法

序号	各工作之间的逻辑关系	双代号网络图
1	A 完成后进行 B，B 完成后进行 C	
2	A 完成后进行 B 和 C	
3	A 和 B 完成后进行 C	
4	A、B 完成后进行 C 和 D	
5	A 完成后，进行 C；A、B 完成后进行 D	
6	A、B 完成后，进行 D；A、B、C 完成后，进行 E；D、E 完成后，进行 F	

续表

序号	各工作之间的逻辑关系	双代号网络图
7	A、B 活动分为三段流水	
8	A 完成后，进行 B；B、C 完成后，进行 D	

5. 双代号网络图时间参数的计算

为了确定网络计划的工期、关键线路、各项工作开始及结束时间等，需要引入一些时间术语及符号，通称网络计划时间参数。计算双代号网络计划时间参数的目的是通过计算各项工作的时间参数，确定网络计划的关键工作、关键线路和计算工期，为网络计划的优化、调整和执行提供明确的时间参数。双代号网络计划时间参数有很多计算方法，常用的有六时参数法和节点法。

工期泛指完成某工程所需要的时间，在网络计划中，工期一般有以下三种：①计算工期，指根据网络计划时间参数计算而得到的工期，用 T_C 表示；②要求工期，是任务委托人所提出的指令性工期，用 T_r 表示；③计划工期，是根据要求工期所确定的预期工期，用 T_P 表示。

当已规定了要求工期时，计划工期不应超过要求工期，即 $T_P \leqslant T_r$；当未规定要求工期时，可令计划工期等于计算工期，即 $T_C = T_P$；在后续时间参数计算中，一般都是假设计划工期等于计算工期。

1）六时参数法

网络计划中工作的六个时间参数是工作最早开始时间（ES_{i-j}）、工作最早完成时间（EF_{i-j}）、工作最迟开始时间（LS_{i-j}）、工作最迟完成时间（LF_{i-j}）、工作总时差（TF）和工作自由时差（FF）。六时参数法计算就是直接以网络图中各项工作为对象，按时间参数的含义计算各项工作的时间参数。计算时间参数的过程可概括为三个阶段：首先，从网络计划的开始节点顺着箭线方向依次计算各项工作的最早开始和最早完成时间；其次，从网络计划终点节点开始，逆着箭线方向依次计算各项工作的最迟完成和最迟开始时间；最后，计算各项工作的总时差和自由时差。六时参数法如图 3.13 所示。

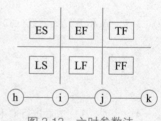

图 3.13　六时参数法

（1）工作最早开始时间 ES_{i-j}，是指在各紧前工作全部完成后，工作 i-j 有可能开始的最早时刻。工作最早开始时间受到紧前工作的约束，故其计算顺序应从起点节点开始，顺着方向依次逐项计算。

$$ES_{i-j} = \max\{EF_{h-i}\} = \max\{ES_{h-i} + D_{h-i}\} \qquad (3-9)$$

（2）工作最早完成时间 EF_{i-j}，是指在其所有紧前活动全部完成后，本活动有可能完成的最早时刻。工作的最早完成时间 EF_{i-j} 等于活动最早开始时间 ES_{i-j} 与其持续时间 D_{i-j} 之和。

$$EF_{i-j}=ES_{i-i}+D_{i-i} \tag{3-10}$$

（3）计算工期，等于以网络计划的终点节点为箭头节点的各个工作的最早完成时间的最大值。当网络计划终点节点编号为 n 时，计算工期：

$$T_C=\max\{EF_{i-n}\} \tag{3-11}$$

（4）工作最迟开始时间 LS_{i-j}，是指在不影响整个任务按期完成的前提下，工作 $i-j$ 必须开始的最迟时刻。工作最迟时间参数受紧后工作的约束，故其计算顺序应从终点节点起，逆着箭线方向一次逐项计算。工作的最迟完成时间（LF_{i-j}），是指在不影响整个任务按期完成的前提下，本工作必须完成的最迟时刻。以网络计划的终点节点（$j=n$）为箭头节点的工作，其最迟完成时间等于计划工期，同时假设计划工期 T_P 等于计算工期 T_C，即

$$LF_{i-n}=T_P=T_C \tag{3-12}$$

其他工作最迟完成时间是指在不影响整个任务按期完成的前提下，工作 $i-j$ 必须完成的最后时刻。最迟完成时间等于各紧后工作的最迟开始时间 LS_{j-k} 的最小值，即

$$LF_{i-j}=\min\{LS_{j-k}\}=\min\{LF_{i-j}-D_{j-k}\} \tag{3-13}$$

最迟开始时间等于最迟完成时间减去其持续时间：

$$LS_{i-j}=LF_{i-j}-D_{i-j} \tag{3-14}$$

（5）工作总时差 TF_{i-j}，是指在不影响总工期的前提下，本工作 $i-j$ 可以利用的机动时间。总时差等于其最迟开始时间减去最早开始时间，或等于最迟完成时间减去最早完成时间，即

$$TF_{i-j}=LS_{i-j}-ES_{i-j}=LF_{i-j}-EF_{i-j} \tag{3-15}$$

（6）自由时差 FF_{i-j}，是指在不影响其紧后工作最早开始时间的前提下，工作 $i-j$ 可以利用的机动时间。工作自由时差永远小于或等于其总时差。当工作 $i-j$ 有紧后工作 $j-k$ 时，其自由时差为

$$FF_{i-j}=ES_{j-k}-EF_{i-j}=ES_{j-k}-ES_{i-j}-D_{i-j} \tag{3-16}$$

（7）关键工作和关键线路。

在网络计划中，自始至终全部由总时差为零工作组成的线路，或线路上总的工作持续时间最长的线路称为关键线路，关键线路上的工作称为关键工作。网络图上的关键线路可用双线或粗线标注。

2）节点法

节点计算法是先计算网络计划中各个节点的最早时间和最迟时间，然后据此计算各项工作的时间参数和网络计划的计算工期。

（1）计算节点的最早时间，应从网络计划起点节点开始顺着箭线方向依次进行。当未规定其最早时间时，网络计划起点节点的最早时间为零，其他节点最早时间等于其紧前节点最早完成时间的最大值，即

$$ET_i=0(i=1)$$
$$ET_i=\max\{ET_h+D_{h-i}\} \tag{3-17}$$

（2）计算工期，等于网络计划的终点节点的最早时间的值，当规定有计划工期时，网络计划终点节点的最迟时间等于网络计划的计划工期；当未规定计划工期时，一般假定 $T_P=T_C$，即

$$T_C=ET_n \tag{3-18}$$

（3）计算节点的最迟时间，应从网络计划的终点节点开始逆着箭线方向依次进行。即

$$ET_n=T_C$$
$$ET_i=\min\{ET_j-D_{i-j}\} \tag{3-19}$$

（4）关键线路和关键工作

在节点法中，全由最早时间等于最迟时间的节点组成的线路称为关键线路，关键线路上的工作称为关键工作。

6. 工程项目进度优化

网络计划的优化是指在一定约束条件下，按既定的目标对网络计划不断进行修改，以寻求最满意的方案，包括工期目标、费用目标和资源目标。根据优化目标不同，网络计划的优化可以分为工期优化、工期—费用优化、资源均衡—工期最短优化。

1）工期优化

工期优化是指网络计划的计算工期不满足要求时，通过压缩关键工作的持续时间以满足要求工期目标的过程。

工期优化的基本方法如下：在不改变网络计划中各项工作之间逻辑关系的前提下，通过压缩关键工作的持续时间达到优化目的。在优化过程中，按照经济合理的原则，不能将关键工作主动压缩成非关键工作。此外，当工期优化过程中出现多条关键线路时，必须将各条关键线路的总持续时间压缩相同数值。

工期优化的基本步骤如下。

（1）确定初始网络计划的计算工期和关键线路。

（2）计算要求工期应该压缩的时间。

（3）选择应压缩持续时间的关键工作。压缩对象时，对关键工作，应考虑以下因素：①缩短持续时间对质量和安全影响不大的工作；②有充足的资源准备；③缩短持续

时间所增加的费用最少的工作，应综合考虑三个因素，并以优选系数形式体现，优选系数越小越好。

（4）优选系数，确定关键工作及压缩时间。

当只有一条关键线路时候，选择优选系数最小的工作进行压缩，在压缩过程中，不能将关键工作主动压缩为非关键工作。若压缩工作变成了非关键工作，则缩短压缩的时间；当出现多条关键线路时，应考虑组合方案，选择组合方案中组合优选系数最小的组合工作进行时间压缩。方案组合必须涉及每一条关键线路。同时，各组合方案涉及的关键工作压缩时间必须相等。

（5）重复以上的工作，直至网络计划的计算工期满足要求的工期。

（6）当所有工作的持续时间达到最短极限，仍然不能满足要求工期时，则应对网络计划的原技术方案、组织方案进行调整，或重新审定工期。

2）工期—费用优化

工期—费用优化又称工期—成本优化，是指寻求工程总成本最低时的工期安排，或者按要求工期寻求最低成本的计划安排。

（1）费用和时间的关系：工程总费用由直接费和间接费组成。直接费由人工费、材料费、机械使用费、其他直接费及现场经费等组成。施工方案不同，直接费就不同；如果施工方案一定，工期不同，直接费也不同，直接费会随着工期的缩短而增加。间接费包括企业经营管理的全部费用，一般会随工期的缩短而减少。

各项工作持续时间与直接费之间的关系类似于工程费用和工期的关系，工作直接费会随着工作持续时间的缩短而增加，在实际工作中，为了便于执行和调整计划，常近似认为直接费和持续时间之间的关系是直线关系。工作持续时间每缩短单位时间而增加的直接费称为直接费率，其计算公式为

$$\Delta C_{i-j} = \frac{CC_{i-j} - CN_{i-j}}{DN_{i-j} - DC_{i-j}} \tag{3-20}$$

式中：CC_{i-j}——按最短持续时间完成工作 $i-j$ 时所需要的直接费；

CN_{i-j}——按正常持续时间完成工作 $i-j$ 时所需要的直接费；

DN_{i-j}——工作 $i-j$ 的正常持续时间；

DC_{i-j}——工作 $i-j$ 的最短持续时间。

从式（3-20）可以看出，直接费率越大，说明将该工作持续时间缩短一个时间单位，所增加的直接费就越多；反之，该工作持续时间加长一个时间单位，所增加的直接费就越少。因此，在压缩关键工作持续时间达到缩短工期目的时，应将直接费率最小的关键工作作为压缩对象。当有多条关键线路出现，而需要同时压缩多个关键工作的持续时间时，应将它们的直接费率之和最小者作为压缩对象。

（2）费用优化的方法：在网络计划中找出直接费率（或者组合直接费率）最小的关键工作，缩短其持续时间，同时考虑间接费随工期缩短而减少的数值，最后求得工程总成本最低时的最优工期安排，或按要求工期求得最低成本的计划安排。

（3）费用优化的步骤如下。

① 按工作正常持续时间确定计算工期和关键线路。

② 计算各项工作的直接费率，并计算出工程总成本。

③ 当只有一条关键线路时，找出直接费率最小的一项关键工作，作为缩短持续时间的对象；当有多条关键线路时，应找出组合直接费率最小的一组关键工作，作为压缩持续时间的对象。

④ 对于选定的压缩对象（一项关键工作或者一组关键工作），首先比较其直接费率或组合直接费率与工程间接费率的大小。

如果被压缩对象的直接费率或组合的直接费率大于（＞）工程的间接费率，说明压缩关键工作的持续时间会使工程总费用增加（减少一天增加的直接费＞减少一天节约的间接费），此时应停止压缩关键工作的持续时间，在此之前的方案即为优化方案；如果被压缩对象直接费率或组合直接费率不大于（≤）工程的间接费率，说明压缩关键工作的持续时间不会使工程总费用增加（减少一天增加的直接费≤减少一天节约的间接费），此时应压缩关键工作的持续时间。

⑤ 当需要缩短组合关键工作持续时间时，确定其缩短值时，必须符合以下原则：缩短后工作的持续时间不能小于其最短的持续时间；缩短持续时间的工作不能变成非关键工作。

⑥ 计算关键工作持续时间缩短后的工程总成本。

⑦ 重复以上工作，直至计算工期满足要求工期或被压缩对象的直接费率或组合直接费率都大于工程间接费率为止。

3）资源均衡—工期最短优化

通过调整计划安排，在满足资源限制的条件下，使工期延长最少。

（1）资源优化的前提条件

① 不改变网络计划中各项工作之间的逻辑关系。

② 不改变网络计划中各项工作的持续时间。

③ 网络计划中各项工作的资源强度为常数，且是合理的。

④ 除规定可以中断工作的情况外，不允许中断工作，应保持其连续性。

（2）资源供给的优先顺序（如果资源需求量大于供给量）

① 在没有平行工作的情况下，首先保证关键工作的资源供给。

② 有平行工作的情况下：

a. 如果有已经开始的工作，则首先保证已经开始工作的资源供给。

b. 在资源需求量大于资源供给量的时间段内，如果没有已经开始的工作，则首先保证关键工作的资源供给，其次按照工作的 TF（总时差）由小到大排列，优先供给 TF 最小的工作。

（3）资源优化的步骤

① 绘制各工序最早开始的时标网络图，计算每个单位时间的资源需用量。

② 从开始日期起，逐个检查每个时间段（资源需求量相同的持续时间称为一个时间段）的资源量是否超过供给量。若每个时间段资源需求量均小于等于供给量，则已达

到优化目的。

　　③ 如果有的时间段资源需求量大于或等于供给量，则进行优化。假设时间段（n，m）的资源需求量大于资源供给量，则根据资源供给的优先顺序原则，将不需要优先供给资源的工作向后推迟到 m 时点开始。

　　④ 重复以上工作，使整个网络计划单位时间的资源需求量均小于或等于供给量为止。

3.3　进度管理实施、检查和调整

　　工程项目进度控制是指针对工程项目建设各阶段的工作内容、工作程序、持续时间和衔接关系，根据进度总目标及资源优化配置的原则编制计划，并付诸实施，然后在进度计划的实施过程中经常检查实际进度是否在按计划和要求进行，对出现的偏差情况进行分析，并采取补救措施，或调整原计划后再付诸实施，如此循环，直到建设工程竣工验收交付使用。参与工程项目建设活动的建设单位、设计单位、施工单位、工程监理单位均可构成工程项目进度控制的主体。

3.3.1　工程项目进度管理的实施

　　施工阶段是建设工程实体的形成阶段，对其进度实施控制是建设工程进度控制的重点。做好施工进度计划与项目建设总进度计划的衔接，并跟踪检查施工进度计划的执行情况，在必要时对施工进度计划进行调整，对建设工程进度控制总目标的实现具有十分重要的意义。

　　1. 施工阶段进度控制目标的确定

　　1）施工进度控制目标体系

　　保证工程项目按期建成交付使用，是建设工程施工阶段进度控制的最终目的。为了有效控制施工进度，首先要从不同角度将施工进度总目标进行层层分解，形成施工进度控制目标体系，从而作为实施进度控制的依据。

　　建设工程不但要有项目建成交付使用的确切日期这个总目标，还要有各单位工程交工动用的分目标以及按承包单位、施工阶段和不同计划期划分的分目标。各目标之间相互联系，共同构成建设工程施工进度控制目标体系。其中，下级目标受上级目标的制约，下级目标保证上级目标，最终保证施工进度总目标的实现。

　　（1）按项目组成分解，确定各单位工程开工及动用日期。各单位工程进度目标体现在工程项目建设总进度计划及建设工程年度计划中。在施工阶段，应进一步明确各单位工程的开工和交工动用日期，以确保施工总进度目标的实现。

　　（2）按承包单位分解，明确分工条件和承包责任。在一个单位工程中，当有多个承包单位参加施工时，应按承包单位的情况将单位工程的进度目标分解，确定出各分包单位的进度目标，列入分包合同，以便落实分包责任，并根据各专业工程交叉施工方案和前后衔接条件，明确不同承包单位工作面交接的条件和时间。

　　（3）按施工阶段分解，划定进度控制分界点。根据工程项目的特点，应将其施工分成几个阶段，如土建工程可分为基础、结构和内外装修阶段。每一阶段起止时间都要有明确的标志，特别是不同单位承包的不同施工段之间，更要明确划定时间分界点，以此作为形象进度的控制标志，从而使单位工程交工动用目标具体化。

（4）按计划期分解，组织综合施工。将工程项目的施工进度控制目标按年度、季度、月（或旬）进行分解，并用实物工程量、货币工作量及形象进度表示，将更有利于工程师明确对各承包单位的进度要求。

同时，还可以据此监督其实施，检查其完成情况。计划期越短，进度目标越细，进度跟踪就越及时，发生进度偏差时，也就更能有效地采取措施予以纠正。这样，就形成一个有计划和有步骤协调施工，长期目标对短期目标自上而下逐级控制，短期目标对长期目标自下而上逐级保证，逐步趋近进度总目标的局面，最终达到工程项目按期竣工交付使用的目的。

2）施工进度控制目标的确定

为了提高进度计划的预见性和进度控制的主动性，在确定施工进度控制目标时，必须全面细致地分析与建设工程进度有关的各种有利因素和不利因素。确定施工进度控制目标的主要依据有建设工程总进度目标对施工工期的要求；工期定额、类似工程项目的实际进度；工程难易程度和工程条件的落实情况等。

在确定施工进度分解目标时，还要考虑以下几个方面。

（1）对于大型建设工程项目，应根据尽早提供可动用单元的原则，集中力量分期分批建设，以便尽早投入使用，尽快发挥投资效益。为保证每一动用单元能形成完整的生产能力，需要考虑动用单元交付使用时所必需的全部配套项目。因此，要处理好前期动用和后期建设的关系、每期工程中主体工程与辅助及附属工程之间的关系等。

（2）合理安排土建与设备的综合施工。要按照其各自特点，合理安排土建施工与设备基础、设备安装的先后顺序及搭接、交叉或平行作业，明确设备工程对土建工程的要求和土建工程为设备工程提供施工条件的内容及时间。

（3）结合工程的特点，参考同类建设工程的经验来确定施工进度目标。避免因只按主观愿望盲目确定进度目标，而在实施过程中造成进度失控。

（4）做好资金供应能力、施工力量配备、物资（如材料、构配件、设备）供应能力与施工进度的平衡工作，确保满足工程进度目标的要求，而不使其落空。

（5）考虑外部协作条件的配合情况，包括施工过程中及项目竣工动用所需的水、电、气、通信、道路及其他社会服务项目的满足程度和满足时间。它们必须与有关项目目标相协调。

（6）考虑工程项目所在地区地形、地质、水文、气象等方面的限制条件。

总之，要想对工程项目的施工进度实施控制，就必须有明确、合理的进度总目标和进度分目标；否则，控制便失去了意义。

3）影响工程项目进度的因素

影响工程项目进度的不利因素有很多，常见的影响因素可归纳为如下几个方面。

（1）业主因素：如由于业主原因要求进行设计变更，不能及时提供施工场地条件，或所提供的场地不能满足工程正常需要，不能及时向施工承包单位或材料供应商付款等。

（2）勘察设计因素：如勘察资料不准确，设计内容不完善，设计对施工的可能性未考虑或考虑不周，施工图纸供应不及时、不配套，或出现重大差错等。

（3）施工技术因素：如施工工艺错误，不合理的施工方案，施工安全措施不当等。

（4）自然环境因素：如复杂的工程地质条件，洪水、地震、台风等不可抗力等。

（5）社会环境因素：如外单位干扰，市容整顿的限制，临时停水停电等。

（6）组织管理因素：如向有关部门提出各种申请审批手续的延误，签订合同时遗漏条款，计划安排不周密，组织协调不力，指挥失当，各个单位配合上发生矛盾等。

（7）材料、设备因素：如材料、构配件、设备供应环节的差错，品种、规格、质量、数量、时间不能满足工程的需要，施工设备安装失误，设备故障等。

（8）资金因素：如有关方资金不到位、资金短缺、汇率浮动和通货膨胀等。

2. 工程项目进度计划的实施

实施施工进度计划，要做好三项工作，即编制年、季、月、旬、周进度计划和施工任务书，通过班组实施；记录现场实际情况；落实、跟踪、调整进度计划。

1）编制年、季、月、旬、周进度计划和施工任务书

（1）施工组织设计中编制的施工进度计划是按整个项目（或单位工程）编制的，带有一定的控制性，但还不能满足施工作业的要求。实际作业时，应按季、月、旬、周进度计划和施工任务书执行。

（2）作业计划除依据施工进度计划编制外，还应依据现场情况及季、月、旬、周的具体要求编制。计划以贯彻施工进度计划、明确当期任务及满足作业要求为前提。

（3）施工任务书是一份计划文件，也是一份核算文件，又是原始记录。它把作业计划下达到班组，并将计划执行与技术管理、质量管理、成本核算、原始记录、资源管理等融合为一体。

（4）施工任务书一般由工长根据计划要求、工程数量、定额标准、工艺标准、技术要求、质量标准、节约措施、安全措施等为依据进行编制。

（5）施工任务书下达班组时，由工长进行交底。交底内容为交任务、交操作规程、交施工方法、交质量、交安全、交定额、交节约措施、交材料使用、交施工计划、交奖罚要求等，做到任务明确，报酬预知，责任到人。

（6）施工班组接到任务书后，应做好分工，执行中要保质量、保进度、保安全、保节约、保工效提高。任务完成后，班组自检，在确认已经完成后，向工长报请验收。工长验收时应检查数量、质量、安全、用工、节约，然后回收任务书，交作业队登记结算。

2）记录现场实际情况

在施工中，应如实记载每项工作的开始日期、工作进程和完成日期，记录每日完成数量、施工现场发生的情况、干扰因素的排除情况，可为计划实施的检查、分析、调整、总结提供原始资料。

3）落实、跟踪、调整进度计划

（1）检查作业计划执行中的问题，找出原因，并采取措施解决。

（2）督促供应单位按进度要求供应资料。

（3）控制施工现场临时设施的使用情况。

（4）按计划进行作业条件准备。

（5）传达决策人员的决策意图。

3.3.2 工程项目进度控制的基本原理

1. PDCA 循环理论

建筑工程项目进度管理工作程序可以概括为计划、实施、检查、调整四个基本过程，该过程的基本原理是按 PDCA 循环理论来展开的，它是一个动态持续改进的过程：P（plan）是指根据施工合同确定的开工日期、总工期和竣工日期等资料，确定建筑工程项目总进度目标和分进度目标，并编制进度计划；D（do）是指按进度计划实施项目；C（check）是指监督检查实施情况，进行实际施工进度与计划施工进度的比较；A（action）是指出现进度偏差（不必要的提前或延误）时，应采取相应的措施及时进行调整，并应不断地预测进度状况。每进行完一个控制循环，进度控制的水平就提高一步，在改进的基础上展开下一个阶段的控制。

2. 封闭循环原理

项目进度控制的活动包括编制计划、实施计划、检查、比较与分析、确定调整措施、修改计划，形成了一个封闭的循环系统。

3. 弹性原理

建筑工程项目的进度计划工期长，影响因素多，因此编制进度计划时，必须留有空余时间，使计划进度具有弹性。进行进度控制时，应利用这些弹性时间，缩短有关工作的时间，或改变工作之间的搭接关系，使计划进度和实际进度吻合。

4. 信息反馈原理

信息反馈是建筑工程项目进度控制的重要环节，施工的实际进度通过信息反馈给基层进度控制工作人员，在分工的职责范围内，信息经过加工逐级向上反馈，最后到达主控制室，主控制室整理、统计各方面的信息，经过比较、分析，做出决策，并调整进度计划。进度控制不断调整的过程，实际上就是信息不断反馈的过程。

5. 系统原理

项目各实施主体、各阶段、各部分各层次的计划构成了项目的计划系统，它们之间相互联系、相互影响；每个计划的制订和执行过程都是一个完整的系统。因此，必须用系统的理论和方法解决进度控制问题。

6. 网络计划技术的原理

网络计划技术的原理是工程进度控制的计划管理和分析计算的理论基础。在进度控制中，既要利用网络计划技术原理编制进度计划，根据实际进度信息比较和分析进度计划，又要利用网络计划的工期优化、工期与成本优化和资源优化的理论调整计划。

3.3.3 建筑工程项目进度控制措施

建筑工程项目进度控制采取的主要措施有组织措施、管理措施、经济措施、技术措施等。

1. 组织措施

组织措施是进度目标能否实现的决定性因素，应充分重视、健全项目管理的组织体系。进度控制工作任务和相应的管理职能应在项目管理组织设计的任务分工表和管理职能分工表中标示并落实。进度控制的组织措施包括以下几个方面。

（1）充分重视和健全项目管理的组织体系，项目组织结构中应有专门的工作部门和符合进度控制岗位资格的专人负责进度控制工作。进度控制的主要工作环节包括进度目标的分析和论证，编制进度计划，定期跟踪进度计划的执行情况，采取纠偏措施，以及调整进度计划等。

（2）建立进度报告、进度信息沟通网络、进度计划审核、进度计划实施中的检查分析、图纸审查、工程变更和设计变更管理等制度。

（3）应编制项目进度控制的工作流程，如确定项目进度计划系统的组成，确定各类进度计划的编制程序、审批程序和计划调整程序等。

（4）进度控制工作包含大量的组织和协调工作，而会议是组织和协调的重要手段，建立进度协调会议制度，应进行有关进度控制会议的组织设计，以明确会议的类型，各类会议的主持人及参加单位和人员，各类会议的召开时间、地点，各类会议文件的整理、分发和确认等。

2. 管理措施

管理措施涉及管理的思想、方法和手段、承发包模式、合同管理和风险管理等。在理顺组织的前提下，科学和严谨的管理显得十分重要。进度控制的管理措施包括以下几个方面。

（1）科学地使用工程网络计划对进度计划进行分析：通过工程网络的计算，既可以发现关键工作和关键线路，也可以指导非关键工作可使用的时差。

（2）选择合理的承发包模式：建设项目的承发包模式直接关系到工程实施的组织和协调，应选择合理的合同结构，避免因过多的合同交接而影响工程的进展。

（3）加强风险管理：为实现进度目标，不但应进行进度控制，还应分析影响工程进度的风险，对工程项目风险进行全面的识别、分析和量化，采取风险管理措施，以减少进度失控的风险量。

（4）重视 BIM5D 信息技术在进度控制的应用：BIM5D 信息技术包括相应的软件、局域网、互联网以及数据处理设备，信息技术的应用有利于提高进度、信息处理的效率和进度信息的透明度，还可以促进进度信息的交流和项目各参与方的协同工作。

3. 经济措施

建设工程项目进度控制的经济措施涉及资金需求计划、资金供应的条件和经济激励措施等。进度控制的经济措施包括以下几个方面。

（1）编制资源需求计划：为确保进度目标的实现，应编制与进度计划相适应的资源需求计划（资源进度计划），包括资金需求计划和其他资源（人力、材料和机械等资源）需求计划，以反映工程实施的各时段所需要的资源。

（2）落实实现进度目标的保证资金：在工程预算中，应考虑加快工程进度所需要的资金，其中包括为实现进度目标将要采取的经济激励措施所需要的费用。

（3）签订并实施关于工期和进度的经济承包责任制。

（4）调动积极性，建立并实施关于工期和进度的奖罚制度。

（5）加强索赔管理。

4. 技术措施

建设工程项目进度控制的技术措施涉及对实现进度目标有利的设计技术和施工技术的选用。不同的设计理念、设计技术路线、设计方案会对工程进度产生不同的影响，在设计工作的前期，特别是在设计方案评审和选用时，应对设计技术与工程进度的关系进行分析、比较。在工程进度受阻时，应分析是否存在设计技术的影响因素，为实现进度目标，有无设计变更的可能性。施工方案对工程进度有直接的影响，在选用具体方案时，不仅应分析技术的先进性和经济合理性，还应考虑其对进度的影响。在工程进度受阻时，应分析是否存在施工技术的影响因素，为实现进度目标，有无改变施工技术、施工方法和施工机械的可能性。

3.3.4 建筑工程项目进度计划的检查、调整

确定建设工程进度目标，编制一个科学、合理的进度计划，是实现进度控制的首要前提。但在工程项目实施过程中，由于外部环境和条件的变化，进度计划的编制者事先很难全面地估计项目在实施过程中可能出现的问题，从而造成实际进度偏离计划进度。如果实际进度与计划进度的偏差得不到及时纠正，必然影响进度总目标的实现。为此，在进度计划的执行过程中，必须采取有效的检查手段对进度计划的实施过程进行监控，以便及时发现问题，并运用行之有效的进度调整方法来解决问题。

1. 进度计划执行中的跟踪检查

对进度计划的执行情况进行跟踪检查是计划执行信息的主要来源，是进度分析和调整的依据，也是进度控制的关键步骤。跟踪检查的主要工作是定期收集反映工程实际进度的有关数据，收集的数据应当全面、真实、可靠，不完整或不正确的进度数据将导致判断不准确或决策失误。为了全面、准确地掌握进度计划的执行情况，应认真做好以下三方面的工作。

（1）定期收集进度报表资料：进度报表是反映工程实际进度的主要形式之一。进度计划执行单位应按照进度规定的时间和报表内容，定期填写进度报表。

（2）现场实地检查工程进展情况：工作人员应常驻现场，随时检查进度计划的实际执行情况，这样可以加强进度检查工作，掌握工程实际进度的第一手资料，使获取的数据更加及时、准确。

（3）定期召开现场会议：通过与进度计划执行单位的有关人员面对面地交谈，既可以了解工程实际进度状况，也可以协调有关方面的进度关系。

一般来说，进度控制的效果与收集数据资料的时间间隔有关。如果不经常或不定期地收集实际进度数据，就难以有效地控制实际进度。进度检查的时间间隔与工程项目的类型、规模、对象及有关条件等多方面因素相关，可视工程的具体情况，每月、每半月或每周进行一次检查，特殊情况下，甚至需要每日进行一次进度检查。

2. 实际进度数据的加工处理

为了比较实际进度与计划进度，必须对收集到的实际进度数据进行加工处理，形

成与计划进度具有可比性的数据。例如，对检查时段实际完成工作量的进度数据进行整理、统计和分析，确定本期累计完成的工作量以及本期已完成的工作量占计划总工作量的百分比等。

将实际进度数据与计划进度数据进行比较，可以确定建设工程实际执行状况与计划目标之间的差距，是建设工程进度监测的主要环节。为了直观地反映实际进度偏差，通常采用表格或图形进行实际进度与计划进度的对比分析，得出实际进度比计划进度超前、滞后还是一致的结论。

3. 进度偏差的影响性分析

在进度计划执行过程中，如发生实际进度与计划进度不符的情况，究竟有无必要修改与调整原定计划，使之与变化后的实际情况相适应，应视进度偏差的具体情况而定。

1）当某项工作的实际进度超前

由于加快某些工作的实施进度，往往可导致资源使用情况发生变化。特别是在有多个平行分包单位施工的情况下，由此会引起后续工作潜在风险和索赔事件，使缩短工期的实际效果得不偿失。因此，当进度计划执行过程中产生的进度偏差体现为某项工作的实际进度超前时，若超前幅度不大，此时计划不必调整；若超前幅度过大，则此时计划需要调整。

2）当某项工作的实际进度滞后

当进度计划执行过程中出现实际工作进度滞后时，是否调整原定计划，通常应视进度偏差和相应工作总时差及自由时差的比较结果而定。

（1）若出现进度偏差的工作为关键工作，则由于工作进度滞后，会引起后续工作最早开工时间的延误和计划工期的延长，因而必须对原定进度计划采取相应调整措施。

（2）当出现进度偏差的工作为非关键工作，且工作进度偏差已超出其总时差时，则工作进度延误时，同样会引起后续工作最早开工时间的延误和计划工期的延长，因而必须对原定进度计划采取相应的调整措施。

（3）若出现进度偏差的工作为非关键工作，且工作进度偏差超出其自由时差，但未超出其总时差，则工作进度延误只引起后续工作最早开工时间的拖延，而对整个计划工期并无影响。此时，只有在后续工作最早开工时间不宜推后的情况下，才考虑对原定进度计划采取相应的调整措施。

（4）若出现进度偏差的工作为非关键工作，且工作进度偏差未超出其自由时差，则由于工作进度延误对后续工作的最早开工时间和整个计划工期均无影响，因而不必对原定进度计划采取调整措施。

通过分析，进度控制人员可以根据进度偏差的影响程度，制订相应的纠偏措施进行调整，以获得符合实际进度情况和计划目标的新进度计划。

4. 进度计划的调整方法

调整进度计划有以下几种方法：①调整关键工作的方法；②非关键工作时差的调整方法；③增、减工作项目的调整方法；④调整逻辑关系；⑤调整工作的持续时间；⑥调整资源的投入。

1）缩短某些工作的持续时间

通过检查分析，如果发现原有的进度计划已不能适应实际情况时，为了确保进度控制目标的实现，或需要确定新的计划目标，就必须对原进度计划进行调整，以形成新的进度计划，作为进度控制的新依据。

这种方法的特点是不改变工作之间的先后顺序，通过缩短网络计划中关键线路上工作的持续时间来缩短工期，并考虑经济影响。其实质是一种工期费用优化，通常优化过程需要采取一定的措施来达到目的，具体措施包括以下几点。

（1）组织措施，如增加工作面，组织增加更多的施工队伍；增加每天的施工时间（如采用三班制等）；增加劳动力和施工机械的数量等。

（2）技术措施，如改进施工工艺和施工技术，缩短工艺技术间歇时间；采用更先进的施工方法，以减少施工过程的数量；采用更先进的施工机械，加快作业速度等。

（3）经济措施，如实行包干奖励；提高奖金数额；对所采取的技术措施给予相应的经济补偿等。

（4）其他配套措施，如改善外部配合条件；改善劳动条件；实施强有力的调度等。

一般来说，不管采取哪种措施，都会增加费用。因此，在调整施工进度计划时，应利用费用优化的原理选择费用增加量最小的关键工作作为压缩对象。

2）改变某些工作间的逻辑关系

当工程项目实施中产生的进度偏差影响到总工期，且有关工作的逻辑关系允许改变时，不改变工作的持续时间，可以改变关键线路和超过计划工期的非关键线路上有关工作之间的逻辑关系，达到缩短工期的目的。例如，将顺序进行的工作改为平行作业：对于大型建设工程来说，由于其单位工程较多，且相互间的制约比较小，可调整的幅度比较大，所以容易采用平行作业的方法调整施工进度计划；而对于单位工程项目来说，由于受工作之间工艺关系的限制，可调整的幅度比较小，所以通常采用搭接作业以及分段组织流水作业等方法来调整施工进度计划，这种方法可以有效地缩短工期。但是，不管是平行作业，还是搭接作业，建设工程单位时间内的资源需求量都将会增加。

3）其他方法

除了分别采用上述两种方法来缩短工期，有时由于工期拖延得太多，当采用某种方法进行调整，但可调整的幅度又受到限制时，还可以同时利用缩短工作持续时间和改变工作之间的逻辑关系这两种方法对同一施工进度计划进行调整，以满足工期目标的要求。

3.4 BIM 进度管理实施

3.4.1 BIM 进度管理目标与任务

工程项目传统进度管理方法存在许多缺陷，如横道图法很难表述工序复杂的项目；关键路径法没有考虑项目中的瓶颈资源问题，对于项目中常见突发状况没有应对方式；计划评审技术只强调时间因素，而不强调费用因素，只适用于与时间相关的规划。此外，传统的进度管理主要对进度计划进行外观跟踪，只能看到计划的表象原因，导致进度管理没有深入项目本质。

针对这些缺陷，引入 BIM 技术，可以实现动态化、三维化、自动化的进度表现形式，从而实现动态信息的实时更新。BIM4D 技术是将进度信息与静态 3D 模型进行链接，对施工进程进行动态模拟，从而实现施工过程的可视化，使建设项目中潜在的作业次序错误和冲突得以识别，从而更具弹性地处理设计变更或工作次序。

建设工程项目参与主体不同，代表利益各异，但进度控制目标基本一致。建设工程项目是在动态条件下实施的，所以进度控制也属于动态管理的过程：首先是建设工程项目的进度目标分析和论证；其次，在搜集资料和调查研究的基础上，科学编制具体的进度计划；最后，完成对进度计划的跟踪检查与调整，如果发现偏差，应该及时采取相应的纠偏方案。

实际上，进度控制与成本控制、质量控制是息息相关的，它们之间存在制约因素，进度目标的实现应该是在保证施工质量和施工成本的前提下来完成的。基于 BIM 的进度管理的总体目标是在保证目标工期、施工质量和不增加施工实际成本的条件下，应用 BIM 技术加强过程管控力度及进度优化，实现缩短工期的目的。

1. 预建造分析

BIM5D 具备进度可视化的特性，应用 BIM5D 平台可提前进行项目全过程的模拟预建造。施工总承包单位可以利用 BIM5D 对各分包单位进行进度管理，有效地反映各专业施工进度是否存在穿插关系，各专业之间工序是否有矛盾，工作面是否有冲突，以此分析计划进度的总体合理性。

2. 进度偏差分析

在工程项目管理过程中，实际进度容易与计划进度产生偏差，而进度过程跟踪可以及时地发现实际进度与计划之间存在的差异，从而及时调整。可以应用 BIM5D 平台进行过程记录，结合物料、人工、机械等信息及其他施工作业条件，分析实际进度产生偏差的原因，调整、修改计划进行纠偏后再实施，如此循环，直到工程项目竣工验收交付使用。

同时，平台可同步形成进度偏差报告，并进行数据留存，如图 3.14 所示。进度偏差分析报告既可以作为项目部进行进度风险管控的过程依据，辅助管理人员进行进度调整与优化，也可以为企业及项目部对今后其他同类型项目进度管控的数据积累。

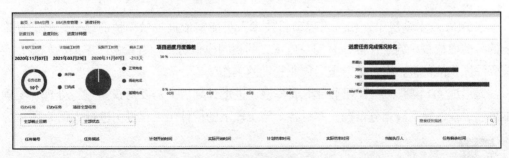

图 3.14　进度偏差情况

3. 形象进度展示

可以应用 BIM5D 平台进行形象进度管理，利用大屏实时监控并展示施工项目的进度过程，获取项目进度详情，显示进度滞后预警。

3.4.2 预建造分析

在项目工程施工作业过程下，用 BIM5D 技术应对动态进度管理工作中的难点如下：项目负责部门的生产责任人依据技术部门编写的项目进度计划书，结合施工现场实际发生的流水作业，论证该计划的可行性，并且实施对比研究，优化 3D 数据模型及生产计划任务书，协调各相关部门及工种对项目工程的施工进度实现精细化及标准化管理。

在前期进度分析中，可以应用 BIM 三维模型结合时间的 4D 数据模型进行施工预建造，直观展示项目全过程的进度情况，以此判断进度计划编制的合理性，如图 3.15 所示。

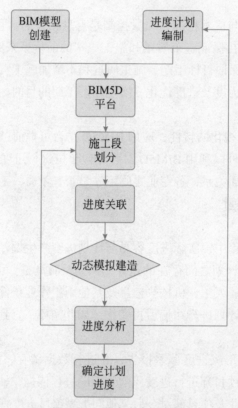

图 3.15　预建造分析流程

在 BIM 技术系统中，相关工程项目技术人员能够依据视频模拟的结果，借助理论上的劳动力校核、施工任务的分配及可视化的视频模拟仿真，查找施工工期的偏差，实施资源优化的调整，有效提升施工作业管理的工作效率。

为形成 4D 模型，在管理平台集成模型、进度计划后，需要对模型进行处理，明确本单位工程的施工段划分情况，并对各个施工段下的构件（工程量）进行数据关联。

提示

　　BIM 模型中附带清单工程量信息，数据关联，即量与时间、量与综合单价的关联。

任务 3.1：施工段划分

　　组织流水作业时，通常把施工对象划分为劳动量相等或相近的若干段，这些段即施工段。每一施工段在某一段时间内只供从事一个施工过程的工作队（或小组）工作。应用 BIM5D 划分施工段前，可基于图纸先确定施工段的大致划分区块，再进行软件操作。

　　步骤 1：单击模型导入界面下的"施工段设置"，弹出"施工段设置"窗口，如图 3.16 所示，单击施工段对话框右上角"新增"按钮，根据项目图纸新增施工段。

图 3.16　施工段设置

　　步骤 2：新增的施工段会以颜色自动区分，双击"施工段名称"可进行名称设置，如图 3.17 所示。

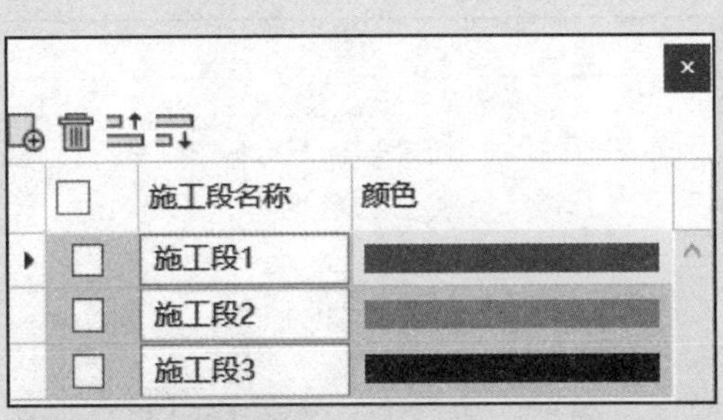

图 3.17　新增施工段

　　步骤 3：单击"施工段设置"对话框 🔲 或 ㇇ 按钮，分别选择"矩形绘制"或"自由绘制"，根据项目图纸信息绘制施工段。绘制完施工段后，模型构件 / 工程量信息即可直接通过施工段条件进行筛选。

> **提示**
>
> 施工段仅会区分各个构件归类，不会打断单个构件。

任务 3.2：进度关联

进度关联，即明确每个构件的建造时间，以实现计划进度的预建造。应注意，任一进度条目同时包含计划进度、实际进度、工期、进度完成状态等信息。其中，计划进度可预先采用 Excel、Project 编制，或通过品茗智绘进度计划软件绘制的网络图转换成 .mpp、.xlsx 格式，再进行导入；实际进度可在数据关联完成后实时填报。

教学视频：
进度关联

单击品茗 BIM5D 管理平台主界面下的"进度关联"，进入"进度关联"界面，如图 3.18 所示。进度关联包含列表方式与模型方式两种，可根据个人习惯自由自行选择 / 切换。

图 3.18 "进度关联"界面

1. 列表方式

在"列表方式"下，模型中所有的清单 / 定额工程量信息直接展示在列表中，关联时，可在左侧直接选取对应进度条目的工程量信息。列表方式支持"单位工程""专业""楼层""构件"等筛选条件。

以"一层结构施工"为例，首先应明确结构施工包含钢筋绑扎、模板搭设、混凝土浇筑等子项，对应的工程量应当包括钢筋、模板及混凝土。筛选时，按照"楼层（一层）—构件（结构柱、梁、板）"的方式筛选，如图 3.19 所示。完成筛选后，左侧全选所有清单工程量（即钢筋、模板、混凝土），右侧选择"一层结构施工"，单击 🔗 按钮进行关联，待进度条目显示绿色后，即已完成关联。

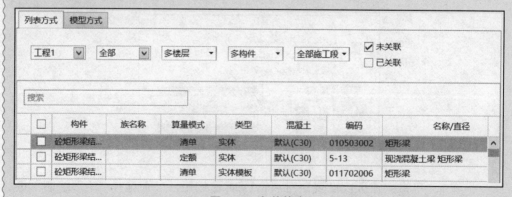

图 3.19 条件筛选

如关联后需要进行修改 / 编辑，选中相应的进度条目右击，选择"关联详情"。

在弹出的"关联详情"界面，可视情况选择需要移除的工程量条目，单击界面右上角的"移除关联"，完成编辑操作，如图 3.20 所示。

		楼层	构件	算量模式	类型	混凝土	编码	名称/直径(mm)	数量	单位
	☐	4	楼板结构板...	清单	实体	默认(C30)	010505003	平板	0.806	m³
	☐	4	楼板结构板...	清单	实体模板	默认(C30)	011702016	平板	8.06	m²
	☐	4	楼板结构板...	清单	实体	默认(C30)	010505003	平板	1.395	m³
	☐	4	楼板结构板...	清单	实体模板	默认(C30)	011702016	平板	13.95	m²
	☐	4	楼板结构板...	清单	实体	默认(C30)	010505003	平板	1.395	m³
	☐	4	楼板结构板...	清单	实体模板	默认(C30)	011702016	平板	13.95	m²
	☐	4	楼板结构板...	清单	实体	默认(C30)	010505003	平板	0.065	m³
	☐	4	楼板结构板...	清单	实体模板	默认(C30)	011702016	平板	0.65	m²
	☐	4	楼板结构板...	清单	实体	默认(C30)	010505003	平板	0.065	m³
	☐	4	楼板结构板...	清单	实体模板	默认(C30)	011702016	平板	0.65	m²
	☐	4	楼板结构板...	清单	实体	默认(C30)	010505003	平板	0.286	m³
	☐	4	楼板结构板...	清单	实体模板	默认(C30)	011702016	平板	2.86	m²
	☐	4	楼板结构板...	清单	实体	默认(C30)	010505003	平板	0.0715	m³
	☐	4	楼板结构板...	清单	实体模板	默认(C30)	011702016	平板	0.715	m²
	☐	4	楼板结构板...	清单	实体	默认(C30)	010505003	平板	0.286	m³
	☐	4	楼板结构板...	清单	实体模板	默认(C30)	011702016	平板	2.8601	m²
	☐	4	楼板结构板...	清单	实体	默认(C30)	010505003	平板	0.0715	m³

计数: 258

图 3.20　关联详情

> **提示**
>
> 　　当模型构件中同时包含清单、定额工程量时，仅需选择其一，一般以清单工程量关联为主；关联前，应明确关联主体，如结构关联时，不用选择二次结构，如圈梁、过梁、结构柱等构件，如项目有剪力墙，应同时筛选剪力墙构件。

2. 模型方式

模型方式即在模型界面关联，按"楼层（一层）—构件（结构柱、梁、板）"的顺序筛选。完成筛选后，模型界面框选模型（Ctrl+ 按住鼠标左键框选），右侧选中"一层结构施工"，单击"关联"按钮。此时弹出"请关联所选构件的子项"窗口，如图 3.21 所示。在该界面下，可筛选工程量信息。相较于列表方式，模型方式在关联时更加直观，构件筛选不易出错。

> **提示**
>
> 　　①列表方式重新选择楼层会刷新构件；模型方式可保留选择的构件，模型方式关联时，可切换楼层继续关联；②筛选构件必须依据进度任务确定，如进度计划中明确"模板搭设""钢筋绑扎""混凝土浇筑"，则需要筛选出指定工程量并进行关联；③同一工程量只能被关联至唯一任务。列表方式区分"已关联"与"未关联"，操作时不存在重复关联的情况；模型方式因需要重新选择构件子项，关联时存在重复选择，筛选条件时，应特别注意这一点。

	构件	算量模式	类型	编码	名称	数量	单位
▲ 施工段：未分区							
☐	基本墙结构墙_200	清单	实体	010504001	直形墙	1.276	m³
☐	基本墙结构墙_200	定额	实体	4-89	直形、弧形墙厚10以上	1.276	m³
☐	基本墙结构墙_200	清单	实体模板	011702011	直形墙	12.54	m²
☐	基本墙结构墙_200	定额	实体模板	4-182	直形墙 复合木模	12.54	m²
☐	基本墙结构墙_200	清单	实体	010504001	直形墙	1.276	m³
☐	基本墙结构墙_200	定额	实体	4-89	直形、弧形墙厚10以上	1.276	m³
☐	基本墙结构墙_200	清单	实体模板	011702011	直形墙	12.54	m²
☐	基本墙结构墙_200	定额	实体模板	4-182	直形墙 复合木模	12.54	m²
☐	基本墙结构墙_200	清单	实体	010504001	直形墙	0.464	m³
☐	基本墙结构墙_200	定额	实体	4-89	直形、弧形墙厚10以上	0.464	m³
☐	基本墙结构墙_200	清单	实体模板	011702011	直形墙	4.48	m²
☐	基本墙结构墙_200	定额	实体模板	4-182	直形墙 复合木模	4.48	m²
☐	基本墙结构墙_200	清单	实体	010504001	直形墙	0.464	m³
☐	基本墙结构墙_200	定额	实体	4-89	直形、弧形墙厚10以上	0.464	m³
☐	基本墙结构墙_200	清单	实体模板	011702011	直形墙	4.48	m²

计数=3366

确定

图 3.21　关联所选构件的子项

3. 计划进度分析与优化

相较于传统进度计划编制，基于 BIM 技术编制进度计划，可通过仿真模拟事先对不确定事件进行预判，以便及时制订预防优化计划。BIM 进度计划编制流程可以分为四个层次：总进度计划反映整个项目的综合进度关系，是整个进度计划编制工作的开始；二级进度计划是反映项目建设过程中的里程碑和主要活动的进度计划；周进度计划是连接二级进度计划与日常工作计划的桥梁；日常工作计划是为了保证现场施工的每一道工序都能在进度计划平台上进行完整的仿真模拟。

任务 3.3：按计划进度模拟建造分析

应用 BIM5D 模型进行施工模拟，查找偏差，发现其中的问题，并及时纠偏。在模拟过程中，分析施工分段、组织协调的合理性，也可对多个进度方案进行模拟对比与优化，选择最优的方案。单击 BIM5D 面板下的"模拟建造"，选择"按计划进度模拟建造"方式，如图 3.22 所示。计划进度优化可在 BIM5D 客户端编辑，不用重新导入与更新计划进度；也可利用原始网络图文件进行优化、调整，重新导入并更新。

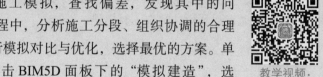

教学视频：
5D 施工模拟

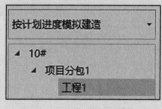

图 3.22　按计划进度模拟建造

3.4.3　进度偏差分析

1. 实际进度填报

在项目实施的过程中，进度计划的有效实施是保证工程进度的唯一途径，然而项目的实施本身就是一个动态的过程，对进度计划的动态实施控制就显得尤为重要。在控制前，要对控制目标进行广泛的论证和分析，在确保进度计划的合理性基础上，编制与进度计划相适应的资源分配计划、人员调动计划以及资金使用计划等，以确保进度计划的实施。在实施过程中要及时跟踪检查进度计划的执行情况，如发现偏差，应及时分析原因，并采取合适的纠偏措施。

在项目管理实施过程中，应实时填报每日/每周进度，以记录现场的进度情况，并对计划与实际进度进行分析，掌握进度的提前/滞后状态及其产生的原因，便于进度的实时优化与管理。

任务 3.4：实际进度填报

可在品茗 BIM5D 平台客户端填报实际进度。

步骤 1：单击菜单栏中的"进度导入"，选择已导入的进度计划。

步骤 2：单击需要填报的进度条目，右击并选择"编辑"，弹出进度编辑界面，如图 3.23 所示，根据实际施工情况录入实际开始及完成时间，记录实际进度与计划进度产生偏差（即进度提前/滞后）的原因。偏差原因按实填写即可，如进度正常完成，可忽略。

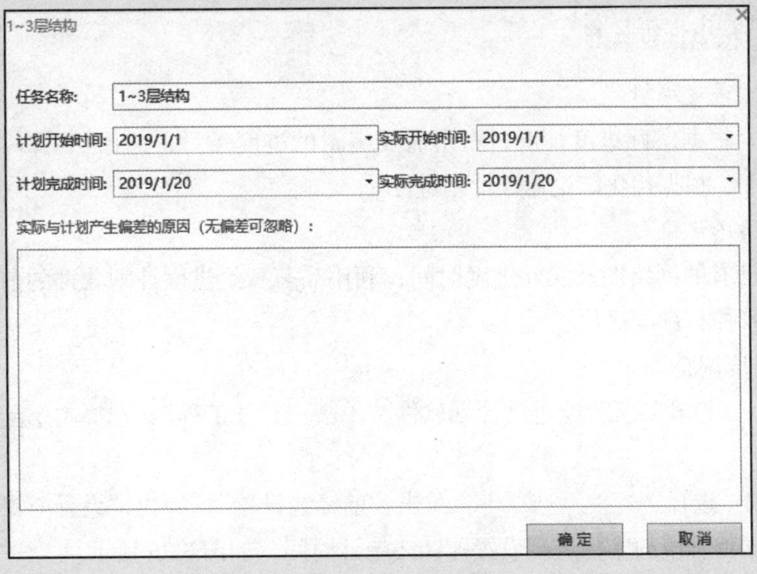

教学视频：实际进度填报与模拟

图 3.23　实际进度填报

完成实际进度录入后，可导出偏差分析报告，如图 3.24 所示，汇总本项目某一阶段下的进度偏差原因，便于问题追溯，责任到班组/管理人员。项目竣工后，可将其留存至企业级平台，作为今后其他项目进度管理的数据依托。

图 3.24 偏差分析报告

2. 进度对比

进度填报完成后，可在施工模拟界面进行计划进度与实际进度的建造对比。应注意，BIM5D 中的计划进度与实际进度事实上是同一进度任务，已在计划进度关联阶段全部关联至模型（工程量数据），填报实际进度后，不用重新关联。

任务 3.5：模拟建造

步骤 1： 单击 BIM5D 客户端菜单栏中的"模拟建造"，选择"单位工程"，并选择"计划—实际对比模拟建造"。

步骤 2： 单击"播放"按钮，查看计划与实际对比的模拟建造视频，可以更加形象地了解整个项目的施工过程，及时发现实际与计划进度的偏差，并分析问题所在，做出纠偏措施，优化项目进度，提高工程项目质量。

3. 进度调整

项目管理者需要结合传统分析方法，应用 BIM5D 管理平台分析实际与计划进度的偏差，制订合适的纠偏方案，不断优化工程的进度，实现动态的进度控制管理。

任务 3.6：进度调整

1. 计划进度编辑

步骤： 根据实际进度情况，右击需要编辑的进度条目，选择"编辑"，进入进度编辑界面，根据优化结论修改计划进度。

2. 网络图优化

根据已有的网络图及实际进度时间，利用品茗智绘进度计划软件的前锋线功能进行进度管控与进度优化。

1）进度调整

步骤 1： 打开品茗智绘进度计划软件，单击"打开工程"，选择本书配套案例的工程文件。

步骤 2： 选择"管控"选项卡，单击"前锋线设置"，弹出"设置前锋线"对话框后，根据现阶段的实际进度设置前锋线统计时间，如图 3.25 所示。

步骤 3： 根据本书提供的实际进度表，设置主体结构施工相关施工节点。双击选择需要设置进度的工作，进入进度编辑界面，如图 3.26 所示，修改该工作的实际开始时间及完成时间。

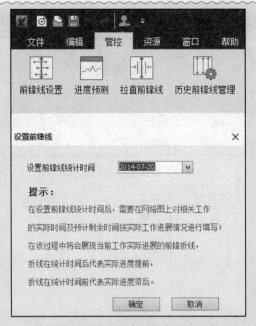

图 3.25　前锋线设置

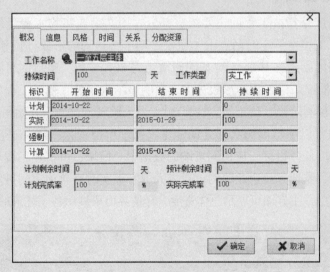

图 3.26　进度编辑

步骤 4：完成设置后，可发现前锋线走向已自动调整。此时，单击"拉直前锋线"，调整后续的计划进度，如图 3.27 所示。

2）进度导出

步骤 1：利用已编辑完成的进度网络图，导出 .xlsx 格式进度计划。单击"文件"选项卡下的"工作导出"，如图 3.28 所示。弹出"工作导出"对话框后，单击"导出Excel"，导出优化后的计划进度。

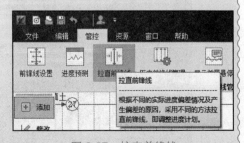

图 3.27　拉直前锋线

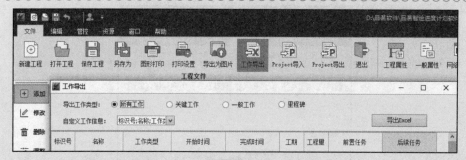

图 3.28　导出优化后的计划进度文件

步骤 2：打开 BIM5D 客户端，并导入该计划进度文件。

> **提示**
>
> 　导出的 Excel 文件名应尽量与原始计划进度文件保持一致，以保证文件是替换导入，而不是追加导入。

3.4.4　形象进度展示

　　工程形象进度是指按工程的主要组成部分，用文字或实物工程量的百分数，简明扼要地表明施工工程在一定时间点上（通常是期末）达到的形象部位和总进度。例如，可用"浇筑钢筋混凝土柱基础完""基础回填土完 80%"和"预制钢筋混凝土梁、柱完 70%"等来表示框架结构工程的形象进度，表明该结构正处在基础工程施工的后期和钢筋混凝土梁、柱预制阶段，预制梁、柱有 30% 尚未预制，且尚未开始吊装。

　　传统项目通常以项目周例会形式向业主、监理单位汇报一周的进度开展情况，以及下一阶段的进度任务目标。应用网页端的数据中心模块，可实现工程项目形象进度的实时展示。业主、监理方及企业等均可通过大屏看板实时查看项目的进度进展情况，如图 3.29 所示。其中，主界面可展示总体进度，详情界面可展示各子任务的进度进展情况。

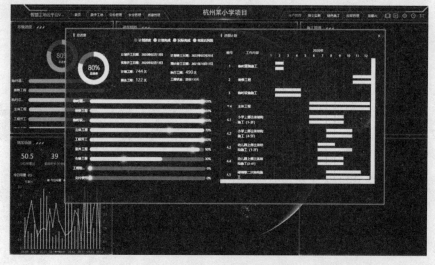

图 3.29　形象进度大屏看板展示

管理员可根据项目需求，自定义设置进度看板展示的内容，如工程本阶段的形象进度展示、计划进度模拟、过往实际进度模拟等。

学习笔记

章节练习

一、单项选择题

1. 进度控制的目的是（　　　）。
   A. 通过控制以实现工程的进度目标　　　　　　B. 进度计划的编制
   C. 论证进度目标是否合理　　　　　　　　　　D. 跟踪检查进度计划

2. 建立图纸审查、工程变更和设计变更管理制度属于工程项目进度控制措施中的（　　　）。
   A. 组织措施　　　　B. 经济措施　　　　C. 技术措施　　　　D. 合同措施

3. 双代号网络计划中的虚工作（　　　）。
   A. 既消耗时间，又消耗资源　　　　　　　　B. 只消耗时间，不消耗资源
   C. 不消耗时间，只消耗资源　　　　　　　　D. 既不消耗时间，也不消耗资源

4. 计算双代号网络计划的时间参数时，工作的最早开始时间应为所有紧前工作的（　　　）。
   A. 最早完成时间的最小值　　　　　　　　　B. 最迟完成时间的最小值
   C. 最早完成时间的最大值　　　　　　　　　D. 最迟完成时间的最大值

5. 网络计划中，紧前工作与紧后工作共同拥有的机动时间称为紧前工作的（　　　）。
   A. 总时差　　　　B. 自由时差　　　　C. 相干时差　　　　D. 线路时差

6. 在工程网络计划中，关键工作是指网络计划中（　　　）。
   A. 总时差为零的工作　　　　　　　　　　　B. 总时差最小的工作
   C. 自由时差为零的工作　　　　　　　　　　D. 自由时差最小的工作

7. 在双代号时标网络计划与双代号相同的关键线路是指（　　　）。
   A. 没有波形线的线路　　　　　　　　　　　B. 由关键节点组成的线路
   C. 没有虚工作的线路　　　　　　　　　　　D. 工作持续时间最长所在的线路

二、多项选择题

1. 双代号网络计划中的虚工作一般起（　　　）三个作用。
   A. 联系　　　　B. 平行搭接　　　　C. 区分　　　　D. 断路
   E. 间隙时间

2. 工程网络计划资源优化的目的是（　　　）。
   A. 资源均衡利用条件下的最短工期安排
   B. 资源有限条件下的最短工期安排
   C. 工期最短条件下的资源均衡方案
   D. 工期固定条件下的资源均衡方案
   E. 工期最短条件下的总费用最低方案

3. 下列关于网络计划关键线路的叙述，（　　　）是正确的。
   A. 关键线路只有一条　　　　　　　　　　　B. 关键线路可能有多条
   C. 关键线路始终不变　　　　　　　　　　　D. 关键线路上可能有虚工作
   E. 非关键线路可以转化为关键线路

三、简答题

1. 什么是工程项目进度控制?

2. 工程项目进度控制有哪些措施?

3. 工程项目进度计划有哪些种类?

4. 试述单位工程施工进度计划的编制步骤。

5. 流水施工包括哪些基本组织方式?

6. 有节奏流水施工有哪些特点? 相应的计算公式是什么?

7. 双代号网络计划的绘制规则是什么?

第 4 章　BIM 成本管理

【学习目标】

　　本章主要介绍建筑工程项目成本管理的概念；建筑工程施工成本控制的方法；建筑工程项目成本结算管理；并通过六个任务详细地介绍应用 BIM5D 管理平台进行成本管理的实施流程和操作方法。

　　本章包括以下学习目标：

　　1. 了解建筑工程项目成本的组成。

　　2. 掌握建筑工程项目成本控制的原理、步骤与方法。

　　3. 熟悉建筑工程项目成本的核算、分析与考核。

　　4. 掌握应用 BIM5D 平台客户端进行预算及成本数据交互与关联的方法，会通过 5D 模拟建造分析成本，并进行工程项目成本管理。

　　5. 培养严谨细致的职业态度和具体问题具体分析的逻辑能力。

4.1　建筑工程项目成本管理概述

4.1.1　建筑工程项目成本

　　1. 项目成本的概念

　　项目成本是施工项目在施工过程中所耗费的生产资料转移价值和劳动者必要劳动所创造的价值的货币形式，包括所耗费的主辅材料、构配件、周转材料的摊销费或租赁费，施工机械的台班费或租赁费，支付给生产工人的工资、奖金，以及在施工现场进行施工组织与管理所发生的全部费用支出。项目成本不包括工程造价组成中的利润和税金，也不应包括构成施工项目价值的一切非生产性支出。

　　施工项目成本是施工企业的主要产品成本，也称为工程成本，一般以项目的单位工程作为成本核算对象，通过对各单位工程成本核算的综合来反映总成本。

　　2. 项目成本的构成

　　1）直接成本

　　直接成本指施工过程中耗费的构成工程实体和有助于工程形成的各项费用支出，包括人工费、材料（包含工程设备）费、施工机具使用费。当直接费用发生时，就能够确定其用于哪些工程，可以直接记入该工程成本。

2）间接成本

间接成本指项目经理部为准备施工、组织施工生产和管理所支出的全部费用，当间接费用发生时，不能明确区分其用于哪些工程，只能采用分摊费用方法计入。

4.1.2　建筑工程项目成本管理

建设工程项目的成本管理，是指在项目建设过程中，对产生的工程直接费用、间接费用等进行指导、监督、管控、协调等行为，将各项生产费用控制在计划成本以内，以保证成本目标的实现。

1. 建筑项目成本管理的特点

1）事前计划性

从工程项目投标报价开始，到工程竣工结算前，对于工程项目的承包人而言，各阶段的成本数据都是事前的计划成本，包括投标书的预算成本、合同预算成本、组织对项目经理的责任目标成本、项目经理部的施工预算及计划成本等，基于这样的认识，人们把动态控制原理应用于项目的成本控制过程。其中，项目总成本的控制，是对不同阶段的计划成本进行相互比较，以反映总成本的变动情况。只有在项目的跟踪核算过程中，才能对已完的工作任务或分部、分项工程进行实际成本偏差的分析。

2）投入复杂性

从投入情况来看，工程项目成本的形成，在承包组织内部有组织层面的投入和项目层面的投入，在承包组织外部有分包商的投入，甚至业主以甲供材料设备的方式投入等。工程项目最终作为建筑产品的完全成本，和承包人在实施工程项目期间投入的完全成本，其内涵是不一样的。作为工程项目管理范围的项目成本，显然要根据项目管理的具体要求来界定。

3）核算困难大

工程项目成本核算的关键问题在于动态地对已完的工作任务或分部、分项工程的实际成本进行正确的统计，以便与相同范围的计划成本进行比较、分析，把握成本的执行情况，为后续的成本控制提供指导。但是，由于成本的发生或费用的支出与已完的工程任务量，在时间和范围上不一定一致，这就给实际成本的统计归集造成很大的困难，影响核算结果的数据可比性和真实性，以致失去对成本管理的指导作用。

4）信息不对称

建筑工程项目的实施通常采用总分包的模式，出于保护商业机密的目的，分包方往往对总包方隐瞒实际成本，这给总包方的事前成本计划带来一定的困难。

2. 建筑项目成本管理的基本原则

1）全面成本管理原则

为了不断降低建设项目成本，达到成本最低化目的，必须实行全面成本管理。全面成本管理是全企业、全员和全过程的管理，也称"三全"管理。全过程管理是指在工程项目确定以后，自施工准备开始，经过工程施工，到竣工交付使用，乃至保修期结束都在发生费用，其中每一项经济业务都要进行计划与控制。全员管理是指成本是一项综合性很强的指标，项目成本的高低取决于项目组织中各个部门、单位和班组的工作业绩，也与每个职工的切身利益密切相关，需要大家都来关心成本、控制成本，人人都有权利和义务对成本实施控制，仅靠项目经理和专业成本管理人员等少数人的努力，是无法收到预期效果的。

2）成本最低化原则

建筑项目成本管理的根本目的，在于通过成本管理的各种手段，不断降低建设项目成本，以达到可能实现最低目标成本的要求。但是，在实行成本最低化原则时，应注意研究降低成本的可能性和合理的成本最低化程度，一方面应挖掘各种降低成本的潜力，使可能性变为现实；另一方面要从实际出发，制订通过主观努力可能达到的合理的最低成本水平。

3）动态管理原则

动态管理原则即中间管理原则，对于具有一次性特点的施工项目成本来说，必须重视和搞好项目成本的中间控制。因为施工准备阶段的成本管理，只是根据上级要求和施工组织设计的具体内容确定成本目标、编制成本计划、制订成本控制方案，为今后的成本控制运行做好准备；而竣工阶段的成本管理，由于成本盈亏已经基本成定局，即使发生了偏差，也已来不及纠正。因此，成本管理工作的重心应放在基础、结构、装饰等主要施工阶段上，及时发现并纠正偏差，在生产过程中进行动态管理。

4）成本管理科学化原则

成本管理要实现科学化，必须把有关自然科学和社会科学中的理论、技术和方法运用于成本管理。在建设项目成本管理中，可以运用预测与决策方法、目标管理方法、量本利分析方法和价值工程方法等。

5）目标管理原则

目标管理是贯彻执行计划的一种方法，它把计划的方针、任务、目的和措施等逐一加以分解，提出进一步的具体要求，并分别落实到执行任务的部门、单位甚至个人。

成本目标管理具体内容包括以下几点。

（1）目标的设定和分解，成本目标分解得到的标准成本（成本计划）是检查、控制、评价的依据，力求以最小的成本支出，获得最多的有效产品。

（2）目标的责任到位和执行。

（3）施工中不断检查执行结果，发现并分析成本偏差，及时采取纠正措施。

（4）修正目标和评价目标。

6）过程控制与系统控制原则

项目成本是由施工过程的各个环节的资源消耗形成的。因此，对项目成本的控制必须采用过程控制的方法，分析每一个过程影响成本的因素，制订工程程序和控制程序，使之时刻处于受控状态。

项目成本形成的每一个过程又是与其他过程互相关联的，一个过程成本的降低，可能会引起关联过程成本的提高。因此，项目成本的管理，必须遵循系统控制的原则，进行系统分析；制订过程的工作目标时，必须从全局利益出发，不能为了小团体的利益而损害整体利益。

7）节约原则

进行成本管理，提高经济效益的核心是节约人力、物力、财力消耗。要做到节约，首先要严格执行成本开支范围、费用开支标准和有关财务制度，对各项成本费用的支出进行限制和监督；其次，要提高项目的科学管理水平，优化施工方案，提高生产效率，降低资源消耗；最后，要采取预防成本失控的技术组织措施，制止可能发生的浪费。

8）责、权、利相结合原则

实践表明，要使成本控制真正发挥及时、有效的作用，达到预期的效果，必须实行经济责任制。责任、权力、利益相统一的成本管理才是名实相符的项目成本控制。这一条原则可以从内部承包责任制和签订内部承包合同中体现出来。从项目经理到每一个管理者和操作者，都必须对成本管理承担自己的责任，而且授以相应的权力，在考评业绩时同奖金挂钩，奖罚分明。

3. 建筑项目成本管理的措施

为了取得施工成本管理的理想成效，应当从多方面采取措施实施成本管理，通常可以将这些措施归纳为以下四个方面。

1）组织措施

组织措施是从施工成本管理的组织方面采取的措施。施工成本控制是全员的活动，不仅是专业成本管理人员的工作，也是各级项目管理人员都负有的责任，如实行项目经理责任制，落实施工成本管理的组织机构和人员，明确各级施工成本管理人员的任务和职能分工、权利和责任。

组织措施还包括编制施工成本控制工作计划，确定合理详细的工作流程。要做好施工采购规划，通过生产要素的优化配置、合理使用、动态管理，有效控制实际成本；加强施工定额管理和施工任务单管理，控制活劳动和物化劳动的消耗；加强施工调度，避免因施工计划不周和盲目调度造成的窝工损失，也应避免因机械利用率降低、物料积压等而使施工成本增加。成本控制工作只有建立在科学管理的基础之上，具备合理的管理体制、完善的规章制度、稳定的作业秩序、完整准确的信息传递渠道，才能取得成效。组织措施是其他各类措施的前提和保障，而且一般不需要增加什么费用，运用得当可以收到良好的效果。

2）技术措施

技术措施不仅对解决施工成本管理过程中的技术问题来说是不可缺少的，而且对纠正施工成本管理目标偏差也有相当重要的作用。因此，运用技术纠偏措施的关键，一是要能提出多个不同的技术方案，二是要对不同的技术方案进行技术经济分析。

施工过程中降低成本的技术措施，包括以下几点：①进行技术经济分析，确定最佳的施工方案；②结合施工方法，进行材料使用的比选，在满足功能要求的前提下，通过代用、改变配合比、使用添加剂等方法降低材料消耗的费用；③确定最合适的施工机械、设备使用方案；④结合项目的施工组织设计及自然地理条件，降低材料的库存成本和运输成本；⑤应用先进施工技术、新材料、新开发机械设备等。

3）经济措施

经济措施是最易为人们所接受和采用的措施。管理人员应编制资金使用计划，确定、分解施工成本管理目标；对施工成本管理目标进行风险分析，并制订防范性对策；对各种支出，应认真做好资金的使用计划，并在施工中严格控制各项开支；及时准确地记录、收集、整理、核算实际发生的成本；对各种变更，及时做好增减账，及时落实业主签证，及时结算工程款；通过偏差分析和对未完工工程预测，发现一些潜在的将引起未完工程施工成本增加的问题。对于这些问题，应以主动控制为出发点，及时采取预防措施。由此可见，经济措施的运用绝不仅仅是财务人员的事情。

4）合同措施

合同措施应贯穿于整个合同周期，包括从合同谈判开始到合同终结的全过程。首先，是选用合适的合同结构，对各种合同结构模式进行分析、比较，在谈判合同时，要争取选用适合于工程规模、性质和特点的合同结构模式。其次，在讨论合同的条款时，应仔细考虑一切影响成本和效益的因素，特别是潜在的风险因素。应对引起成本变动的风险因素进行识别和分析，并采取必要的风险对策，如通过合理的方式增加承担风险的个体数量，降低损失发生的概率，并最终使这些策略反映在合同的具体条款中。在合同执行期间，合同管理的措施既要密切注视对方合同执行的情况，以寻求合同索赔的机会；同时要密切关注自己履行合同的情况，以防止被对方索赔。

4.2 建筑工程项目施工成本控制

4.2.1 施工项目成本计划

施工项目成本计划是在成本预测的基础上，以货币形式编制的施工项目从开工到竣工计划支出的施工费用，是指导施工项目降低成本的技术经济文件，是施工项目目标成本的具体化。施工项目成本计划工作是成本管理的一个重要环节，是企业生产经营计划工作的重要组成部分，是对生产耗费进行分析和考核的重要依据，是挖掘降低成本潜力的有效手段，也是检验施工企业技术水平和管理水平的重要手段。

对于一个工程项目而言，其成本计划的编制是一个不断深化的过程，在这一过程的不同阶段形成深度和作用不同的成本计划。按成本计划的作用，可将其分为以下三类。

1. 竞争性成本计划

竞争性成本计划是工程投标及签订合同阶段的估算成本计划。这类成本计划是以招标文件为依据，以投标竞争策略与决策为出发点，按照预测分析，采用估算或概算定额编制而成。这种成本计划虽然也着力考虑降低成本的途径和措施，但总体上都较为粗略。

2. 指导性成本计划

指导性成本计划是选派工程项目经理阶段的预算成本计划。这是在进行项目投标过程总结、合同评审、部署项目实施时，以合同标书为依据，以组织经营方针、目标为出发点，按照设计预算标准提出的项目经理的责任成本目标，且一般情况下只是确定责任总成本指标。

3. 实施性成本计划

实施性成本计划是指项目施工准备阶段的施工预算成本计划，它是以项目实施方案为依据，以落实项目经理责任目标为出发点，采用组织施工定额，并通过施工预算的编制而形成的成本计划。

以上三类成本计划的互相衔接和不断深化，构成了整个工程施工成本的计划过程。其中，竞争性成本计划带有成本战略的性质，是项目投标阶段商务标书的基础，而有竞争力的商务标书又是以其先进合理的技术标书为支撑的。因此，它奠定了施工成本的基本框架和水平。指导性成本计划和实施性成本计划，都是竞争性成本计划的进一步展开和深化，是对竞争性成本计划的战术安排。

4.2.2 施工项目成本控制理论

项目成本控制是指在施工过程中，对影响施工项目成本的各种因素加强管理，并采取各种有效措施，将施工中实际发生的各种消耗和支出严格控制在成本计划范围之内，随时解释并及时反馈，严格审查各项费用是否符合标准，计算、分析实际成本和计划成本之间的差异，消除施工中的损失浪费现象，发现和总结经验。

施工阶段是控制工程项目成本的主要阶段。在项目的实施过程中，项目经理部采用目标管理方法对实际施工成本的发生过程进行有效控制。根据计划目标成本的控制要求，做好施工采购策划，通过生产要素的优化配置、合理使用、动态管理，有效控制实际成本；加强施工定额管理和施工任务单管理，控制好活劳动和物化劳动的消耗；科学地计划管理和施工调度，避免因施工计划不周和盲目调度造成窝工损失，也应避免因机械利用率降低、物料积压等而使得成本增加；加强施工合同管理和施工索赔管理，正确运用合同条件和有关法规，及时进行索赔。

1. 人工费的控制

人工费的控制实行"量价分离"。将安全生产、文明施工、零星用工等按作业用工定额劳动量（工日）的一定比例综合确定用工数量与单价，通过劳务合同管理进行控制。

2. 材料费的控制

1）材料的供应方式和价格控制

（1）材料的供应方式。施工项目的材料，包括构成工程实体的主要材料和结构件，以及有助于工程实体形成的周转材料和低值易耗品。一般工程中，材料的价值占工程造价的 60%～70%，其重要性显而易见。由于材料的供应渠道和管理方式各不相同，所以控制的内容和所采取的方法也有所不同。

建设单位供料控制：建设单位供料的供应范围和供应方式应在工程承包合同中事先加以明确，在工程施工中，应按施工图预算确定的数量，随施工进度由建设单位陆续交付施工单位。但由于设计变更等原因，施工中大多会发生实物工程量和工程造价的增减变化，因此，项目的材料数量必须以最终的工程结算为依据来进行调整，对于建设单位（甲方）未交足的材料，需按市场价列入工程结算，向甲方收取。

施工企业材料采购供应控制：工程所需材料除部分由建设单位供应外，其余全部由施工企业（乙方）从市场采购，许多工程甚至全部材料都由施工企业采购。在选择材料供应商的时候，应坚持"质优、价低、路近、信誉好"的原则，否则就会给工程质量、工程成本和正常施工带来后患。要结合材料进场入库的计量验收情况，对材料采购工作中各个环节进行检查和控制。在材料实际采购供应中，经常遇到供应时间推迟和供应数量不足的情况，特别是当某种材料市场供应紧俏的时候，更是在所难免。因此，要将各种材料的供应时间和供应数量记录在"要料计划"表上，通过实际进料与要料计划的对比，来检查材料供应与施工进度的相互衔接程度，以及因材料供应脱节对施工进度造成的影响。

（2）材料的价格控制。由于材料价格是由买价、运杂费、运输中的损耗等组成，因此，控制材料价格主要是通过市场信息收集、询价、应用竞争机制和经济合同手段等进行控制，包括买价、运费和损耗这三方面的控制。

① 买价控制：买价的变动主要是由市场因素引起的，但在内部控制方面还有许多工作可做。应事先对供应商进行考察，建立合格供应商名册。采购材料时，必须在合格的供应商名册中选定供应商，货比三家，在保质保量的前提下，争取最低买价。同时实现项目监理，项目经理部有权对企业材料部门采购的物资进行过问与询价，对买价过高的物资，可以根据双方签订的横向合同处理。

② 运费控制：就近购买材料、选用最经济的运输方式都可以降低材料成本。材料采购通常要求供应商在指定的地点按规定的包装条件交货，若供应单位变更指定地点而引起费用增加，供应商应予以支付，若降低包装质量，则要按质论价付款。

③ 损耗控制：为防止将损耗或短缺计入项目成本，要求项目现场材料验收人员及时严格办理验收手续，准确计量材料数量。

2）材料用量的控制

在保证符合设计规格和质量标准的前提下，应合理使用材料并节约材料，通过定额管理、计量管理等手段，以及施工质量控制避免返工等，有效控制材料物资的消耗。

（1）定额控制：对于有消耗定额的材料，项目以消耗定额为依据，实行限额发料制度。项目各工长只能依据规定的限额分期分批领用，如需超限额领用材料，则须先查明原因，并办理审批手续。

（2）指标控制：对于没有消耗定额的材料，可实行计划管理和按指标控制的办法。根据长期实际耗用情况，结合具体施工内容和节约要求，制订领用材料指标，据以控制发料。超过指标的材料领用，必须办理一定的审批手续。

（3）计量控制：为准确核算项目实际材料成本，保证材料消耗准确，在发料过程中，要严格计量，防止多发或少发，并建立材料账，做好材料收发和投料的计量检查。

（4）包干控制：在材料使用过程中，可以考虑对不易控制使用量的零星材料（如铁钉、铁丝等）采用以钱代物、包干控制的办法。具体做法是根据工程量计算出所需材料数量，并将其折算成费用，由作业班组控制、核算与考核，完全承包。班组用料时，若出现超支，则由班组自负；若有节约，则归班组所得。

3.施工机械设备使用费的控制

施工机械化是提高施工效率的根本出路，合理使用施工机械设备对施工及其成本控制具有十分重要的意义，尤其是高层建筑施工。高层建筑地面以上部分的总费用中，垂直运输机械费用就占 10% 左右。机械费用主要由台班数量和台班单价两方面决定，有效控制机械设备费用支出，主要从以下几方面着手。

（1）合理安排施工生产，加强机械设备租赁计划管理，减少因安排不当引起的设备闲置。

（2）加强机械设备的调度工作，尽量避免窝工，提高现场机械设备的利用率。

（3）加强现场机械设备的维修与保养，避免因不正当使用造成机械设备的闲置。

（4）做好机上人员与辅助生产人员的协调与配合，提高机械台班产量。

4. 管理费的控制

现场管理费在项目成本中占有一定的比例，项目在使用和开支时弹性较大，控制与核算上都比较难把握。可采取如下控制措施。

（1）按照现场施工管理费占总成本的一定比重，确定现场施工管理总额。

（2）编制项目经理部施工管理费总额预算，制订施工项目管理费开支标准和范围，落实各部门、生产线、岗位的控制责任。

（3）制订并严格执行项目经理部施工管理费使用的审批、报销程序。

5. 临时设施费的控制

临时设施费包括临时设施搭建、维修、拆除的费用，是工程项目成本的一个构成部分。合理确定施工规模或集中度，在满足计划工期目标要求的前提下，做到各类临时设施的数量尽可能最少，同样蕴藏着极大的降低施工项目成本的潜力。临时设施费的控制表现在以下几点。

（1）现场生产及办公、生活临时设施和临时房屋的搭建数量、形式的确定，在满足施工基本需要的前提下，应尽可能做到简洁适用，充分利用已有的房屋。

（2）材料堆场、仓库类型、面积的确定，应在满足合理储备和施工需要的前提下，力求配置合理。

（3）施工临时道路的修筑、材料工器具放置场地苗硬化等，在满足施工需要的前提下，应尽可能使数量最小，尽可能先做永久性道路路基，再修筑施工临时道路。

（4）临时供水、供电管网的铺设长度及容量确定应尽可能合理。

6. 施工分包费用的控制

做好分包工程价格的控制是施工项目成本控制的重要工作之一。对分包费用的控制，主要是抓好建立稳定的分包商关系网络，做好分包询价，订立互利平等的分包合同，做好施工验收与分包结算等工作。

4.2.3　施工成本控制的依据

施工成本控制的主要依据有以下几个方面。

（1）工程承包合同：施工成本控制要以工程承包合同为依据，围绕降低工程成本这个目标，从预算收入和实际成本两方面，努力挖掘增收节支潜力，以求获得最大的经济效益。

（2）施工成本计划：施工成本计划是根据工程项目的具体情况制订的施工成本控制方案，既包括预定的具体成本控制目标，又包括实现控制目标的措施和规划，是施工成本控制的指导性文件。

（3）进度报告：进度报告提供了每一时刻的工程实际完成量、工程施工成本实际支付情况等重要信息。施工成本控制工作正是通过实际情况与施工成本计划的比较，可找出二者之间的差别，分析偏差产生的原因，从而采取措施进行改进的工作。此外，进度报告还有助于管理者及时发现工程实施中存在的问题，并在事态还未造成重大损失之前采取有效措施，尽量避免损失。

（4）工程变更：在项目的实施过程中，由于各方面的原因，工程变更在所难免。工程变更一般包括设计变更、进度计划变更、施工条件变更、技术规范与标准变更、施工次序变更、工程数量变更等。工程一旦出现变更，工程量、工期、成本都必将发生变化，从而使得施工成本控制工作变得更加复杂和困难。因此，施工成本管理人员应当通过计算、分析变更要求中的各类数据，随时掌握变更情况，包括已发生的工程量、将要发生的工程量、工期是否拖延、支付情况等重要信息，判断变更以及变更后可能带来的索赔额度等。

除了上述几种施工成本控制工作的主要依据，施工组织设计、分包合同等也都是施工成本控制的依据。

4.2.4　施工成本控制的步骤与方法

1. 施工成本控制的步骤

（1）比较：按照某种确定的方式将施工成本的计划值和实际值逐项进行比较，以便发现施工成本是否已超支。

（2）分析：在比较的基础上，对比较的结果进行分析，以确定偏差的严重性及偏差产生的原因。这一步是施工成本控制工作的核心，其主要目的是找出产生偏差的原因，从而采取有针对性的措施，避免或减少相同原因的再次发生，或减少由此造成的损失。

（3）预测：根据项目实施情况估算整个项目完成时的施工成本，其目的在于为决策提供支持。

（4）纠偏：当工程项目的实际施工成本出现偏差时，应当根据工程的具体情况、偏差分析和预测的结果，采用适当的措施，以期达到使施工成本偏差尽可能小的目的。纠偏是施工成本控制中最具实质性的一步。只有通过纠偏，才能最终达到有效控制施工成本的目的。

（5）检查：检查是指对工程的进展进行跟踪和检查，及时了解工程进展状况以及纠偏措施的执行情况和效果，为今后的工作积累经验。

2. 项目成本控制的方法

施工成本控制的方法很多，主要有一般控制法和挣值法。

（1）一般控制法：通过确定成本目标并按计划成本进行施工、资源配置，对施工现场发生的各种成本费用进行有效控制。

（2）挣值法：通过分析项目实际完成情况与计划完成情况的差异，从而判断项目费用、进度是否存在偏差的一种方法。挣值法主要用三个费用值和四个评价指标进行分析，分别是已完成工作预算费用（BCWP）、已完成工作实际费用（ACWP）、计划完成工作预算费用（BCWS）和费用偏差（CV）、进度偏差（SV）、费用绩效指数（CPI）、进度绩效指数（SPI）。

挣值法包含以下三个费用值：

$$已完成工作预算费用（BCWP）= 已完成工程量 × 预算单价$$
$$已完成工作实际费用（ACWP）= 已完成工程量 × 实际单价$$
$$计划完成工作预算费用（BCWS）= 计划工程量 × 预算单价$$

挣值法包含以下四个评价指标。

$$费用偏差（CV）= 已完成工作预算费用（BCWP）- 已完成工作实际费用（ACWP）$$

当 CV 为正值时，表示节支，项目运行实际费用低于预算费用；当 CV 为负值时，表示项目运行实际费用超出预算费用。

$$进度偏差（SV）= 已完成工作预算费用（BCWP）- 计划完成工作预算费用（BCWS）$$

当 SV 为正值时，表示进度提前，即实际进度快于计划进度；当 SV 为负值时，表示进度延误，即实际进度落后于计划进度。

$$费用绩效指数（CPI）= \frac{已完成工作预算费用（BCWP）}{已完成工作实际费用（ACWP）}$$

当 CPI＞1 时，表示节支，即实际费用低于预算费用；当 CPI＜1 时，表示超支，即实际费用高于预算费用。

$$进度绩效指数（SPI）= \frac{已完成工作预算费用（BCWP）}{计划完成工作预算费用（BCWS）}$$

当 SPI＞1 时，表示进度提前，即实际进度快于计划进度；当 SPI＜1 时，表示进度延误，即实际进度比计划进度拖后。

费用偏差反映的是绝对偏差，结果相当直观，有助于费用管理人员了解项目费用出现偏差的绝对数额，并依次采取一定的措施，制订或调整费用支出计划和资金筹措计划。但是，绝对偏差有其不容忽视的局限性。例如，同样是 10 万元的费用偏差，对于总费用 1 000 万元的项目和总费用 1 亿元的项目而言，其严重性显然是不同的。因此，费用（进度）偏差仅适合于对同一项目的偏差分析。费用（进度）绩效指数反映的是相对偏差，它不受项目层次的限制，也不受项目实施时间的限制，因而在同一项目和不同项目中均可采用。

4.2.5　项目成本核算、分析与考核

1. 工程项目成本核算

核算意为查对与确定，施工项目成本核算包括两层含义：一是按照规定的成本开支范围对施工费用进行归集，确定施工费用的实际发生额，即按照成本项目归集企业在施工生产经营过程中所发生的应计入成本核算对象的各项费用；二是根据成本核算对象，

采用适当的方法，计算出该施工项目的总成本和单位成本。施工项目成本核算所提供的各种成本信息，是成本分析和成本考核的依据。因此，加强施工项目成本核算工作，对降低施工项目成本、提高企业的经济效益有积极的作用。

1）工程成本核算对象

成本核算对象必须根据具体情况和施工管理的要求进行具体划分，划分方法如下。

（1）工业和民用建筑一般应以单位工程作为成本核算对象。

（2）如果一个工程有两个或两个以上施工单位共同施工，各个施工单位都应以同一单位工程为成本核算对象，并各自核算自行完成的部分。

（3）对于工程规模大、工期长，或者采用新材料、新工艺的工程，可以根据需要，按工程部位划分成本核算对象。

（4）在同一工程项目中，如果若干个单位工程结构类型、施工地点相同，开、竣工时间接近，可以将它们合并成一个成本核算对象；如建筑群中有创全优的工程，则应以全优工程为成本核算对象，并严格划清工料费用。

（5）改建或扩建的零星工程，可以将开竣工时间接近的一批单位工程合并为一个成本核算对象。

2）工程成本核算的基本要求

（1）严格遵守国家规定的成本、费用开支范围。

成本、费用开支范围是指国家对企业发生的各项支出，允许其在成本、费用中列支的范围。按照企业财务制度的规定，下列支出不得列入产品成本。

① 资本性支出：如企业为购置和建造固定资产、无形资产和其他长期资产而发生的支出，这些支出效益涵盖若干个会计年度，在财务上不能一次列入产品成本，只能按期逐月摊入成本、费用。

② 投资性支出：如施工企业对外投资的支出以及分配给投资者的利润支出。

③ 期间费用支出：如施工企业的管理费用和财务费用。这些费用与施工生产活动没有直接的联系，发生后直接计入当期损益。

④ 营业外支出：如施工企业固定资产盘亏；处置固定资产、无形资产的净损失，债务重组损失；计提的无形资产、固定资产及在建工程的减值准备；罚款支出；非常损失等。这些支出与施工企业施工生产经营活动没有直接关系，应冲减本年利润。

⑤ 在公积金、公益金中开支的支出。

⑥ 其他不应列入产品成本的支出：如施工企业被没收的财物，支付的滞纳金、赔偿金，以及赞助、捐赠等支出。

（2）加强成本核算的各项基础工作。

施工成本核算的基础工作主要包括建立健全原始记录制度以及各项财产物资的收发、领退、清查和盘点制度，制订或修订企业定额，划清有关费用开支的界限。

（3）加强费用开支的审核和控制。

施工企业要由专人负责，依据有关法律法规及企业内部的定额标准等，及时对施工生产经营过程中发生的各项耗费进行审核和控制，以监督检查各项费用是否应该开支，是否应该计入施工成本或期间费用，以节约消耗，降低费用，确保成本目标的实现。

（4）建立工程项目台账。

由于施工项目具有规模大、工期长等特点，工程施工有关总账、明细账无法反映各工程项目的综合信息，为了对各工程项目的基本情况做到心中有数，便于及时向企业决策部门提供所需信息，同时为有关管理部门提供所需要的资料，施工企业还应按单项施工承包合同建立工程项目台账。

3）工程成本核算的程序

工程成本核算程序是指企业在具体组织工程成本核算时应遵循的步骤与顺序。按照核算内容的详细程度，工程成本核算程序主要分为两大步骤。

（1）工程成本的总分类核算：施工企业对施工过程中发生的各项工程成本，应先按其用途和发生的地点进行归集。其中，直接费用可以直接计入受益的各个工程成本核算对象的成本中；间接费用则需要先按照发生地点进行归集，然后按照一定的方法分配计入受益的各个工程成本核算对象的成本中，并在此基础上，计算当期已完工程或已竣工工程的实际成本。

（2）工程成本的明细分类核算：为了详细地反映工程成本在各个成本核算对象之间进行分配和汇总的情况，以便于计算各项工程的实际成本，施工企业除了进行工程成本的总分类核算，还应设置各种施工生产费用明细账，组织工程成本的明细分类核算。施工企业一般应按工程成本核算对象设置工程成本明细账，用来归集各项工程所发生的施工费用。此外，还应按部门以及成本核算对象或费用项目分别设置辅助生产明细账、机械作业明细账、待摊费用明细账、预提费用明细账和间接费用明细账等，以便于归集和分配各项施工生产费用。

2. 工程项目成本分析

施工项目成本分析是在成本形成的过程中，对施工项目成本进行的对比评价和总结工作。主要利用施工项目的成本核算资料，与计划成本、预算成本以及类似项目的实际成本等进行比较，了解成本的变动情况，分析主要技术经济指标对成本的影响，系统地研究成本变动的因素，检查成本计划的合理性，深入揭示成本变动的规律，寻找降低施工项目成本的途径，以便有效地进行成本控制。

1）施工成本分析的依据

施工成本分析主要是根据会计核算、业务核算和统计核算提供的资料进行。

会计核算主要是价值核算，会计是对一定单位的经济业务进行计量、记录、分析和检查，做出预测，实行监督，旨在实现最优经济效益的管理活动。它通过记账、填审凭证、成本计算和编制会计报表等方法，记录企业生产经营活动，并提出一些综合性经济指标，如企业资产、负债、所有者权益、营业收入、成本、利润等会计指标。由于会计核算记录具有连续性、系统性、综合性等特点，所以它是施工成本分析的重要依据。

业务核算是各业务部门根据业务工作的需要而建立的核算制度，它包括原始记录和计算登记表，如工程进度登记、质量登记、工效登记、物资消耗记录、测试记录等。它的特点是对经济业务进行单项核算，只是记载单一的事项，最多略有整理或稍加归类，不要求提供综合性指标。业务核算的范围比会计和统计核算要广，但核算范围不固定，方法也很灵活。业务核算的目的在于迅速取得资料，在经济活动中及时采取措施进行调整。

统计核算是利用会计核算资料和业务核算资料，把企业生产经营活动客观现状的大量数据，按统计方法加以系统整理，表明其规律性。它的计量尺度比会计宽，可以用货币计算，也可以用实物或劳动量计量。它通过全面调查和抽样调查等特有的方法，不仅能提供绝对数指标，还能提供相对数和平均数指标，可以计算当前的实际水平，确定变动速度，可以预测发展的趋势。统计除了主要研究大量的经济现象，也很重视个别先进事例与典型事例的研究。

2）施工成本分析的方法

施工成本分析的基本方法包括比较法、因素分析法、差额计算法、比率法等。

比较法又称为指标对比分析法，是通过技术经济指标的对比，检查目标的完成情况，分析产生差异的原因，进而挖掘内部潜力的方法。这种方法具有通俗易懂、简单易行、便于掌握的特点，因而得到广泛的应用，但在应用时必须注意各技术经济指标的可比性。

因素分析法又称为连环置换法，此方法可用来分析各种因素对成本的影响程度。在进行分析时，首先要假定众多因素中的一个因素发生了变化，而其他因素则不变，然后逐个替换，分别比较其计算结果，以确定各个因素的变化对成本的影响程度。

差额计算法是因素分析法的一种简化形式，它利用各个因素的目标值与实际值的差额来计算其对成本的影响程度。

比率法是指用两个以上的指标的比例进行分析的方法，它的基本特点是先把对比分析的数值变成相对数，再观察相互之间的关系。

3. 施工项目成本考核

1）施工项目成本考核的概念

成本考核是指施工项目完成后，对施工项目成本形成中的各责任者，按施工项目成本目标责任制的有关规定，将成本的实际指标与计划指标进行对比和考核，评定施工项目成本计划的完成情况和各责任者的业绩，并以此给予相应的奖励和处罚。

施工项目成本考核的目的，在于贯彻落实责权利相结合的原则，促进成本管理工作的健康发展，更好地完成施工项目的成本目标。

2）施工项目成本考核的内容

施工项目成本考核按时间可分为月度考核、阶段考核和竣工考核三种。

施工项目的成本考核按考核对象，可以分为两个层次：一是企业对项目经理的考核；二是项目经理对所属部门、施工队组的考核。

4.3 建筑工程项目成本结算管理

4.3.1 建筑工程项目成本结算方式与预付款

1. 工程价款的结算方式

（1）按月定期结算，是指每月由施工企业提出已完成工程月报表，连同工程价款结算账单，经建设单位签证，办理工程价款结算的方法。

（2）分段结算是指以单项（或单位）工程为对象，按施工形象进度将其划分为不同施工阶段，按阶段进行工程价款结算。分段结算的一般方法是根据工程的性质和特点，将其施工过程划分为若干施工过渡阶段，以审定的施工图预算为基础，测算每个阶段的预支款数额。在施工开始时，办理第一阶段的预支款，在该阶段完成后，计算其工程价款，经建设单位签证，审查并办理阶段结算，同时办理下一阶段的预支款。

（3）竣工后一次结算，是指建设项目或单项工程全部建筑安装工程建设期在一年以内，或者工程承包合同价值在 100 万元以下的，可以实行工程价款每月预支或分阶段预支，竣工后一次结算工程价款的方式。

2. 工程预付款

1）工程预付款的理解

按照合同规定，在开工前，业主要预付一笔工程材料、预制构件的备料款给承包商。在实际工作中，工程预付款的额度通常由各地区根据工程类型、施工工期、材料供应状况确定，一般为当年建筑安装工程产值的 25% 左右，对于大量采用预制构件的工程，可以适当增加预付款额度。

2）预付款的支付

预付款的预付时间应不迟于约定开工日期前 7 天。甲方不能按约定预付，乙方在约定时间 7 天后向甲方发出要求预付的通知，甲方收到通知后仍不能按要求预付的，乙方可在发出通知后 7 天停止施工，甲方应从约定应付之日起向乙方支付应付款的贷款利息，并承担违约责任。

如果乙方滥用预付款，甲方有权收回。在乙方向甲方提交金额等于预付款数额（甲方认可的银行开出）的银行保函后，甲方按规定的时间和金额向乙方支付预付款。

对于工程预付款的扣还，通常将施工工程尚需的主要材料及构件的价值相当于预付款时作为起扣点。达到起扣点时，从每次结算工程款中按材料比例抵扣预付款。预付款起扣点的计算公式如下：

$$预付款起扣点 = 承包工程价款总额 - \frac{预付款}{主要材料占工程价款的比重} \qquad (4\text{-}1)$$

4.3.2 建筑工程项目进度款支付

1. 工程进度款的支付方式

1）按月完成产值支付

$$本期工程进度款 = 本期完成产值 - 应扣除的预付款$$

2）按逐月累计完成产值支付

（1）业主不支付承包商预付款，工程所需备料款全部由承包商自筹或者向银行贷款。

（2）承包商进入施工现场的材料、构配件和设备均可报入当月的工程进度款，由业主负责支付。

（3）工程进度款采取逐月累计、倒扣合同金额法支付，其主要优点在于如果上月累计多支付，即可在下期累计产值中扣回，不会出现长期超支工程款的现象。

（4）支付工程款时，扣除按合同约定的保留金。

（5）按逐月累计完成产值支付的计算公式：

$$累计完成产值 = 本月完成产值 + 上月累计完成产值$$
$$未完产值 = 合同总价 - 累计完成产值$$

2. 工程进度款支付基本程序

1）工程进度款的支付程序计量

工程量清单中所列的工程量仅是对工程的估算量，不能作为承包商完成合同规定施工义务的结算依据。每次支付工程月进度款前，均需通过测量来核实实际完成的工程量，以计量值作为支付依据。

2）承包商提供报表

每个月月末，承包商应按工程师规定的格式提交一式六份本月支付报表。其内容包括提出本月已完成合格工程的应付款要求和对应扣款的确认，一般包括以下几个方面。

（1）本月完成的工程量清单中工程项目及其他项目的应付金额（包括变更）。

（2）法规变化引起的调整应增加和减扣的任何款额。

（3）作为保留金扣减的任何款额。

（4）预付款的支付（分期支付的预付款）和扣还应增加和扣减的任何款额。

（5）承包商采购用于永久工程的设备和材料应预付和扣减款额。

（6）根据合同或其他规定（包括索赔、争端裁决和仲裁），应付的任何其他应增加和扣减的款额。

（7）对所有以前的支付证书中证明的款额的扣除或减少（对已付款支付证书的修正）。

3）工程师签证

工程师接到报表后，应对承包商完成的工程形象、项目、质量、数量以及各项价款的计算进行核查。若有疑问时，可要求承包商共同复核工程量。在收到承包商的支付报表后 28 天内，按核查结果以及总价承包分解表中核实的实际完成情况签发支付证书。工程师可以不签发证书或扣减承包商报表中部分金额的包括以下情况。

（1）合同内约定有工程师签证最小金额时，本月应签发的金额小于签证最小金额，工程师不出具月进度款的支付证书。本月应付款接转下月，超过最小签证金额后一并支付。

（2）如承包商提供的货物或施工的工程不符合合同要求，可扣发修正或重置相应的费用，直至修整或重置工作完成后再支付。

（3）承包商未能按合同规定进行工作或履行义务，并且工程师已经通知承包商，则可以扣留该工作或义务的价值，直至工作或义务履行为止。

工程进度款支付证书属于临时支付证书，工程师有权对以前签发过的证书中发现的错、漏或重复现象提出更改或修正，承包商也有权提出更改或修正，经双方复核同意后，将增加或扣减的金额纳入本次签证中。

4）业主支付

承包商的报表经过工程师认可，并签发工程进度款支付证书后，业主应在接到证书后及时给承包商付款。业主的付款时间不应超过工程师收到承包商的月进度付款申请单后的 56 天。如果逾期支付，业主将承担延期付款的违约责任，延期付款的利息按银行贷款利率加 3% 计算。

3. 工程保修金的预留与返还

1）工程保修金的预留

按照有关规定，工程项目合同总额中应预留出一定比例（3%~5%）的尾留款作为质量保修费用（又称保留金），预留方法一般有以下两种。

（1）当工程进度款拨付累计额达到该建筑安装工程造价的一定比例（95%~97%）时，停止支付，剩余部分作为尾留款。

（2）也可以从第一次支付工程进度款开始，在每次承包方应得的工程款中扣留投标书附录中规定的金额作为保留金，直至保留金总额达到投标书附录中规定的限额为止。

2）工程保修金的返还

发包人在质量缺陷责任期满后 14 天内，将剩余保修金和利息返还给承包商。

4. 工程其他费用的支付

1）安全施工方面的费用

承包人按工程质量、安全及消防管理有关规定组织施工，采取严格的安全防护措施，承担由于自身的安全措施不力造成事故的责任和因此发生的费用。非承包人责任造成安全事故，由责任方承担责任和发生的费用。

发生重大伤亡及其他安全事故时，承包人应按有关规定立即上报有关部门，并通知工程师，同时按政府有关部门要求处理，发生的费用由事故责任方承担。

承包人在动力设备、输电线路、地下管道、密封防震车间、易燃易爆地段以及临街交通要道附近施工时，施工开始前应向工程师提出安全保护措施，经工程师认可后实施，防护措施费用由发包人承担。

实施爆破作业，在放射、毒害性环境中施工及使用毒害性、腐蚀性物品施工时，承包人应在施工前 14 天以书面形式通知工程师，并提出相应的安全保护措施，经工程师认可后实施。安全保护措施费用由发包人承担。

2）专利技术及特殊工艺涉及的费用

发包人要求使用专利技术或特殊工艺，负责办理申报手续，承担申报、试验、使用等费用，承包人按发包人要求使用，并负责试验等有关工作。承包人提出使用专利技术或特殊工艺，报工程师认可后实施，承包人负责办理申报手续并承担有关费用。擅自使用专利技术侵犯他人专利权，责任者应承担全部后果及所发生的费用。

3）文物和地下障碍物涉及的费用

在施工中发现古墓、遗址等文物及化石或其他有考古研究价值的物品时，承包人应立即保护好现场，并于 4 小时内以书面形式通知工程师，工程师应于收到书面通知后 24 小时内报告当地文物管理部门，承发包双方按文物管理部门的要求采取妥善保护措施。发包人承担由此发生的费用，延误的工期相应顺延。如施工中发现古墓、古建筑遗址等文物及化石或其他有考古、地质研究价值的物品，隐瞒不报致使文物遭受破坏的，责任人依法承担相应责任。

当施工中发现影响施工的地下障碍物时，承包人应于 8 小时内以书面形式通知工程师，同时提出处置方案，工程师收到处置方案后 8 小时内予以认可，或提出修正方案。发包人承担由此发生的费用，延误的工期相应顺延。

5. 工程价款的动态结算

由于工程建设周期较长，人工、材料等价格经常会发生较大变化，为准确反映工程实际耗费，维护双方正当权益，可对工程价款进行动态结算。常用的动态结算方法如下。

（1）按实际价格结算法：这种方法是按主要材料的实际价格对原合同价进行调整，承包商可凭发票实报实销。这种方法的优点是简便具体，但建设单位承担过大风险，为了避免副作用，造价管理部门要定期公布最高结算限价。同时，合同文件中应规定建设单位有权要求承包商选择更廉价的供应来源。

（2）按主材计算价差：发包人在招标文件中列出需要调整价差的主要材料及其基期价格（一般采用当时当地造价管理机构公布的信息价或结算价），竣工结算时按当时当地造价管理机构公布的材料信息价或结算价，与招标文件中列出的基期价比较计算材料差价。

（3）主料按量计算价差：其他材料按系数计算价差：主要材料按施工图计算的用量和竣工当月当地造价管理机构公布的材料结算价与基价对比计算差价。其他材料按当地造价管理机构公布的竣工调价系数计算差价。

（4）竣工调价系数法：按工程造价管理机构公布的竣工调价系数及调价计算方法计算差价。

调值公式法又称为动态结算公式法。根据国际惯例，对建设工程已完成投资费用的结算，一般采用此法。建安工程费用价格调值公式包括固定部分、材料部分和人工部分三项。调值公式为

$$P=P_0\left(a_0+a_1\frac{A}{A_0}+a_2\frac{B}{B_0}+a_3\frac{C}{C_0}+\cdots\right) \tag{4-2}$$

式中：P——调值后合同价款或工程实际结算款；

　　　P_0——合同价款中工程预算进度款；

　　　a_0——固定要素，代表合同支付中不能调整的部分；

　　　a_1、a_2、a_3……——代表有关成本要素（如人工、钢筋、水泥、木材等）在合同总价中所占的比重；

　　　A_0、B_0、C_0——基准日期与对应的 a_1、a_2、a_3 各项费用的基期价格指数或价格；

　　　A、B、C——与特定付款证书有关的期间最后一天的 49 天前与 a_1、a_2、a_3 对应的各成本要素的现行价格指数或价格。

6. 工程竣工结算及审查

1）工程竣工结算的要求

（1）施工企业按照合同规定的内容完成全部所承包的工程，经验收质量合格，并符

合合同要求之后，向发包单位进行的最终工程价款结算。

（2）竣工结算要求如下。

① 竣工验收报告经甲方认可后 28 天内，乙方向甲方提供竣工结算报告及完整的结算资料，甲、乙双方按照协议约定的合同价款及专用条款约定的合同价款调整内容，进行工程竣工结算。

② 甲方应在收到乙方提供竣工结算报告及完整的结算资料后 28 天内进行核实，给予确认或提出修改意见。甲方确认竣工结算报告后，通知经办银行向乙方支付工程竣工结算价款，乙方应在收到竣工结算价款后 14 天内将竣工工程交付给甲方。

③ 甲方收到乙方提供竣工结算报告及完整的结算资料后，如在 28 天内无正当理由不支付工程竣工结算价款，从第 29 天起，甲方应按乙方同期向银行贷款利率支付拖欠工程款利息，并承担违约责任。

④ 甲方收到乙方提供的竣工结算报告及完整的结算资料后，如在 28 天内不支付工程竣工结算价款，乙方可以催告甲方支付结算价款。如甲方在收到乙方提供竣工结算报告及完整的结算资料后 56 天内不支付工程竣工结算价款，乙方可以与甲方协议将该工程折价，也可由乙方申请人民法院依法将该工程拍卖，乙方就该工程折价或者拍卖的价款中优先受偿。

⑤ 竣工验收报告经甲方认可后 28 天内，如乙方未能向甲方提交工程竣工结算报告及完整的结算资料，造成工程竣工结算不能正常进行或者工程竣工结算价款不能及时支付，甲方要求乙方交付工程的，乙方应当交付，甲方不要求交付的，乙方承担保管责任。

2）工程竣工结算审查的注意事项

（1）核对合同条款。首先，应该对竣工工程内容是否符合合同条件要求、工程是否竣工并验收合格进行审查；只有按合同要求完成全部工程并验收合格，才能列入竣工结算。其次，应按合同约定的结算方法、计价定额、取费标准、主材价格和优惠条款等，对工程竣工结算进行审核，若发现合同不明或有漏洞，应请建设单位与施工单位认真研究，明确结算要求。

（2）检查隐蔽工程验收记录。所有隐蔽工程均需进行验收，两人以上签证；实行工程监理的项目应经监理工程师签证确认。审核竣工结算时，应该对隐蔽工程施工记录和验收签证进行检查，手续完整，工程竣工图一致方可列入结算。

（3）落实设计变更签证。设计修改变更应由原设计单位出具设计变更通知单和修改图样，设计、校审人员签字并加盖公章，经建设单位和监理工程师审查同意、签证；重大设计变更应经原审批部门审批，否则不应列入结算。

（4）按图核实工程数量。竣工结算的工程量应依据竣工图、设计变更单和现场签证等进行核算，并按国家统一规定的计算规则计算工程量。

（5）认真核实单价。计算单价必须按现行计价原则和计价方法确定。

（6）注意各项费用计取。建筑安装工程的取费标准应按合同要求或项目建设期间与计价定额配套使用的建筑安装工程费用定额及有关规定执行，先审核各项费率、价格指数或换算系数是否正确，价差调整计算是否符合要求，再核实特殊费用和计算程序。

4.4 BIM 成本管理实施

4.4.1 BIM 成本管理目标与任务

项目过程成本控制是一个动态变化的过程，要按照形象进度或者时间进度分阶段对项目成本进行核算，分析成本变化走向，及时找出成本偏差，制订纠偏措施，比如人工费在施工成本支出中占比较大，应随时做好工程量的核算工作，计日工的计量工作；施工材料是项目施工过程中另一个支出重点，一定要做好相关管理工作，配备专门的材料管理人员，严格执行各种用料领用制度，制订经济科学的施工方案。基于 BIM 的成本管理的目标在于实现成本的精细化管控，让成本情况一目了然，对过程成本的把控力度更大。

1. 预建造分析

建设工程项目尤其大型复杂工程项目大多具有建设规模大、技术难度高、工程参与人员多、组织流动性高、周期长、环境不确定性高等特点，使得工程在实施过程中可能遇到各种不确定因素，如因人材机价格浮动，造成原定的成本目标发生改变，从而给工程带来损失。传统成本管理以静态方式呈现成本预测结果，随着复杂工程建设周期的增加，难以适应工程价格随时间调节变化的灵敏度，无法实现价格信息的变更更新。应通过施工前的预建造，提前发现成本控制风险点，实现对关键节点的控制。同时，可掌握项目各阶段人材机等资源的消耗情况，为项目分包提供依据。

2. 实时造价

"BIM+ 造价"的管理形态，更利于开展内部成本管控和分包管理工作。以 BIM 模型为载体，充分考虑图纸问题、优化、变更等情况，控制细粒度更细，同时通过对成本、合同的造价对比、分析，可以实现对主要差异项进行风险管理。

3. 物料管理

利用 BIM5D 数据模型，随时输出每天 / 每周 / 每月的计划工作量及劳动力、物料及机械台班等资源信息情况；另外，可结合现场实际需求，记录每日实际消耗量，并同步反映至 BIM 模型中，让成本投入与消耗更加直观明了，实现项目成本的精细化管控。

4. 工程款项申报

应用 BIM5D 数据模型、结合实际进度，可实时输出现阶段完成的工作量，实时申报工程款项。

4.4.2 计划成本管理

1. 预建造分析

BIM5D 模拟建造可以反映项目各个时期的进度情况及成本消耗情况，可预见项目全过程的成本使用情况，掌握项目成本管控风险点，提前提出解决方案。项目在第 3 章 BIM4D 模型的基础上，进行预算数据的挂接，实现 5D 模拟建造。

任务 4.1：造价关联

造价关联，即明确每一模型构件下清单工程量的综合单价，将每一构件的工程量信息关联至综合单价，以形成基于 BIM 的 5D 数据模型。相较于进度关联仅可使用手动关联操作，造价关联可根据清单选择自动关联或手动关联方式。

教学视频：成本关联与 5D 施工模拟

1. 自动关联

打开新建的案例工程，选择菜单面板下的"造价管理"。其中界面左侧为模型工程量信息，右侧为成本预算清单。单击界面中间的 $\mathscr{S}$ 按钮，弹出"自动关联设置"界面，如图 4.1 所示，软件可根据清单子目自动匹配关联。

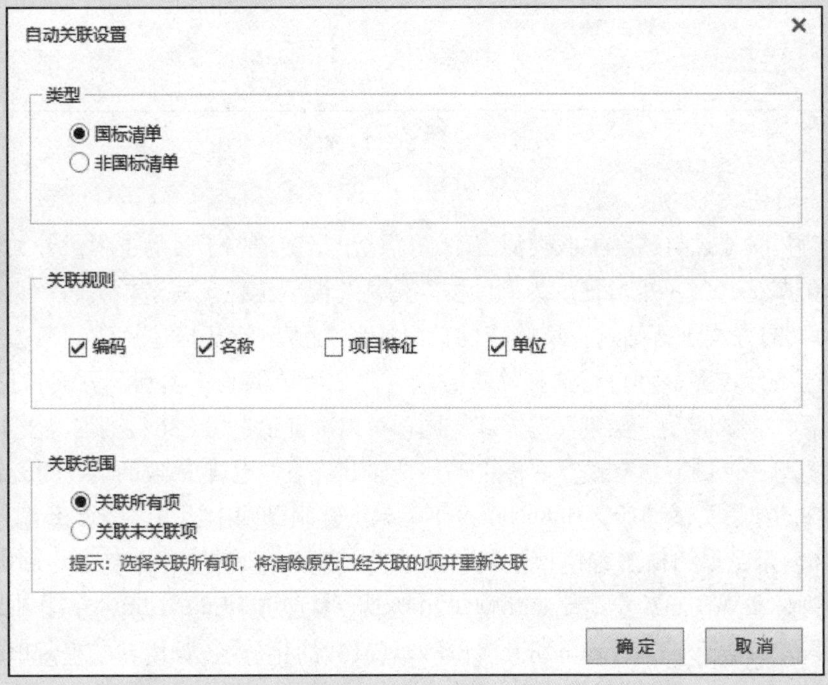

图 4.1　自动关联设置

其中，国标清单即全国通用的标准清单计价规范。软件支持根据"编码""名称""项目特征""单位"等条件进行关联，可根据项目自行选择关联规则。

注意：在一般预算文件中，同一清单可能有多个条目。当选择采取自动关联方式时，为避免因特征描述不同而关联有误，应勾选"项目特征"的关联规则。如案例工程结构柱，包含编码 010502001001、010502001002 两个清单，其混凝土强度的特征描述有所区别。如未勾选"项目特征"，软件进行自动关联时无法区分工程量归属，则默认自动关联至序号 001 的清单下，此时需要将错误关联的部分移除，并手动重新关联。

左键选中需要编辑关联的清单并右击，单击"关联详情"。弹出"关联详情"界面后，勾选需要取消关联的构件，选择"移除关联"，如图 4.2 所示。

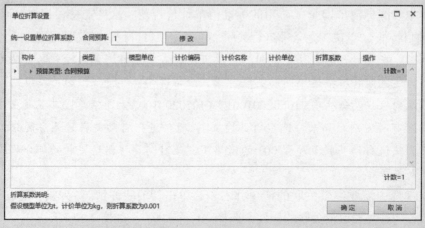

图 4.2　造价关联详情

2. 手动关联

手动关联方式与进度关联类似，手动筛选出指定清单子目的工程量并关联。以清单 010502001001（矩形柱）为例，按"构件（混凝土柱）—清单编码—类别（默认 C30）"的方式进行筛选，所筛选的信息必须与清单特征描述一致。筛选工程量时，可选条件较多，可自行选择筛选方法，除"清单编码＋类别"方式筛选以外，也可采用"单位/名称＋类别"等方式，同样可以准确筛选出 C30 柱的混凝土工程量。

当模型工程量清单与预算文件中的清单子目存在单位不一致的情况时，需进行单位换算。单击关联键后，如两者单位不一致，会自动弹出"单位折算设置"窗口，如图 4.3 所示。如门窗工程模型工程量单位为"樘"，预算文件中为 m^2，则在手动关联时需对单位进行系数设置，以 M1020 为例，模型工程量单位为樘，计价单位为 m^2，则折算系数为 0.5（1 樘 $=2m^2$，计算两者系数的比值）；如模型工程量单位为 t，计价单位为 kg，则折算系数为 0.001（两者系数的比值）。

图 4.3　单位换算设置

> **提示**
>
> 　　造价关联时，当重新选择"构件"后，会保留上一构件的筛选条件，如上一次选择"混凝土柱"—"010502001"—"C30"，选择梁构件后，依旧保留上一次条件，此时可依次取消勾选"构件""编码""类别"信息，再重新进行筛选；多数情况下，模型单位与计价单位应是完全一致，如操作时弹出"单位折算设置"窗口，必须检查筛选的工程量正确与否。

任务 4.2：5D 模拟建造

　　完成造价关联后，生成 5D 模拟建造视频。单击菜单栏面板下的"模拟建造"，选择"按计划进度模拟建造"，随着时间进行模拟建造时，界面右侧可同步显示预算成本消耗情况，如图 4.4 所示，有助于掌握计划进度下成本的消耗曲线，进行成本预测。

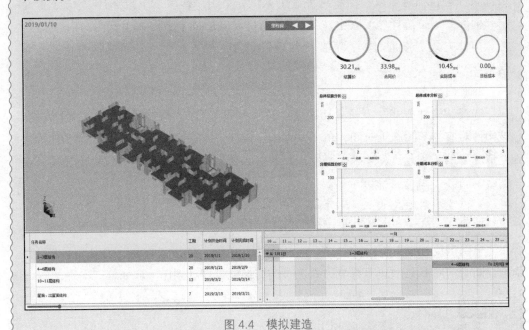

图 4.4　模拟建造

　　2. 人材机精细化管理

　　在施工现场，管理人员在施工作业前期很难掌握每一阶段每一工作中人材机消耗的精确量，导致人工、材料、机械因管理不善而浪费的情况时有发生。譬如结构施工阶段，若施工员经验不足，极易出现商品混凝土超报，现场又无其他区域可协调混凝土时，必定造成材料浪费。为保证成本的精细化管控，应严格把控人工、材料、机械设备等直接费用的投入情况，尤其采购、申报材料时，必须把关资源消耗量的准确性，不多报或超报。BIM5D 平台基于模型信息，可实时输出项目任一时期任一构件的清单工程量、定额工程量、人材机消耗量信息。

任务 4.3：工程量提取

步骤 1：打开 5D 案例工程文件，单击菜单栏面板下的"材料统计"，界面左侧为模型工程量，右侧为材料统计表。

步骤 2：单击左上角的"构件方式"下拉框，工程提量时可通过构件方式、时间方式、进度计划方式三种方式进行筛选，如图 4.5 所示。

教学视频：
工程量提取

工程1 ▾	构件方式 ▾	全部楼层 ▾	全部构件 ▾	全部施工段 ▾	查询
	构件方式				
	时间方式				
	进度计划方式				

图 4.5 构件筛选方式

1. 构件方式

构件方式即直接筛选需要提取的指定构件，通过"楼层""构件""施工段"等筛选条件进行筛选。以一层结构柱施工为例，单击"楼层"下拉选择"一层"，单击"构件"下拉选择"混凝土柱"。完成条件设置后，下方可显示查询的构件模型。按"构件方式"查询时，不需要任何前置条件，导入模型后，可直接查询工程量信息。

2. 时间方式

选择"构件方式"下拉并切换至"时间方式"，以一层结构柱施工为例，选择该构件对应的实际施工时间，单击"查询"按钮。"时间方式"的查询结果为实际进度情况下的工程量/人材机资源量，查询前必须保证进度计划已关联完整且实际进度已编制。

3. 进度计划方式

选择"构件方式"下拉框中的"进度计划方式"，同样以一层结构柱施工为例，在"全部进度计划"框下选择"一层结构柱"任务，单击"查询"按钮，下方可显示查询的构件模型。"进度计划方式"查询需保证进度计划已关联完整。

> **提示**
>
> 提取工程量时的三种查询方式前提条件不一，如无法查询到模型构件信息，可检查进度编制及进度关联等情况。

步骤 3：根据查询到的工程量信息，选择需要查询的工程量或人材机报表，如图 4.6 所示。单击右上角的"导出"按钮，可输出查询的报表。

一般来说，当施工方确定材料供应单位后，部分材料如商品混凝土、砂石等由施工管理人员现场报量、签单的形式进行。为避免出现报量不准确而造成材料浪费，相关人员可提前查询进场材料量，明确本阶段的材料具体使用需求。

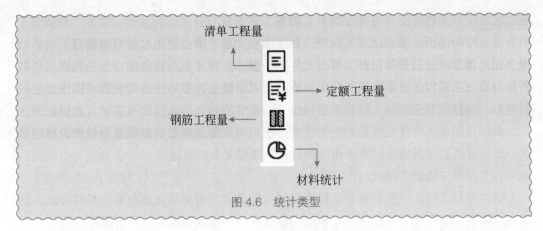

图 4.6　统计类型

3. 资源管理

工程项目资源管理是指项目所需的人力资源、材料资源、机械设备、技术和资金等所进行的计划、组织、协调、指挥和控制等活动。

1）人工费用

人工费用的控制和管理是项目成本管理的重难点，提高劳动生产率无疑是降低人工费用的根本途径。

（1）人员管理。

针对实际的施工进度，项目经理或生产经理应根据具体的施工计划，制订相应的用工计划，尽量做到人工的合理分配，节约一定的人工费用。应用 BIM5D 平台，可以快速提取到各类人工的消耗需求量，辅助管理人员更加合理地编制施工计划。

同时，在施工过程中，对劳动力资源的分配和管理也十分重要。项目管理人员应实时关注施工现场是否存在人员安排不合理、停工、窝工等现象，避免出现资源浪费，进而降低人工成本。BIM5D 管理平台可结合项目施工现场实名制考勤系统，进行人员出勤管理，根据现场每日的打卡出勤记录，实时掌握各工种的出勤情况。

此外现场管理时，为保证施工效率，需实时掌握现场作业人员的分布情况，把控施工作业情况。传统的人员分布基本依靠电话了解、现场察看等手段来掌握项目工人分布情况，无法实时了解人员的流动，当项目作业面较大、较广或出现紧急情况时，管理者无法在第一时间掌握人员精确分布，只能依靠当日班组作业性质来判断大概区块。应用智能安全帽子系统，以劳务实名制为依托，采用 lora/4G 技术，利用分布在不同位置的安全帽扫描基站（定位宝）和带有蓝牙信标的智能安全帽对人员的信息进行标记，获取智能安全帽所对应的人员信标信息。同时结合 BIM 平台，对施工现场人员及重要设备的分布进行展示，对不同类别人员进行实时在线统计分析，通过对历史轨迹的分析，可统计劳动者劳务输出能力和设备的使用效率，并对重大危险源进行预警，提升施工现场管理人员的管理效率和管理水平。

（2）合同管理。

① 加强承包项目的用工管理（对于施工队伍）：施工企业在开始施工之前应与民工负责人签订合理的劳务分包合同，明确双方责任。在保证施工进度和施工质量不受影响的情况下，可将部分施工工序承包给施工队伍，在一定程度上减少了项目管理的复杂程

度，减轻项目部的负担，进而控制人工成本。

② 加强承包项目的用工管理（对于项目部）：对于项目管理人员可以通过绩效、分级、奖惩等方式进行管理，提高员工工作的积极性，激发员工的创造力，将利润实现最大化，给员工加大奖金津贴补助力度，从而实现人性化管理，到达良性循环的目的。

2）材料费用

材料费用是工程建设成本的重中之重，在很大程度上决定了工程项目是否盈利，一般可以通过控制材料的进厂价格和控制材料消耗量来节约材料成本。

（1）材料进场价格控制。

材料进场价格的控制依据是工程投标时的报价以及市场信息。在采购材料之前，施工方应根据实际需要材料数量成立相应的市场询价小组或委派专员进行市场询价。一是制订采购预算与估计成本，在采购材料之前，应该有明确的采购计划和预算，特别是对需求量大、成本高的材料，提高项目资金的使用效率，优化项目采购管理中资源的调配。二是选择供应商。在进行供应商数量的选择时，要避免单一货源，同时要保证所选供应商承担的供应份额充足，与供应商建立互惠条约，以获取优惠政策，降低材料的价格和采购成本。这样既能保证采购物资供应的数量，又能有力地控制采购支出。在项目采购中，应采取公开招标的方式，利用供应商之间的相互竞争来压低物资的价格，以最优惠的价格获取质量合格的物资。三是供应商的管理，在施工企业材料供应链中，作为供应源头的材料商，其主要职能是资源的输入，在供应链中具有关键的作用。作为施工企业，除了管理项目本身，也要逐渐让供应链管理成为一种新的管理理念和管理方法，通过更加完善的供应链关系，将供应链上的活动整合起来，充分调动企业的积极性，提高供应链的整体效率，获得持续的竞争优势。

（2）材料消耗控制。

① 材料领用控制，材料领用控制是消耗量控制的源头，可以通过以下两种方式来实现：第一，工长在给班组长签发材料单时可以进行相应的控制；第二，对工长签发的领料单进行二次控制，如有超计划领料的情况，则必须查明原因，经项目经理或授权代理人认可方可发料。对于其中部分工程，可以实行材料的包干使用、节约有奖、超耗则罚的制度体系。

② 施工工序质量控制。在工程施工中，前道施工工序质量的好坏往往影响后道工序材料消耗量的高低。例如，土石方的超挖，必定增加回填或支护的工程量。从施工工序的角度讲，其质量应时时接受控制，争取一次合格，避免返工。

施工现场采用自动计量系统，有无人值守汽车衡和主材物流管理系统构成，可在无人干预的情况下迅速、准确、安全、稳定、可靠地完成材料承重流程，做到计量数据自动可靠采集、自动判别、自动指挥、自动处理、自动控制，最大限度地降低人工操作带来的弊端和工作强度，提高系统的信息化、自动化程度和计量效率，加强对计量数据的监管。

3）机械费用

对机械操作人员进行岗位责任制，实行专人专机，按时对机械保养、维修。按照油耗标准，可以给节省机械油耗的操作人员提成，鼓励操作人员为企业节约成本，也防止部分操作人员偷油的行为。

　　加强机械管理。首先，根据工程所在地、机械生命周期、企业内部资金周转情况决定采用买、运或租的方式；其次，对于企业内部的机械列出机械清单，若有闲置，则租赁出去，对于租来的机械，不要闲置，应提高其使用频率，尽量做到一机多用。施工机械设备可在单位工程之间进行流水施工，连续施工，减少进出场时间和安拆费用。小型机械，可让施工队自带，对于大型机械，则要买保险，进行管理，同时对消减损耗进行控制。

4.4.3　实际成本控制

　　控制工程项目的成本，应该积极贯彻实际原则，坚持技术和经济结合的基本要求，确保项目整体质量，同时能合理地控制工程成本，促使降低工程成本的观念渗透至项目工作中。应该对建设项目的基本功能加以分析，明确哪些功能是必要的，方便将人力、物力、财力等科学运用至必要功能的保障上，去除不必要的功能，完善亟待补充的功能，促使产品的功能结构趋向合理。工程质量的基本要求体现于国家颁布并实施的《施工质量验收规范》（GB 50300—2013）中，属于当前国家现行的建设产品质量验收标准。

　　1. 实际成本分析

　　为合理地控制工程成本，应该在重视工程质量达标的前提下，提出科学合理的施工方案，在技术以及经济等层面上，对其展开有效地分析，选定适宜的造价对策，实现最优目标。

　　在满足设计要求和质量标准的前提下，对工程进行功能分析，判断材料的基本性能，主张运用最低价格的材料替代高价格材料；运用较少的机械消耗和人力消耗完成既定的任务指标，采取适宜的手段减少无效劳动，将降低工程成本的观念渗透至施工管理的各个环节。

任务 4.4：实际成本填报

　　工程项目施工期间，为进行成本的有效管控，应进行成本实际消耗量的填报。BIM5D 平台支持清单定额编制和自定义录入两种方式。

教学视频：
实际成本填报

　　1. 清单定额编制方式

　　清单定额编制法即利用已导入的预算文件，进行项目追加，在平台中进行实际成本的清单编制，而后对每一清单子目进行人材机的调整。

　　步骤 1：单击"实际成本编制"，选择"计算方式"为"清单定额编制"，如图 4.7 所示，其中界面左侧为已导入的合同预算及成本预算清单列表；右侧为需要编制的实际成本清单列表，下方为人材机明细。

　　步骤 2：展开预算清单并选择清单子目，单击 🔘 按钮进行追加。选择追加后，弹出"添加分类目录"窗口，如图 4.8 所示。分类目录可与预算清单一致，按分部与分项工程进行目录编制。

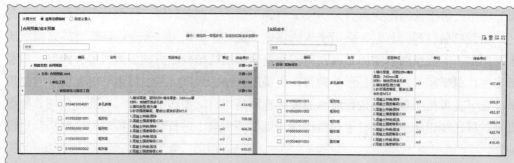

图 4.7　清单定额编制界面

图 4.8　添加分类目录

　　步骤 3: 完成清单子目添加后，需对清单中的人材机明细进行调整。单击实际成本下的清单，界面下方即可出现此清单的人材机明细，如图 4.9 所示。

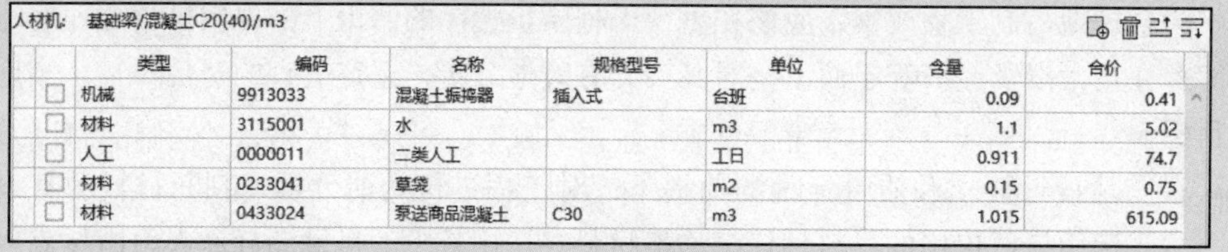

	类型	编码	名称	规格型号	单位	含量	合价
	机械	9913033	混凝土振捣器	插入式	台班	0.09	0.41
	材料	3115001	水		m3	1.1	5.02
	人工	0000011	二类人工		工日	0.911	74.7
	材料	0233041	草袋		m2	0.15	0.75
	材料	0433024	泵送商品混凝土	C30	m3	1.015	615.09

图 4.9　人材机明细

　　步骤 4: 根据实际消耗费用进行人材机合价的调整。如在预算清单的基础上进行额外补充，可单击 按钮，选择新增。根据清单内容，自行录入该清单所属的分类目录、名称、编码、项目特征、单位等信息，如图 4.10 所示。

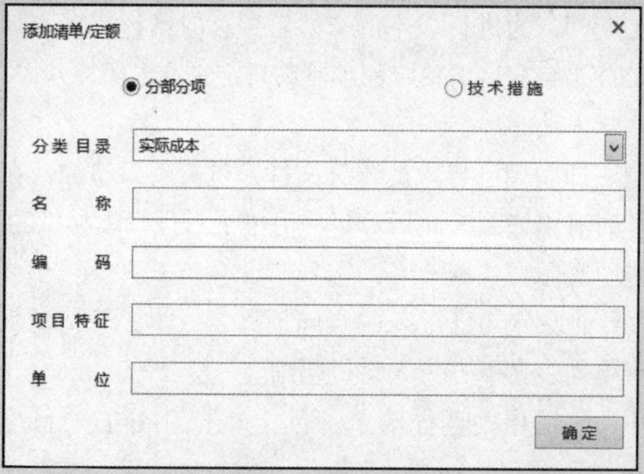

图 4.10　清单新增

2. 自定义录入方式

自定义录入法即记录每日消耗的人工、材料、机械台班等，相较于清单定额编制，更贴合现场管理。

步骤 1： 选择"计算方式"为"自定义录入"，如图 4.11 所示，该界面包含"列表方式"和"模型方式"两种，它们的区别在于是否关联模型信息。

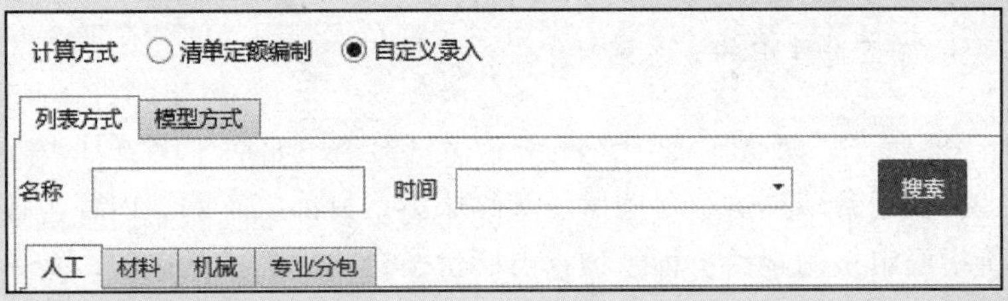

图 4.11　自定义录入界面

步骤 2： 以"列表方式"为例，选择"人工"，单击 按钮，新增人工项，如图 4.12 所示。根据实际信息，按实填写时间、分部分项、类别、名称、班组、工程量等相关信息。

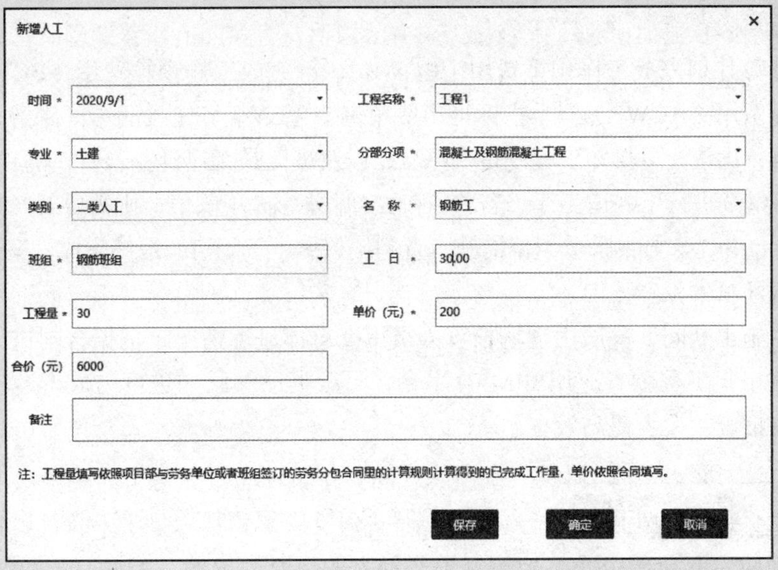

图 4.12　新增人工

项目现场同一工种可能有多个分包单位，应在"班组"下进行区别，"备注"栏可进行备注信息的填写。完成所有信息设置后按钮，单击"确定"按钮，完成成本录入。材料与机械台班的操作方式同理。

> **提示**
>
> 工种名称、所属班组等信息，第一次需手动录入，后续如需重复添加，可进行下拉选择；新增人工时，"工程量"即实际消耗的人工，"工日"为工人数，如某

日现场 15 名钢筋工进行施工作业，因夜间加班等情况，实际消耗的人工为 20，则"工日"可填写 15，"工程量"可填写 20。

完成实际成本编制后，需重新进行成本数据与模型的关联，操作方法与 4.4.2 一致，此处不再赘述。完成成本关联后，即可进行模拟建造，对成本数据进行对比、分析。同时，根据人材机实际消耗量及计划使用量表，对比分析资源使用情况，严格控制施工过程中的资源消耗。

模拟建造界面包含结算价、合同价、实际成本、目标成本四项内容，各项数据来源如下：结算价指已申报的累计工程款项；合同价指合同预算关联造价；实际成本指实际成本关联造价；目标成本指成本预算关联造价。其中，合同价、实际成本及目标成本均应在导入后完成造价关联，结算价则需保证已申报工程款。

将 BIM5D 技术与挣值法相结合，依据项目实际进度进行施工模拟建造，采用挣值法比较项目实际成本与计划成本的差异，开展偏差分析，找出原因，并及时修正，辅助管理决策。BIM 技术与挣值法的结合对加强工程管理的信息化控制及提高工程经济效益具有重要的意义。

通过计算计划完成工作预算费用（BCWS）、已完成工作预算费用（BCWP）、已完成工作实际费用（ACWP）三个指标得出费用偏差（CV）和进度偏差（SV），将其偏差率与阈值进行比较，可得知工程成是否超支，以及进度是否迟延。若 CV 和 SV 偏差率小于阈值，可继续进行下一道工序；若 CV 和 SV 偏差率大于阈值，则需要对产生偏差的原因进行分析，并比选方案采取纠偏措施，直到偏差率小于阈值，最终完成方案落实。

2. 工程款项申报

在项目施工期间，一般由现场核算人员审查总体进度情况，依据合同进行工程款编制并向甲方申报工程款。应用 BIM5D 平台，可根据已关联的进度与成本数据，快速生成工程款申报表，大大提高效率。

任务 4.5：工程款申报

1. 申报方式

申报方式默认为按自然月的方式申报，如需调整，可单击"进度导入"页面下的"进度款支付方式"，在其下拉列表中可选择自然月和施工节点两种方式，如图 4.13 所示。

教学视频：
工程款申报

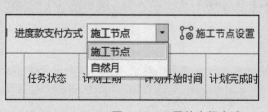

图 4.13　工程款申报方式

如选择"施工节点"方式，需自行添加。单击"施工节点设置"，输入节点名称，同时在进度列表中选择该施工节点对应的进度条目，单击"设置"按钮。如添加"结构结顶"，则可选择"屋面、出屋面结构"作为该节点的最后一项工作，如图 4.14 所示。

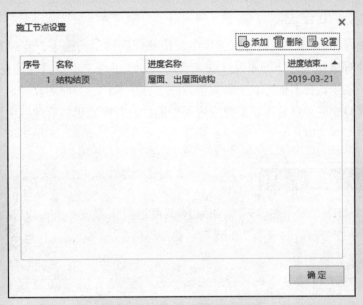

图 4.14　施工节点设置

2. 工程款申报

单击左侧菜单栏下的"工程款申报"，进入"工程款申报"界面，正上方可设置申报的时间，单击"申报"按钮，可完成工程款申报，如图 4.15 所示。

工程名称	编码	名称	项目特征	单位	上报工...	模型余量	合同余量	综合单...	综合合...
工程1	010401004001	多孔砖墙	1.墙体厚度、砌筑材料:墙体厚度:240mm厚 材料：烧结页岩多孔砖 2.墙体类型:剪力墙	m3	843.784	1160.998	1223.0269	414.92	350102
	3-61	砌烧结多孔砖墙 厚...		10m3	84.378			4149.15	350096
工程1	010502001001	矩形柱	1.混凝土种类:预拌 2.混凝土强度等级:C30	m3	58.733	58.733	38.689	709.98	41699.
	4-79	现浇商品(泵送)砼...		m3	58.733			709.98	41699.
工程1	010503002001	矩形梁	1.混凝土种类:现浇 2.混凝土强度等级:C30	m3	219.154	219.154	253.686	674.25	147764

图 4.15　工程款申报

申报列表下一般包含"上报工程量""模型余量""合同余量"等信息，其中，上报工程量指根据申报时间段下的实际进度所关联的工程量数据而来，无须额外设置；模型余量指未申报的模型工程量；合同余量指合同工程量扣除已申报部分的余量，导入的合同预算文件由计价软件编制而来，其中已包含工程量数据。如上报工程量数据超出模型余量或合同余量，则显示红色，两者工程量不一致，可能由编制错误、工程变更等原因产生。

> **提示**
>
> 　　工程款申报数据是依据合同预算及实际进度的关联情况而来。因此，在申报工程款之前，必须保证合同预算和实际进度已完成录入并完成关联。

4.4.4　工程变更管理

　　工程变更是指在工程项目实施过程中，按照合同约定的程序，监理人根据工程需要，下达指令对招标文件中的原设计或经监理人批准的施工方案进行的在材料、工艺、功能、功效、尺寸、技术指标、工程数量及施工方法等任一方面的改变。工程变更属于合同变更，合同变更主要是由于工程变更而引起的，合同变更的管理也主要是进行工程变更的管理。

任务 4.6：变更模型应用

　　应用 BIM5D 管理平台，基于 BIM 模型可进行工程变更管理，反映变更前后的模型、工程量、费用等信息。

教学视频：变更模型应用

　　1. 变更单挂接

　　步骤 1：选择菜单栏下的"资料关联"进入该界面，单击"新增"按钮，根据下发的变更单类别，进行类型创建，包括图纸及节点详图、设计变更、施工变更、洽商单等分类，如图 4.16 所示。

图 4.16　资料新增

　　步骤 2：以设计变更为例，选择类别后进行变更信息的编辑，如图 4.17 所示。根据变更单信息，依次输入变更内容、所属单体、资料编号、变更时间、费用信息等信息。其中，带 * 项为必填项。

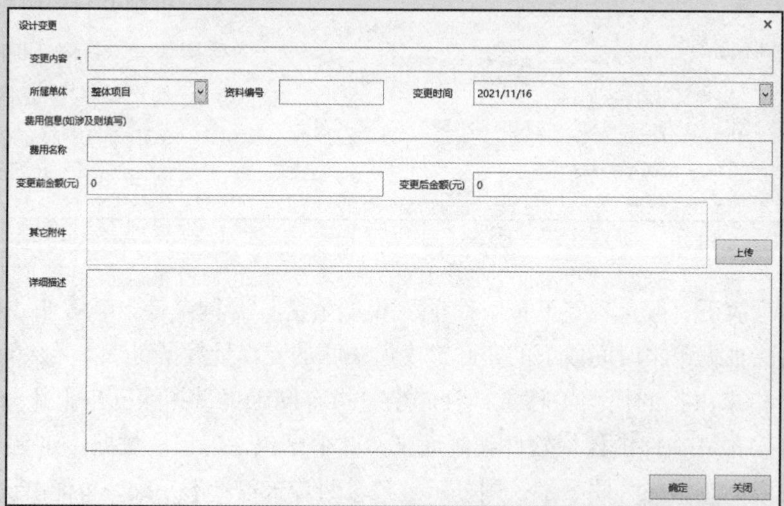

图 4.17　设计变更创建

所属单体：添加变更单时，如变更对象为整个项目，则可设置为"整体项目"；如对象为任一单体，则可选择对应单体进行设置。

费用信息：一般在新增变更前，由现场核算人员提供变更前后的费用。如本项目不涉及任何费用变化，则无须填写此项。完成编辑后，单击"确定"完成创建。

步骤 3：对新增的变更进行模型挂接。在界面左侧筛选变更的构件（如不涉及具体构件，则无须关联），同时右侧勾选变更，单击 🔗 按钮，完成变更单挂接。

2. 工程量调整

完成变更单挂接后，为保证变更后的工程量或费用数据在模型中直接反映，需对原模型进行工程量编辑。

步骤 1：选择菜单栏下的"造价关联"，单击左上角"模型方式"。在该界面下调整模型的工程量，如图 4.18 所示。

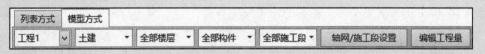

图 4.18　"模型方式"界面下调整模型的工程量

步骤 2：左键选中需要编辑的构件，单击"编辑工程量"。在弹出的编辑窗口后，进行清单或定额项的新增 / 删除，如图 4.19 所示。

编辑工程量									✕
								新增	删除
构件	族名称	算量模式	类型	混凝土	编码	名称/直径(mm)	顶标高(mm)	底标高(mm)	数量	单位
混凝土_L形_柱YB...		清单	实体	默认(C40)	010502001	矩形柱	2,900	0	0.348	m3
混凝土_L形_柱YB...		清单	实体模板	默认(C40)	011702002		2,900	0	4.1	m2

图 4.19　编辑工程量

为方便查找，新增的清单或定额子目在造价关联列表中，会以不同颜色进行区别，如图 4.20 所示。完成新增后，正常关联造价即可。

☐	混凝土_L形...	定额	实体模板	默认(C30)	4-182	直行墙 复合木模
☐	混凝土_L形...	定额	实体模板	默认(C30)	4-182	直行墙 复合木模
☐	混凝土_L形...	清单	实体		010502001	矩形柱

图 4.20　变更调整后的清单项以不同颜色进行区别

3. 变更模型导入

为更好地进行现场施工指导，除调整工程量及费用外，可导入变更后的模型，便于现场管理人员进行模型查看。

步骤 1：选择菜单栏下的"模型导入"，单击"变更管理"按钮，进行变更模型的导入，如图 4.21 所示，单击"➕添加"按钮新增变更号。

步骤 2：完成新增后，进行版本切换，如图 4.22 所示。

步骤 3：单击"本地导入"按钮，导入变更后的模型数据。导入时软件会提示选择"追加"或者"覆盖"，选择"追加"按钮即可，如图 4.23 所示。

提示

    PC 端中所有涉及造价分析与计算的模型工程量数据均来自初始版本，变更模型仅作为查看、浏览使用；"版本"仅作为变更时使用，如项目涉及多个单体，可通过新增工程的方式进行单体创建。

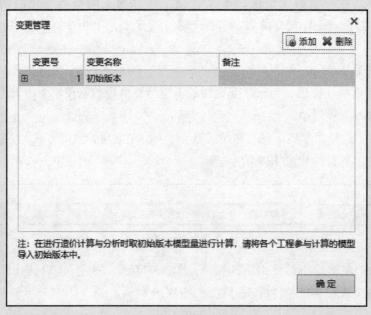

图 4.21　变更管理

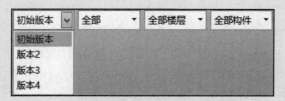

图 4.22　版本切换

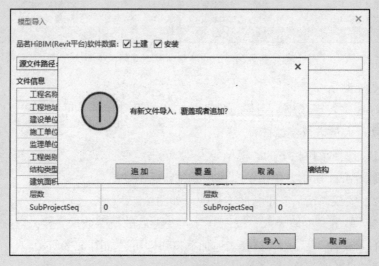

图 4.23　导入变更后的模型数据

学习笔记

章节练习

一、单项选择题

1. 实行项目经理责任制属于建设项目成本管理措施中的（　　）。

　　A. 经济措施　　　　　　B. 组织措施　　　　　C. 技术措施　　　　　D. 合同措施

2. 工业和民用建筑一般以（　　）作为成本核算对象。

　　A. 单位工程　　　　　　　　　　　　B. 同一单位工程

　　C. 工程部位划分　　　　　　　　　　D. 开、竣工时间接近的一批单位工程

3. 在施工项目完成后，按照施工成本目标责任制的有关规定，评定施工项目计划的完成情况和各责任者的业绩，并以此给以相应的奖励和处罚，这项工作是（　　）。

　　A. 成本预测　　　　B. 成本计划　　　　C. 成本核算　　　　D. 成本考核

4. 施工成本计划编制的依据不包括（　　）。

　　A. 投标报价文件　　　　　　　　　　B. 施工组织设计

　　C. 施工成本预测资料　　　　　　　　D. 项目总概算

5. 下列关于施工成本管理任务的说明，错误的是（　　）。

　　A. 建设工程项目施工成本控制应贯穿于项目从投标阶段开始直至竣工验收的全过程

　　B. 分析成本偏差的原因，应采取定性和定量相结合的方法

　　C. 成本计划是成本决策所确定目标的具体化

　　D. 成本考核是对成本计划是否实现的最后检验

二、简答题

1. 简述项目成本的概念及构成。

_____

_____

_____

_____

2. 项目成本管理有哪些措施？

_____

_____

_____

3. 简述项目成本控制的方法。

_____

_____

_____

_____

第 5 章 BIM 质量管理

【学习目标】

本章主要介绍施工项目质量的管理；施工项目质量控制的原则和各阶段质量控制方法；并通过五个任务详细地介绍应用 BIM5D 管理平台进行施工质量管理的实施流程和操作方法。

本章包括以下学习目标：

1. 掌握建筑工程质量管理工作程序。

2. 掌握建筑工程项目质量控制的内容和方法。

3. 掌握应用 BIM5D 平台进行质量问题及巡检点的挂接方法。

4. 培养质量意识，具有科学、公平、守法的职业态度。

5.1 工程项目质量管理概述

1. 质量和工程项目质量

我国标准《质量管理体系基础和术语》（GB/T 19000—2016）关于质量做出如下定义：质量是一组固有特性满足要求的程度。该定义可理解为质量不仅是指产品的质量，也可以是某项活动或过程的工作质量，还可以是质量管理体系运行的质量。质量由一组固有的特性来表征，这些固有特性是指满足顾客和其他相关方要求的特性。质量是满足要求的程度，要求是指明示的、隐含的或必须履行的需要和期望。质量要求是动态的、发展的和相对的。

工程项目质量是指通过项目实施形成的工程实体的质量，是反映工程满足相关标准规定或合同约定的要求，包括其在安全、使用功能及其在耐久性能、环境保护等方面所有明显和隐含能力的特性总和。其质量特性主要体现在适用性、耐久性、安全性、可靠性、经济性及与环境的协调性六个方面。

（1）适用性，即功能，是指工程满足使用目的的各种性能。其中包括理化性能，如尺寸规格、保温、隔热、隔声等物理性能，耐酸、耐碱、耐腐蚀、防火、防风化、防尘等化学性能；结构性能，如地基基础牢固程度，结构的足够强度、刚度和稳定性；使用性能，如民用住宅工程要能使居住者安居，工业厂房要能满足生产活动需要，道路、桥梁、铁路、航道要能通达便捷等；外观性能，指建筑物的造型、布置、装饰效果、色彩等美观大方、协调等。

（2）耐久性，即寿命，是指工程在规定的条件下，满足规定功能要求使用的年限，也就是工程竣工后的合理使用寿命周期。由于建筑物本身结构类型不同、质量要求不同、施工方法不同、使用性能不同的个性特点，目前国家对建设工程的合理使用寿命周期还缺乏统一的规定，仅在少数技术标准中提出了明确要求。如民用建筑主体结构耐用年限分为四级（5~30 年，30~50 年，50~100 年，100 年以上），公路工程设计年限一般按等级控制在 10~20 年；对工程组成部件（如塑料管道、屋面防水、卫生洁具、电梯等）也视生产厂家设计的产品性质及工程的合理使用寿命周期而规定不同的耐用年限。

（3）安全性，是指工程建成后在使用过程中保证结构安全、保证人身和环境免受危害的程度。建设工程产品的结构安全度、抗震、耐火及防火能力，人民防空的抗辐射、抗核污染、抗爆炸波等能力，是否能达到特定的要求，都是安全性的重要标志。工程交付使用后，必须保证人身财产、工程整体有免遭工程结构破坏及外来危害的伤害。工程组成部件，如阳台栏杆、楼梯扶手、电气产品漏电保护、电梯及各类设备等，也要保证使用者的安全。

（4）可靠性，是指工程在规定的时间和规定的条件下完成规定功能的能力。工程不仅要求在竣工验收时要达到规定的指标，而且要在一定的使用时期内保持应有的正常功能。如工程中的防洪与抗震能力、防水隔热、恒温恒湿措施、工业生产用的管道防"跑、冒、滴、漏"等，都属可靠性的质量范畴。

（5）经济性，是指工程从规划、勘察、设计、施工到整个产品使用寿命周期内的成本和消耗的费用。工程经济性具体表现为设计成本、施工成本、使用成本三者之和，包括建设全过程的总投资和工程使用阶段的能耗、水耗、维护、保养乃至改建更新的使用维修费用。通过分析比较，判断工程是否符合经济性要求。

（6）与环境的协调性，是指工程与其周围生态环境相协调，与所在地区经济环境相协调，以及与周围已建工程相协调，以适应可持续发展的要求。

2. 质量管理和工程项目质量管理

我国标准《质量管理体系基础和术语》关于质量管理做出了如下定义：在质量方面指挥和控制组织的协调的活动。与质量有关的活动，通常包括质量方针和质量目标的建立、质量策划、质量控制、质量保证和质量改进等。所以，质量管理就是建立和确定质量方针、质量目标及职责，并在质量管理体系中通过质量策划、质量控制、质量保证和质量改进等手段来实施和实现全部质量管理职能的所有活动。

工程项目质量管理是指在工程项目实施过程中，指挥和控制项目的各参与方关于质量相互协调的活动，是各参与方围绕着使工程项目满足质量要求，而开展的策划、组织、计划、实施、检查、监督和审核等所有管理活动的总和。它是工程项目的建设、勘察、设计、施工、监理等单位的共同职责，项目参与各方的项目经理必须调动与项目质量有关的所有人员的积极性，共同做好本职工作，才能完成项目质量管理的任务。

3. 质量控制与工程项目质量控制

根据国家标准《质量管理体系基础和术语》的定义，质量控制是质量管理的一部分，致力于使工程项目满足质量要求。

　　工程项目的质量要求由业主方提出，即项目的质量目标，是业主的建设意图通过项目策划，包括项目的定义及建设规模、系统构成、使用功能和价值、规格、档次、标准等的定位策划和目标决策来确定的。工程项目质量控制，就是在项目实施整个过程中，包括项目的勘察设计、招标采购、施工安装、竣工验收等各个阶段，项目参与各方致力于实现业主要求的项目质量总目标的一系列活动。

4. 工程质量的特点

　　建筑工程质量的特点是由建设工程本身和建设生产的特点决定的。建筑工程（产品）及其生产的特点如下：一是产品的固定性，生产的流动性；二是产品的多样性，生产的单件性；三是产品形体庞大、投入高、生产周期长、具有风险性；四是产品的社会性，生产的外部约束性。上述建设工程的特点决定了工程质量的如下特点。

1）影响因素多

　　建设工程产品的形成需要经历若干阶段、一定周期才能完成。在不同的阶段、不同的时期，质量受到多种因素的影响，如决策、设计、材料、机具设备、施工方法、施工工艺、技术措施、人员素质、工期、工程造价等，这些因素直接或间接地影响工程项目质量。在这些影响因素中，有些因素是已知的，有些因素是未知的，所以可以将影响项目质量的因素集看作一个灰色系统。

2）质量波动大

　　由于建筑生产的单件性、流动性，不像一般工业产品的生产那样有固定的生产流水线、规范化的生产工艺和完善的检测技术以及成套的生产设备和稳定的生产环境，所以工程质量容易产生大的波动。同时，由于影响工程质量的偶然性因素和系统性因素比较多，其中任一因素发生变动，都会使工程质量产生波动。如材料规格品种使用错误、施工方法不当、操作未按规程进行、机械设备过度磨损或出现故障、设计计算失误等，都会使工程发生质量波动，产生系统因素的质量变异，造成工程质量事故。为此，要严防出现系统性因素的质量变异，要把质量波动控制在偶然性因素范围内。

3）质量的隐蔽性

　　建筑工程在施工过程中，分项工程交接多、中间产品多、隐蔽工程多，因此其质量存在隐蔽性。若在施工中不及时进行质量检查，事后只能从表面上检查，就很难发现内在的质量问题，这样就容易产生判断错误，即第二类判断错误（将不合格品误认为合格品）。

4）终检的局限性

　　工程项目建成后，不可能像一般工业产品那样，依靠终检来判断产品的质量，或将产品拆卸、解体来检查其内在的质量，或对不合格零部件予以更换。而工程项目的终检（竣工验收）无法进行工程内在质量的检验，也无法发现隐蔽的质量缺陷。因此，工程项目的终检存在一定的局限性，这就要求工程质量控制应以预防为主，防患于未然。

5）评价方法的特殊性

　　工程质量的检查评定及验收是按检验批、分项工程、分部工程、单位工程进行的。检验批的质量是分项工程乃至整个工程质量检验的基础，检验批合格质量主要取决于主控项目和一般项目经抽样检验的结果。隐蔽工程在隐蔽前要检查合格后验收，涉及结构安全的试块、试件以及有关材料，应按规定进行见证取样检测，涉及结构安全和使用功能的重要分部工程，要进行抽样检测。工程质量是在施工单位按合格质量标准自行检查评定的基础上，由监理工程师（或建设单位项目负责人）组织有关单位、人员进行检验，确认验收。这种评价方法体现了"验评分离、强化验收、完善手段、过程控制"的指导思想。

5. 工程质量的影响因素

影响工程质量的因素很多，而且不同工程的影响因素会有所不同，各种因素对不同工程的质量影响的程度也有所差异。但无论任何工程，也无论在工程的任何阶段，影响工程质量的因素归纳起来主要有五个方面，即人（man）、机械（machine）、材料（material）、方法（method）和环境（environment），简称为"4M1E 因素"。

1）人员素质

就建筑工程而言，人是其生产经营活动的主体，具体表现在人是工程建设的决策者、管理者、操作者。工程建设的全过程，如项目的规划、决策、勘察、设计和施工，都是通过人来完成的，所以，人将会对工程质量产生最直接、最重要的影响，其影响程度取决于人的素质和质量意识。人的素质，即人的文化水平、技术水平、决策能力、管理能力、组织能力、作业能力、控制能力、身体素质及事业道德等，都将直接和间接地对规划、决策、勘察、设计和施工的质量产生影响。因此，建筑行业实行经营资质管理和各类专业从业人员持证上岗制度，是保证人员素质的重要管理措施。

2）机械设备

机械设备可分为两类：第一类是指组成工程实体及配套的工艺设备和各类机具，如电梯、泵机、通风设备等。它们构成了建筑设备安装工程或工业设备安装工程，形成完整的使用功能。第二类是指施工过程中使用的各类机具设备，包括大型垂直与横向运输设备、各类操作工具、各种施工安全设施、各类测量仪器和计量器具等，简称为施工机具设备，它们是施工生产的手段。工程用机具设备的产品质量优势直接影响工程使用功能质量。

3）工程材料

工程材料泛指构成工程实体的各类建筑材料、构配件、半成品等。它们是工程建设的物质条件，是工程质量的基础。工程材料选用是否合理，质量是否合格，是否经过检验，保管、使用是否得当等，都将直接影响建设工程的质量，甚至会造成质量事故；使用不合格材料是产生质量问题的根源之一。所以，在工程建设中，加强对材料的质量控制、杜绝使用不合格材料，是工程质量管理的重要内容。

4）施工方法

施工方法是指在工程实施过程中采用的工艺方法、操作方法和施工方案等。在工程施工中，施工方案是否合理，施工工艺是否先进，施工操作是否正确，都会对工程质量产生重大的影响。大力推进新技术、新工艺、新方法的应用，不断提高工艺技术水平，是保证工程质量稳定提高的重要因素。

5）环境条件

环境条件是指对工程质量特性起重要作用的环境因素，其中包括工程技术环境，如工程地质、水文、气象等；工程作业环境，如施工环境、防护设施、通风照明和通信条件等；工程管理环境，主要是指工程实施的区域与管理关系的确定，组织体制及管理体制等；周边环境，如临近的地下管线、建（构）筑物等。环境条件往往对工程质量产生特定的影响。因此，在工程进行过程中，应认真对项目的环境条件加以分析，有针对性地采取措施，加强环境管理，改进作业条件，把好技术环境，辅以必要的措施，这些都是控制环境对质量影响的重要保证。

5.2　工程项目质量管理原则与方法

5.2.1　工程项目质量管理的原则与基本原理

1. 工程项目质量管理的原则

（1）质量第一，用户至上。建筑产品作为一种特殊的商品，使用年限较长，直接关系到人民生命财产的安全。所以，工程项目在施工中应自始至终地把"质量第一，用户至上"作为质量控制的基本原则。

（2）以人为核心。人是质量的创造者，将人作为控制的动力，调动人的积极性、创造性；增强人的责任感，树立"质量第一"观念；提高人的素质，避免人为失误；以人的工作质量保证工序质量和工程质量。

（3）以预防为主。要从对质量的事后检查把关，转向对质量的事前控制及事中控制；从对产品质量的检查，转向对工作质量或工序质量的检查及对中间产品的质量检查。这是确保工程项目质量的有效措施。

（4）依据质量标准严格检查，一切用数据说话。质量标准是评价产品质量的尺度，数据是质量控制的基础。产品质量是否符合质量标准，必须通过严格检查，以数据为依据。

（5）贯彻科学、公平、守法的职业规范。建筑施工企业的项目经理，在处理问题过程中，应尊重客观事实、尊重科学，正直、公正，摒弃偏见；遵纪守法，杜绝不正之风；既要坚持原则、严格要求、秉公办事，又要谦虚谨慎、实事求是、以理服人、热情帮助。

2. 工程项目质量管理的基本原理

1）全面质量管理

TQC（total quality control），即全面质量管理，强调在企业或组织最高管理者的质量方针指引下，实行全面、全过程和全员参与（简称"三全"）的质量管理。TQC 主要有以下特点：以顾客满意为宗旨；领导参与质量方针和目标的制定；提倡预防为主、科学管理、用数据说话等。在当今世界标准化组织颁布的 ISO 9000：2008 质量管理体系标准中，处处都体现了这些重要特点和思想。建设工程项目的质量管理，同样应贯彻"三全"管理的思想和方法。

（1）建设工程项目的全面质量管理是指项目参与各方所进行的工程项目质量管理的总称，其中包括工程（产品）质量和工作质量的全面管理。工作质量是产品质量的保证，工作质量直接影响产品质量的形成。建设单位、监理单位、勘察单位、设计单位、施工总承包单位、施工分包单位、材料设备供应商等，任何一方、任何环节的怠慢疏忽或质量责任不落实，都会造成对建设工程质量的不利影响。

（2）全过程质量管理是指根据工程质量的形成规律，从源头抓起，全过程推进。《质量管理体系基础和术语》强调质量管理的"过程方法"管理原则，要求应用"过程方法"进行全过程质量控制。要控制的主要过程有项目策划与决策过程；勘察设计过程；设备材料采购过程；施工组织与实施过程；检测设施控制与计量过程；施工生产的检验试验过程；工程质量的评定过程；工程竣工验收与交付过程；工程回访维修服务过程等。

（3）按照全面质量管理的思想，组织内部的每个部门和工作岗位都承担着相应的质量职能，组织的最高管理者确定了质量方针和目标，就应组织和动员全体员工参与到实施质量方针的系统活动中，发挥自己的角色作用。开展全员参与质量管理的重要手段就是运用目标管理的方法，将组织的质量总目标逐级进行分解，使之形成自上而下的质量目标分解体系和自下而上的质量目标保证体系，发挥组织系统内部每个工作岗位、部门或团队在实现质量总目标过程中的作用。

2）三阶段控制原理

三阶段控制即通常所说的事前控制、事中控制和事后控制。

（1）事前控制：要求预先制订周密的质量计划和质量预控对策。

（2）事中控制：事中控制虽然包含自控和监控两大环节，但其关键还是增强质量意识，发挥操作者自我约束自我控制，即坚持质量标准是根本的，监控或他人控制是必要的补充，没有前者或用后者取代前者都是不正确的。

（3）事后控制：包括对质量活动结果的评价和对质量偏差的纠正。

3）PDCA 循环原理

（1）计划 P（plan），可理解为质量计划阶段，明确目标并制订实现目标的行动方案。

（2）实施 D（do），包含两个环节，即计划行动方案的交底和按计划规定的方法与要求展开工程作业技术活动。

（3）检查 C（check），是指对计划实施过程进行各种检查，包括作业者的自检、互检和专职管理者专检。

（4）处置 A（action），对于质量检查所发现的质量问题或质量不合格，及时进行原因分析，采取必要的措施，予以纠正，保持质量形成的受控状态。

5.2.2 施工项目各阶段的质量控制

1. 勘察设计阶段质量控制

建筑工程项目的质量目标与水平，是通过设计使其具体化，据此作为施工的依据，而勘察是设计的重要依据，同时对施工有重要的指导作用。勘察设计质量的优劣，直接影响工程项目的功能、使用价值和投资的经济效益，关系着国家财产和人民的生命安全。设计的质量有两层意思，首先，设计应满足业主所需的功能和使用价值，符合业主投资的意图；而业主所需的功能和使用价值，又必然要受到经济、资源、技术、环境等因素的制约，从而使项目的质量目标与水平受到限制。其次，设计必须遵守有关城市规划、环保、防灾、安全等一系列技术标准、规范、规程，这是保证设计质量的基础。而勘察工作不仅要满足设计的需要，更要以科学求实的精神保证所提交勘察报告的准确性、及时性，为设计的安全、合理提供必要的条件。实践证明，不遵守有关法规、技术标准，不但业主所需的功能和使用价值得不到保障，而且可能使工程存在重大的事故隐患和质量缺陷，给业主造成更大的危害和损失。

2. 施工准备阶段的质量控制

施工准备阶段的质量控制是指项目正式施工活动开始前，对各项准备工作及影响质量的各种因素和有关方面进行的质量控制。

施工准备是为保证施工生产正常进行而必须事先做好的工作。施工准备工作不仅要在工程开工前做好，而且要贯穿于整个施工过程。施工准备的基本任务就是为施工项目建立一切必要的施工条件，确保施工生产顺利进行，确保工程质量符合要求。

1）技术资料、文件准备质量控制

工程施工前，应准备好以下技术资料与文件。

（1）质量管理相关法规、标准。国家及政府有关部门颁布的有关质量管理方面的法律、法规，规定了工程建设参与各方的质量责任和义务，质量管理体系建立的要求、标准，质量问题处理的要求，质量验收标准等，这些文件是进行质量控制的重要依据。

（2）施工组织设计或施工项目管理规则。施工组织设计或施工项目管理规划是指导施工准备和组织施工的全面性技术经济文件，要对其进行两方面的控制：选定施工方案后，在制订施工进度的过程中，必须考虑施工顺序、施工流向，主要分部、分项工程的施工方法，特殊项目的施工方法和技术措施能否保证工程质量；制订施工方案时，必须进行技术经济比较，使工程项目满足符合性、有效性和可靠性要求，取得施工工期短、成本低、安全生产、效益好的经济质量。

（3）施工项目所在地的自然条件及技术经济条件调查资料。对施工项目所在地的自然条件和技术经济条件的调查，是为选择施工技术与组织方案收集基础资料，并以此作为施工准备工作的依据。

（4）工程测量控制资料。施工现场的原始基准点、基准线、参考标高及施工控制网等数据资料，是施工前进行质量控制的基础性工作，这些数据资料是进行工程测量控制的重要内容。

2）设计交底质量控制

工程施工前，由设计单位向施工单位有关人员进行设计交底，主要包括以下内容。

（1）设计意图：设计思想、设计方案比较、基础处理方案、结构设计意图、设备安装和调试要求、施工进度安排等。

（2）地形、地貌、气象、工程地质及水文地质等自然条件。

（3）施工图设计依据：初步设计文件，规划、环境等要求，设计规范。

（4）施工注意事项：对基础处理的要求，对建筑材料的要求，采用新结构、新工艺的要求，施工组织和技术保证措施等。

3）图纸研究和审核

通过研究和会审图纸，可以广泛听取使用人员、施工人员的正确意见，弥补设计上的不足，提高设计质量；可以使施工人员了解设计意图、技术要求、施工难点，为保证工程质量打好基础。图纸研究和审核主要包括以下内容：①对设计者的资质进行认定；②设计是否满足抗震、防火、环境卫生等要求；③图纸与说明是否齐全；④图纸中有无遗漏、差错或相互矛盾之处，图纸表示方法是否清楚并符合标准要求；⑤地质及水文地质等资料是否充分、可靠：⑥所需材料来源有无保证，能否替代；⑦施工工艺、方法是否合理，是否切合实际，是否便于施工，能否保证质量要求；⑧施工单位是否具备施工图及说明书中涉及的各种标准、图册、规范、规程等。

4）物质准备质量控制

材料质量控制的内容：主要包括材料质量的标准，材料的性能，材料取样、试验方法，材料的适用范围和施工要求等。

材料质量控制的要求：掌握材料信息，优选供货厂家；合理组织材料供应，确保施工正常进行；合理地组织材料使用，减少材料的损失；加强材料检查验收，严把材料质量关；重视材料的使用认证，以防错用或使用不合格的材料。

材料的选择和使用：材料的选择和使用不当，均会严重影响工程质量，甚至造成质量事故。因此，必须针对工程特点，根据材料的性能、质量标准、适用范围和对施工的要求等方面进行综合考虑，慎重地选择和使用材料。

5）组织准备

建立项目组织机构、集结施工队伍、对施工队伍进行入场教育等。

6）施工现场准备

测量控制网、水准点、标桩；实现"五通一平"；准备生产、生活临时设施等；组织机具、材料进场；拟订有关试验、试制和技术进步项目计划；编制季节性施工措施；制订施工现场管理制度等。

7）择优选择分包商并对其进行分包培训

分包商是直接的操作者，只有提高他们的管理水平和技术实力，工程才能达到既定的质量目标，因此要着重对分包队伍进行技术培训和质量教育，帮助分包商提高管理水平。对分包班组长及主要施工人员，按不同专业进行技术、工艺、质量综合培训，未经培训或培训不合格的分包队伍不允许进场施工。要责成分包商建立责任制，并将项目的质量保证体系贯彻落实到各自的施工质量管理中，督促其对各项工作进行落实。

3. 施工阶段的质量控制

建筑生产活动是一个动态过程，质量控制必须伴随着生产过程进行。施工过程中的质量控制就是对施工过程在进度、质量、安全等方面进行全面控制。

1）工序质量控制

工序是基础，直接影响工程项目的整体质量。因此，施工作业人员应按规定，经考核后持证上岗。施工管理人员及作业人员应按操作规程、作业指导书和技术交底文件进行施工。工序质量包含工序活动质量和工序效果质量。工序活动质量是指每道工序的投入质量是否符合要求；工序效果质量是指每道工序完成的工程产品是否达到相关的质量标准。工序的检验和试验应符合过程检验和试验的规定，对查出的质量缺陷，应及时按不合格控制程序处理；对验证中发现不合格产品和过程，应按规定进行鉴别、标志、记录、评价、隔离和处置。对不合格情况的处置，应根据其严重程度进行，按返工、返修或让步接受、降级使用、拒收或报废四种情况进行处理。构成等级质量事故的不合格，应按国家法律、行政法规进行处置。对返修或返工后的产品，应按规定重新进行检验和试验。进行不合格让步接受时，项目经理应向发包人提出书面让步申请，记录不合格程度和返修的情况，双方签字确认让步接受协议和接收标准。对于影响建筑主体结构安全和使用功能的不合格情况，应邀请发包人代表或监理工程师、设计人，共同确定处理方案，报建设主管部门批准。检验人员必须按规定保存不合格控制的记录。

2）质量控制点的设置

质量控制点是指为了保证工序质量而确定的重点控制对象、关键部位或薄弱环节。设置质量控制点是保证达到工序质量要求的必要前提。操作、工序、材料、机构、施工顺序、技术参数、自然条件、工程环境等，均可作为质量控制点来设置，主要视其对质量特征影响的大小及危害程度而定。

3）施工过程中的质量检查

在施工过程中，施工人员是否按照技术交底、施工图纸、技术操作规程和质量标准的要求实施，直接影响工程产品的质量。

（1）施工操作质量的巡视检查：有些质量问题是由于操作不当所致，虽然表面上似乎影响不大，却隐藏着潜在的危害。所以，在施工过程中，必须加强对操作质量的巡视检查，对违章操作、不符合质量要求的要及时纠正，以防患于未然。

（2）工序质量交接检查：严格执行"三检"制度，即自检、互检和交接检。各工序按施工技术标准进行质量控制，每道工序完成后应进行检查。相互各专业工种之间应进行交接检验，并做记录。未经监理工程师检查认可，不得进行下一道工序施工。

（3）隐蔽验收检查：将其他工序施工所隐蔽的分项、分部工程，在隐蔽前所进行的检查验收。实践证明，坚持隐蔽验收检查，是避免质量事故的重要措施。隐蔽工程未验收签字，不得进行下一道工序施工。隐蔽工程验收后，要办理隐蔽签证手续，列入工程档案。

（4）工程施工预检：预检是指工程在未施工前所进行的预先检查。预检是确保工程质量，防止发生偏差，造成重大质量事故的有力措施，包括以下内容：建筑工程位置，检查标准轴线桩和水平桩；基础工程，检查轴线、标高、预留孔洞、预埋件的位置；砌体工程，检查墙身轴线、楼房标高、砂浆配合比及预留孔檐位置尺寸；钢筋混凝土工程，检查模板尺寸、标高、支撑预埋件、预留孔等，检查钢筋型号、规格、数量、锚固长度、保护层等，检查混凝土配合比、外加剂、养护条件等；主要管线，检查标高、位置、坡度和管线的综合；预制构件安装，检查构件位置、型号、支撑长度和标高；电气工程，检查变电、配电位置，高低压进出口方向，电缆沟位置、标高、送电方向。预检后，要办理预检手续，未经预检或预检不合格，不得进行下一道工序施工。

4）施工质量验收

（1）施工质量验收包含以下基本术语。

检验：对被检验项目的特征、性能进行量测、检查、试验等，并将结果与标准规定的要求进行比较，以确定项目每项性能是否合格的活动。

进场检验：对进入施工现场的建筑材料、构配件、设备及器具等，应按相关标准的要求进行检验，并对其质量、规格及型号等是否符合要求做出确认的活动。

见证检验：施工单位在工程监理单位或建设单位的见证下，按照有关规定从施工现场随机抽取试样，送至具备相应资质的检测机构进行检验的活动。

计数检验：通过确定抽样样本中不合格的个体数量，对样本总体质量做出判定的检验方法。

计量检验：以抽样样本的检测数据计算总体均值、特征值或推定值，并以此判断或评估总体质量的检验方法。

复验：建筑材料、设备等进入施工现场后，在外观质量检查和质量证明文件核查符合要求的基础上，按照有关规定从施工现场抽取试样送至试验室进行检验的活动。

验收：在施工单位自行质量检查评定的基础上，参与建设的有关单位共同对检验批、分项工程、分部工程、单位工程的质量进行抽样复验，根据相关标准以书面形式对工程质量达到合格与否做出确认。

检验批：按统一的生产条件或规定的方式汇总起来供检验用的，由一定数量样本组成的检验体。检验批是施工质量验收的最小单位，是分项工程验收的基础依据。构成一个检验批的产品，要具备以下基本条件：生产条件基本相同，包括设备、工艺过程、原材料等；产品的种类型号相同。如钢筋以同一品种、统一型号、统一炉号为一个检查批。

主控项目：对安全、卫生、环境保护和公共利益起决定性作用的检验项目。如结构工程中"钢筋安装时，受力钢筋的品种、级别、规格和数量必须符合设计要求"。

一般项目：除主控项目以外的检验项目都是一般项目。如结构工程中，"钢筋的接头宜设置在受力较小处。钢筋接头末端至钢筋弯起点的距离不应小于钢筋直径的10倍"。

观感质量：通过观察和必要的量测所反映的工程外在质量。如装饰面应无色差。

返修：对工程不符合标准规定的部位采取整修等措施。

返工：对不合格的工程部位采取的重新制作、重新施工等措施。

（2）根据建筑工程施工质量验收统一标准的规定，建筑工程质量验收应逐级划分为单位（子单位）工程、分部（子分部）工程、分项工程和检验批。

单位工程划分原则：具备独立施工条件并能形成独立使用功能的建筑物或构筑物为一个单位工程；对于规模较大的单位工程，可将其能形成独立使用功能的部分划为一个子单位工程。

分部工程划分原则：可按专业性质、工程部位确定，如一般建筑工程可划分为：地基与基础、装饰装修、建筑屋面、电梯等分部工程；当分部工程较大或较复杂时，可按材料种类、施工特点、施工程序等划分为若干子分部工程。

分项工程可应按主要工种、材料、施工工艺、设备类别等进行划分。

检验批可根据施工、质量控制和验收需要，按工程量、楼层、施工段、变形缝等进行划分。

室外工程可根据专业类别和工程规模划分为子单位工程、分部工程、分项工程。

（3）施工质量验收合格条件如下。

验收工程质量时，应首先评定检验批的质量，以检验批的质量评定各分项工程的质量，以各分项工程的质量来综合评定分部工程的质量，再以分部工程的质量来综合评定单位工，在质量评定的基础上，再与工程合同及有关文件相对照，决定项目能否验收。

检验批质量验收合格的条件如下：①主控项目的质量经抽样检验均应合格；②一般项目的质量经抽样检验合格。当采用计数抽样时，合格点率应符合有关专业验收规范的规定，且不得存在严重缺陷。对于计数抽样的一般项目，正常检验一次、二次抽样可按《建筑工程施工质量验收统一标准》（GB 50300—2013）附录 D 判定；③具有完整的施工操作依据、质量验收记录。

分部工程质量验收合格的条件如下：①所含检验批的质量均应验收合格；②所含检验批的质量验收记录应完整。③所含分项工程的质量均应验收合格；④质量控制资料应完整；⑤有关安全、节能、环境保护和主要使用功能的抽样检验结果应符合相应规定；⑥观感质量应符合要求。分部工程的验收是以所含各分项工程验收为基础进行的。首先，组成分部工程的各分项工程已验收合格且相应的质量控制资料齐全、完整。此外，由于各分项工程的性质不尽相同，因此作为分部工程不能简单地组合而加以验收，尚须进行后两类检查项目验收。

单位（子单位）工程质量验收合格的条件如下：①所含分部工程的质量均应验收合格；②质量控制资料应完整；③所含分部工程中有关安全、节能、环境保护和主要使用功能的检验资料应完整；④主要使用功能的抽查结果应符合相关专业验收规范的规定；⑤观感质量应符合要求。单位工程质量验收是在分项分部工程验收合格的基础上，对涉及安全、节能以及主要使用功能的项目应进行抽查复验。抽查项目是在检查资料文件合格的条件下，由参加验收的各方人员商定，采用计量、计数的方法抽样检验，检验结果应符合有关专业验收规范的固定。

（4）因抽样检验的随机性，在质量验收时存在两类风险：生产方风险和使用方风险。抽样检验必然存在这两类风险，要求通过抽样检验的检验批 100% 合格是不合理且不可能的。

①错判概率：合格批判为不合格批而被拒收的概率，即将本来合格的批产品误判为拒收的概率，这对生产方不利，因此称为生产方风险或第一类风险。用 α 表示。②漏判概率：不合格批判为合格批而被误收的概率，即将本来不合格的批产品误判为可接受的概率，这对使用方不利，称为使用方风险或第二类风险。用 β 表示。③两类风险的控制范围：在抽样检验中，控制两类风险的原则是总损失最小。一般控制范围如下：主控项目，α 和 β 均不宜超过 5%；一般项目，α 不宜超过 5%，β 不宜超过 10%。

（5）施工质量验收不合格时的处理：建筑工程施工质量验收记录应按《建筑工程施工质量验收统一标准》（GB 50300—2013）规定填写，当建筑工程施工质量不符合规定时，应按下列规定进行处理：①经返工或返修的检验批，应重新进行验收；②经有资质的检测机构检测鉴定能够达到设计要求的检验批，应予以验收；③经有资质的检测机构检测鉴定达不到设计要求，但经原设计单位核算认可能够满足安全和使用功能的检验批，可予以验收；④经返修或加固处理的分项、分部工程，满足安全及使用功能要求时，可按技术处理方案和协商文件的要求予以验收。

（6）工程变更：工程项目任何形式上、质量上、数量上的变动，都称为工程变更，它既包括工程具体项目的某种形式上、质量上、数量上的改动，也包括合同文件内容的某种改动。

（7）成品保护：在工程项目施工中，某些部位已完成，而其他部位还正在施工，对已完成部位或成品，不采取妥善的措施加以保护，就会造成损伤，影响工程质量，也会造成人、财、物的浪费和拖延工期；更为严重的是，有些损伤难以恢复原状，而成为永久性的缺陷。

加强成品保护，要从两个方面着手，首先应加强教育，提高全体员工的成品保护意识；其次要合理安排施工顺序，采取有效的保护措施。成品保护的措施包括护、包、盖、封四点：护是提前保护，防止对成品的污染及损伤；包是进行包裹，防止对成品的污染及损伤，如在喷浆前对电气开关、插座、灯具等设备进行包裹，铝合金门窗应用塑料布包扎；盖是表面覆盖，防止堵塞、损伤，如落水口、排水管安好后加覆盖，以防堵塞；封是局部封闭，如屋面防水完成后，应封闭上屋面的楼梯门或出入口。

4.竣工验收阶段的质量控制

竣工验收阶段的质量控制是指各分部分项工程都已经全部施工完毕后的质量控制，主要工作有收尾工作、竣工资料的准备、竣工验收的预验收、竣工验收、工程质量回访。

1）收尾工作

收尾工作的特点是零星、分散、工程量小、分布面广，如不及时完成将会直接影响项目的验收及投产使用。因此，应编制项目收尾工作计划并限期完成。项目经理和技术员应对竣工收尾计划执行情况进行检查，对于重要部位要做好记录。

2）竣工资料的准备

竣工资料是竣工验收的重要依据。承包人应按竣工验收条件的规定，认真整理工程竣工资料。竣工资料包括以下内容。

（1）工程项目开工报告。

（2）工程项目竣工报告。

（3）图纸会审和设计交底记录。

（4）设计变更通知单。

（5）技术变更核定单。

（6）工程质量事故发生后的调查和处理资料。

（7）水准点位置、定位测量记录、沉降及位移观测记录。

（8）材料、设备、构件的质量合格证明资料。

（9）试验、检验报告。

（10）隐蔽工程验收记录及施工日志。

（11）竣工图。

（12）质量验收评定资料。

（13）工程竣工验收资料。

交付竣工验收的施工项目必须有与竣工资料目录相符的分类组卷档案。竣工资料的整理应注意以下几点：①工程施工技术资料的整理应始于工程开工，终于工程竣工，真实记录施工全过程，不能事后伪造；②工程质量保证资料的整理应按专业特点，根据工程的内在要求进行分类组卷；③工程检验评定资料的整理应按单位工程、分部工程、分项工程划分的顺序，分别组卷；④竣工资料按各省、自治区、直辖市的要求组卷。

3）竣工验收

竣工验收的依据，包括批准的设计文件、施工图纸及说明书、双方签订的施工合同、设备技术说明书、设计变更通知书、施工验收规范及质量验收标准。

承包人确认工程竣工、具备竣工验收各项要求，并经监理单位认可签署意见后，向发包人提交工程验收报告，发包人收到工程验收报告后，应在约定的时间和地点，组织有关单位进行竣工验收。

发包人组织勘察、设计、施工、监理等单位按照竣工验收程序，对工程进行核查后，应给出验收结论，并形成工程竣工验收报告，参与竣工验收的各方负责人应在竣工验收报告上签字并盖单位公章，对工程负责，如发现质量问题，也便于追查责任。

5. 工程质量回访

工程交付使用后，应定期进行回访，按质量保证书承诺及时解决出现的质量问题。

（1）回访属于承包人为使工程项目正常发挥功能而制订的工作计划、程序和质量体系。通过回访了解工程竣工交付使用后，用户对工程质量的意见，促进承包人改进工程质量管理，为顾客提供优质服务。

全部回访工作结束后应提出回访服务报告，收集用户对工程质量的评价，分析质量缺陷的原因，总结正、反两方面的经验和教训，采取相应的对策措施，加强施工过程质量控制，改进施工项目管理。

（2）保修。业主与承包人在签订工程施工承包合同时，根据不同行业、不同的工程情况协商制订的建筑工程保修书，对工程保修范围、保修时间、保修内容进行约定。《建设工程项目管理规范》（GB/T 50326—2017）规定："保修期为自竣工验收合格之日起计算，在正常使用条件下的最低保修期限。"

① 基础设施工程、房屋建筑的地基基础工程和主体结构工程，为设计文件规定的该工程的合理使用年限。

② 屋面防水工程、有防水要求的卫生间、房间和外墙面的防渗漏，最低保修期限为 5 年。

③ 供热与供冷系统，最低保修期限为 2 个采暖期、供冷期。

④ 电气管线、给水排水管道、设备安装和装修工程，最低保修期限为 2 年。

⑤ 其他项目的保修期限由发包方与承包方约定。

根据国务院公布的条例，发包人和承包人在签署工程质量保修书时，应约定在正常使用条件下的最低保修期限。保修期限应符合下列原则。

① 条例已有规定的，应按规定的最低保修期限执行。

② 条例中没有明确规定的，应在工程"质量保修书"中具体约定保修期限。

③ 保修期应自竣工验收合格之日起计算，保修有效期限至保修期满为止。

5.3 BIM 质量管理实施

5.3.1 BIM 质量管理目标与任务

质量管理即为保障建设项目的质量特性满足要求而进行的计划、组织、协调、控制等的活动。质量控制是建设工程项目中最为重要的工作，是工程建设项目三个目标控制的中心目标。

施工属于工程项目建设的实施过程，也是保证最终产品得以生成的阶段，关系到最终成品质量。"百年大计，质量第一"是最基本的原则，构建起相对完善且可靠的质量管理体系，促使着相应的合同和设计文件要求及时满足。同时，工程质量受控，也是保证工程项目施工进度、成本目标顺利实现的前提。

BIM 质量控制的目标在于基于平台搭建完善的质量管理体系，加强过程控制，促进各方协同作业。

（1）项目前期利用 BIM 图纸会审，提前审查发现图纸错漏，提前沟通设计方补充/变更，避免后期影响施工进度、造成质量问题。

（2）搭建各方协同管理平台，提高沟通效率，加强管理力度。

（3）确定质量巡检点、明确日常巡检路线，应用二维码扫码实时反馈日检情况；应用移动端加强日常质量检查力度。

5.3.2 BIM 图纸会审

1. 图纸会审概述

图纸会审是指工程各参建单位，包括建设单位、施工单位、监理单位等收到设计施工图后，在设计交底前进行全面细致地熟悉和审查图纸的活动。建设单位应主持召开图纸会审会议，组织施工单位、监理单位等相关人员进行图纸会审，并由施工单位整理会议纪要、与会各方会签，并在设计交底前约定时间内提交设计单位。

图纸会审是项目施工前一项必不可少的工作，也是进度信息管理中的重要内容。图纸会审一方面可以使各单位了解工程特点和设计意图，为解决技术难题制订方案，另一方面可以发现图纸中隐藏的问题，减少图纸的错漏。

2. BIM 图纸会审基本流程

基于 BIM 的图纸会审的优势在于更加清晰地反映设计存在的错漏、矛盾等问题，包括以下基本流程。

1）图纸审查与模型创建

在工程正式施工前，先准确、详细地检查工程图纸。检查时利用 BIM 技术建立三维模型，借此对工程图纸进行全面、立体的审核。

2）模型审查

在完成建模后，也需要对全专业三维模型进行详细检查，由总工程师带领技术人员全面地检查三维模型，汇总模型中的重难点部位、复杂节点问题等，并对建模效果进行分析评估。

基于 BIM 技术的图纸会审，通过三维模型，可以更加清晰地反映设计中存在的矛盾，更精准地定位存在的问题。

3）碰撞检查

同时，在建筑工程施工建设过程中，应做好碰撞检查工作。传统方式在二维图纸中对管件布设情况进行分析，但由于二维平面图不够立体，展示的信息不够全面，因而很难在施工前检查出图纸中的不合理之处，往往在施工过程中才遇到管件碰撞问题，进而不得不返工重建，这既造成时间资源的浪费，又造成经济资源的浪费。将 BIM 技术应用于建筑工程后，通过 BIM 模型在三维空间环境下进行检查各专业协调情况，及时发现问题，提前进行调整与预防，避免造成工期延误与成本浪费。

4）图纸会审

施工方完成图纸自审后，由建设方主持召开图纸会审。各方利用 BIM 模型进行问题沟通与交流，并直接在 BIM 模型中完成结论记录。

> **任务 5.1：模型审查**
>
> 　应用 HiBIM 软件打开本书配套的 BIM 模型，对模型进行审查，发现图纸中存在的信息错漏、设计不合理、不利于施工等问题。
>
>
>
> 教学视频：模型审查

5.3.3　质量检查

智慧工地质量管理是在原有基础之上加入高技术设备、数字化手段，使其能更好地达到我们想要管控的目的。施工现场质量管理利用 BIM、物联网、移动互联网等技术进行现场管理的实时检查、数据监测与监控，严格控制过程质量。

实测实量系统，改变了常规人工填表式的验收方式，利用靠尺、卷尺、激光测距仪等智能测量设备，快速完成建筑质量的测量验收。将测量设备和手机通过蓝牙进行连接后，就可以一键完成测量数据的记录，不仅使用方便，而且节省了人力成本，同时还大大提高了测量效率，也杜绝了错误的发生。测量内容自定义，也可以实时关联到后台的管理模块，方便查看和导出。

质量检测系统，则可用易检 App，采用类似朋友圈分享的方式，对现场安全质量等问题进行记录，包括图片、视频、文字、语音等形式，同时将整改执行落实到个人，完成从开始到结束的闭环过程。可以同步手机端、计算机端信息，用自定义格式输出检查报表。这是巡检记录在平台上的展示效果，有图片和责任人，非常详细。而且可以在平台上实时查看整改记录。

1. 巡检管理

项目管理人员现场管理期间，如发现施工现场的问题，可以图文、音视频的方式发布该问题，并指定问题整改的负责人，由该负责人把该问题指派给具体整改人，如质量员或施工员。整改人把问题整改好再将整改好的现场照片或视频上传，项目或公司的质量检查人员若认为整改完成则可以结束整改任务。如还存在问题，则继续整改至完成，通过来回互动形式，形成闭环管理，如图 5.1 所示。

图 5.1　质量问题巡检闭环管理

任务 5.2：巡更检查

　　现场巡检一般可应用移动端进行操作，包括现场资料的搜集（如拍摄图片）、任务发布、流程审批等。

　　步骤 1：单击移动端"易检"模块，单击底部导航栏"设置"，选择对应的工作类型，包括质量检查与安全检查，如图 5.2 所示。

教学视频：
巡更检查

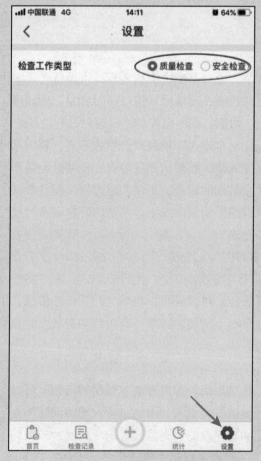

图 5.2　设置工作类型

步骤 2：单击底部导航栏"首页"，单击 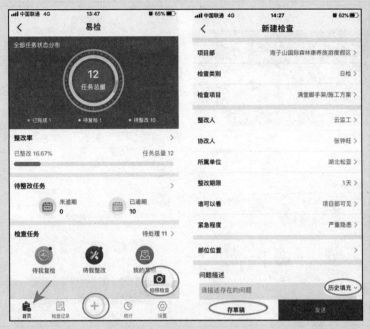 或 ⊕ 发起整改任务，进入"新建检查"界面，如图 5.3 所示。

图 5.3　发起整改任务

（1）项目部：公司成员可以选择公司下属需要整改的项目部，项目成员可以发起对项目内的检查。

（2）检查类别：选择具体检查类别。

（3）检查项目：选择具体检查项目。

（4）危险等级：选择待整改任务危险等级。

（5）整改人：指定整改人，整改责任制，公司层指定整改人为项目成员，项目层指定整改人为项目成员和班组长。

（6）协改人：指定次级整改责任人，协助上传整改资料。

（7）所属单位：划定整改任务所属责任单位主体，后续可作为用工评价。

（8）整改期限：指定整改期限，限定完成日期。

（9）谁可以看：整改任务隐私设置，公开、项目部可见、私密，设置整改任务在公司层开放，还是整改项目内开放，或者一对一，只对整改人和发起人可见。

（10）紧急程度：选择待整改任务紧急程度。

（11）部位位置：描述具体的检查部位。

（12）检查明细：录入整改明细，图文音视频形式多种类型可选。

（13）整改要求：描述待整改任务的具体实施要求。

（14）草稿箱：必要时候或者无网络情况，可将新建任务存为草稿箱，适当时机重新发。

（15）历史填充：选择最近的填写记录，方便操作人员快速完成编辑工作。

步骤 3：单击"待我整改"，整改人查询待整改任务；通过"整改回复"上传整改资料，如图 5.4 所示。

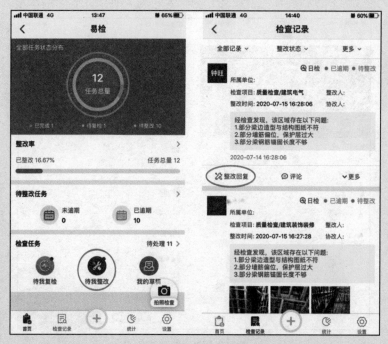

图 5.4　整改回复

步骤 4：单击"待我复检"，整改任务发起人查询待复检任务；通过"复检回复"上传复检资料，审核整改结果，如图 5.5 所示。

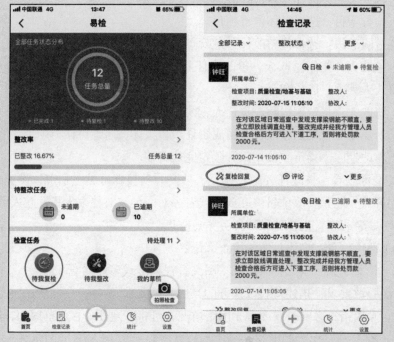

图 5.5　复检回复

步骤 5：单击通过平台端"易检"模块，可以导出相应整改单，默认可选择安全检查记录表、在建工程隐患整改通知书两种类型任意导出，如图 5.6 所示。

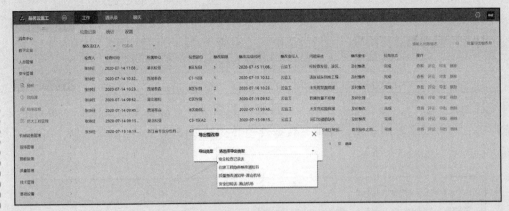

图 5.6　输出整改单

为更好地进行过程问题追溯，在项目管理中，应实时记录与管理质量检查及验收相关资料。

任务 5.3：质量资料挂接

步骤 1：选择网页端"质量管理"模块，单击"质量检查"下的"问题总览"，进行项目单体选择，如图 5.7 所示。

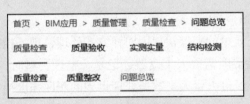

图 5.7　质量检查问题总览

教学视频：
质量资料挂接

步骤 2：总览界面左侧为 BIM 模型，右侧为质量问题。在模型中选择需要关联的构件，单击在右侧的"模型定位"，完成模型与质量问题的数据关联，如图 5.8 所示。

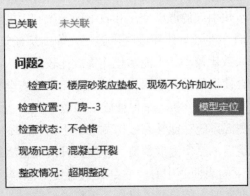

图 5.8　质量问题关联

2. 质量检测与监控

1）实测实量

根据相关质量验收规范，在施工过程中，需要把工程质量的数据误差控制在国家住房建设规范允许范围之内。实测实量涉及的项目发展阶段主要有主体结构阶段、砌筑阶段、抹灰阶段和精装修阶段，测量的范围涵盖混凝土结构、砌筑工程、抹灰工程、防水工程、门窗工程、涂料工程、精装修各工序等内容。

现场管理时，应根据质量要求进行实测实量，对现场测量过程中形成的数据实现实时统计展现。其中，移动端主要用于项目现场的测量，对应各类测量仪器，如测距仪、靠尺等；网页端主要用于项目立项、数据管理等，通过仪器上传的测量数据，可在网页端进行展示，如图 5.9 所示。

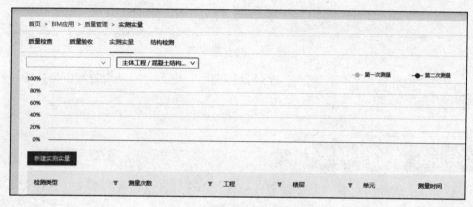

图 5.9　网页端实测实量展示

2）混凝土强度检测

对施工现场混凝土质量的把控常规用回弹方式处理，现场检测时普遍采用的是指针直读式回弹仪，现场检测时需要人工读数、记录，整理资料时，需要人工查表、计算，作角度和浇筑面修正，经过大量人工数据处理得到的测区强度换算值，费时费力，且极易出现人为误差。采用智能回弹仪，可以有效解决这类问题，通过仪器自动检测并记录数据，形成混凝土强度检测记录表。

3）大体积混凝土测温

大体积混凝土，即混凝土结构物实体最小尺寸不小于 1m 的大体量混凝土，或预计会因混凝土中胶凝材料水化引起的温度变化和收缩而导致有害裂缝产生的混凝土。随着科技发展，现代建筑中时常涉及大体积混凝土施工，如高层建筑基础、大型设备基础、水利大坝等。它的表面系数比较小，水泥水化热释放比较集中，内部升温比较快。当混凝土内外温差较大时，会使混凝土产生温度裂缝，影响结构安全和正常使用。为保证结构质量，必须从根本上对其进行分析，来保证施工的质量。

应用大体积混凝土测温系统，能够有效探测混凝土内、外不同层面之间的温度，为施工班组提供混凝土浇筑后的真实温度数值，帮助提升混凝土浇筑质量，保证工程整体施工质量。在大型混凝土的表面、中心、底部设置温度探测器，实时测量这三个位置的温度、湿度，并将数据实时上传检测主机。系统自动记录前端混凝土的温度、里表温差、湿度、降温速率、环境温度及温度应变数据，为后期质量验收等提供依据。

4）钢结构监测

随着当前社会经济的进步，钢结构因其质量轻、稳定性好等优点，迅速被广泛应用到各类中大型建筑中。根据有关部门统计，在钢结构的安全事故中，由于构造与连接不当而引起的各种破坏占相当大的比例。这是因为在任何情况下，构造的正确性与可靠性是钢结构构件正常承载能力的最重要保证，一旦构造出现问题，便会直接危及结构构件的安全。

钢结构监测系统应用是安装在钢结构底部的监测仪器，包括应力计、水平仪等，实时监测数据并返回至网页端平台，以保证钢结构的安全可靠性。

5）标准养护室温湿度智能监控

房屋建筑工程中混凝土试件必须在标准养护室里进行标准养护后才能送检，其强度值作为混凝土工程质量检验评定的重要依据。经试验证明，温度和湿度是对混凝土试件强度发展起决定作用的两大因素，温湿度偏差越小，强度值数字的可比性就越好。

标准养护室温湿度智能监控系统可完成温湿度数据采集、存储、显示、控制以及与上位机PC计算机进行通信，如遇超过设置温湿度上下限值，能智能控制加热与增湿器的启动和停止，使混凝土标准养护室保持在设定的温湿度状态。计算机完成各温湿度值、日期和时间的存储及绘制打印数据曲线图，以便实验人员对温湿度值的变化规律进行统计和分析。

（1）温湿度实时显示：可对室内进行立体化多点测量，实现养护室温湿度数据多路实时采集，并直观显示在液晶屏上。

（2）自动报警：设置标准养护室需控制的温度和湿度上下限值，根据实时采集的温湿度数据和设定的温湿度上、下限值进行计算，当遇到超温、湿度上、下限值情况时能报警。

（3）智能联动：当发生超出设定温湿度限制时，系统可智能控制空调出风口和增湿设备的喷淋口进行温度或湿度补偿，以满足标准养护室的温湿度控制在要求的范围内。

（4）采集周期自由可设置：系统可自由设置养护室需监测时间。

（5）报告生成：支持历史数据查询及自动生成报告，用于用户数据分析和报告打印。

6）单兵系统

关键部位隐蔽工程是质量管控的重点，作为企业管理人员，第一时间预知施工一线的隐蔽验收消息尤为重要。采用单兵移动终端产品实现关键岗位管理人员定位及现场隐蔽验收影像资料采集、上传，如在进行地下工程作业时，受环境网络影响，无法实时上传数据，单兵终端支持数据的集中式采集、临时存储、并在网络良好环境下上传至统一平台，进行数据分析决策。

单兵系统可以不受现场作业环境、采集设备、操作人员技术能力影响，实现自动采集、存储功能；可以有效实现对位置、周边环境、关键人员及其他关键项目的抓取、分析；支持视频、照片多模式组合采集，支持对讲、视频、远程指挥等功能；所采集的数据支持4G、蓝牙、网络等多端传输，实现数据自动上传、自动归类，减少人工处理；支持回放、跟踪、分析功能。

5.3.4 质量资料管理与动态展示

1. 质量样板展示

利用 VR 技术，结合项目施工样板（工艺）法则，前期将工程质量样板建成模型，后期工程质量教育体验可通过 VR 全景真实展示，可以帮助施工人员了解掌握质量要求和规范，提升项目施工质量，降低企业因质量不合格造成的返工、工期延误等情况。工艺馆涵盖常见的细部工艺样板展示，如表 5.1 所示。

表 5.1 常见的细部工艺 VR 质量样板展示

名称	序号	细部工艺	场 景 截 图
质量样板	1	墙、柱、顶板模板样板	
	2	墙钢筋绑扎样板	
	3	砌筑及二次结构样板	
	4	框架柱定位框样板	

续表

名称	序号	细部工艺	场景截图
质量样板	5	楼梯施工样板	
	6	屋面样板	
	7	框架柱模板样板	
	8	机电安装工程样板	

名称	序号	细部工艺	场景截图
	9	框架柱节点样板	
	10	铝模样板间	
质量样板	11	地暖施工样板	
	12	排烟机样板	
	13	外墙装饰样板	

续表

名称	序号	细部工艺	场景截图
质量样板	14	管道压力表水泵安装样板	

该系统的主要用途与价值在于以下几点。

（1）质量交底：通过创新型的 VR 质量样板（工艺）学习，施工人员可快速理解施工要领，掌握施工方法，提高项目整体质量。

（2）场景逼真：场景素材源于实际施工工地取景，专业美术人员精心制作高质量 VR 场景，高度还原现场环境，体验真实。

（3）低成本：价格相当于传统安全教育体验三分之一的价格，且不同项目可以反复使用。

（4）拆装方便：熟练后，只需几分钟即可拆装设备，不同项目随拆随装。

（5）内容丰富：软件包含多种多样的体验内容，例如，事故模拟体验与分析、安全生产知识教学、安全逃生知识、实操体验、急救教学、安全问答等。

2. 质量数据管理

基于前端采集的所有数据，可在网页端汇总展示，辅助质量管理。

> **任务 5.4：后台数据展示**
>
> 以实测实量为例，统计各分部分项工程测量的累计数量、整体合格率、待整改任务、待测量任务等信息，如图 5.10 所示。

教学视频：后台数据及看板数据展示

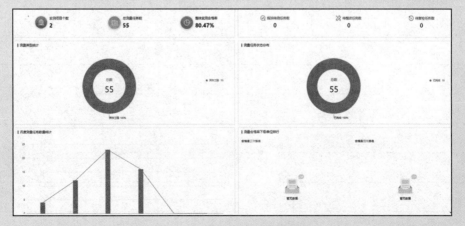

图 5.10　网页端后台数据展示

任务 5.5：数据看板展示

应用项目管理平台网页端，可对采集到的各项数据进行汇总分析并进行展示。实时展示质量检测情况、待整改问题、整改完成率等信息，实施管控现场质量，如图 5.11 所示。

图 5.11 质量数据看板展示

学习笔记

章节练习

一、单项选择题

1. 在工程质量检验评定中，按同一生产条件汇总起来供检验用的，由一定数量样本组成的检验体，称为（　　　）。

　　A. 分项工程　　　　B. 分部工程　　　　C. 检验批　　　D. 抽样检验方案

2. 工程项目质量管理采用 PDCA 循环原理，其中 "C" 指的是（　　　）。

　　A. 计划　　　　　　B. 实施　　　　　　C. 检查　　　　D. 总结

3. 某混凝土结构工程施工完成两个月后，发现表面出现蜂窝、麻面。经调查、分析，该部位不影响结构安全和使用，对此质量问题恰当的处理方式是（　　　）。

　　A. 修补处理　　　B. 返工处理　　　C. 限制处理　　D. 不做处理

二、简答题

1. 质量控制有哪些原则？

2. 工程质量有哪些特点？

3. 简述施工质量控制事前、事中、事后控制的内容。

4. 简述施工阶段质量控制的要点。

第6章　BIM 安全管理

【学习目标】

本章主要介绍建筑工程安全管理的基础知识；工程项目施工安全控制；工程项目文明施工与环境保护的要求和措施；BIM 安全管理的功能和实操方法。

本章包括以下学习目标：

（1）了解建筑工程项目安全管理的概念。

（2）熟悉建筑工程项目安全生产管理制度、安全技术措施和技术交底等。

（3）熟悉建筑工程项目安全检查的主要内容。

（4）熟悉安全管理应急预案的编制要求和管理、安全事故的分类和处理程序。

（5）掌握利用 BIM 技术编制危大工程专项方案的基本流程。

（6）掌握应用 BIM5D 平台进行安全巡更检查的方法。

（7）培养"安全第一，预防为主"的安全控制意识和规范意识，具有分清主次矛盾、实事求是的职业态度。

6.1　工程项目安全管理概述

安全管理的全称是建设工程职业健康安全与环境管理。工程项目安全与环境管理是指为达到工程项目安全生产与环境保护的目的而采取各种措施的系统化管理活动，包括制订、实施、评审和保持安全与环境方针所需的组织机构、计划活动、职责、惯例、程序、过程和资源。

1. 建设工程职业健康安全与环境管理的目的

建设工程职业健康安全管理的目的是保护产品生产者和使用者的健康与安全；控制影响工作场所内员工、临时工作人员、合同方人员、访问者和其他有关部门人员健康和安全的条件和因素；避免因使用不当对使用者造成的健康和安全的危害。

建设工程职业健康环境管理的目的是保护生态环境，使社会经济发展与人类的生存环境相协调；控制作业现场的各种粉尘、废水、废气、固体废弃物以及噪声、振动对环境的污染和危害，考虑能源节约和避免资源的浪费。

2. 安全与环境管理的特点

（1）复杂性：建筑施工生产的流动性、露天作业，以及受气候条件、工程和水文地质等其外部影响因素多，决定了工程项目安全与环境管理的复杂性。

（2）多变性：施工生产的一次性、流动性，以及新材料、新设备和新工艺的应用，引起施工环境变化，加大了施工安全环境管理的难度。

（3）多样性：产品的多样性和生产的单件性决定了安全与环境管理的多样性，主要表现如下：①不能按同一图纸、同一施工工艺、同一生产设备进行批量重复生产；②施工生产组织及机构变动频繁，生产经营的"一次性"特征特别突出；③生产过程中试验性研究课题多，所碰到的新技术、新工艺、新设备、新材料给安全与环境管理带来不少难题。

（4）协调性：建筑产品不能像其他许多工业产品那样分解为若干部分同时生产，而必须在同一固定场地按严格程序连续生产，上一道工序不完成，下一道工序不能进行。上一道工序的结果往往会被下一道工序所掩盖，而且每一道工序由不同的人员和单位来完成。因此，在安全与环境管理中，各单位和各专业人员应积极配合，协调工作，共同注意产品生产过程接口部分的安全与环境管理的协调性。

（5）持续性：一个建设项目从立项到投产使用要经历项目可行性研究阶段、设计阶段、施工阶段、竣工验收和试运行阶段。每个阶段都要十分重视项目的安全和环境问题，持续不断地对项目各个阶段可能出现的安全与环境问题实施管理。

（6）环境管理的经济性：环境管理主要包括工程使用期内的成本，如能耗、水耗、维护、保养、改建更新的费用，并通过比较分析，判定工程是否符合经济要求。另外，环境管理要求节约资源，以减少资源消耗来降低环境污染，二者是完全一致的。

3. 施工单位的责任

（1）施工企业对工程项目的施工安全负全面责任，企业法人代表是安全生产的第一责任人，项目经理是施工项目生产的主要负责人。

（2）施工企业应当具备安全生产的资质条件，应设立安全组织机构。

（3）有健全的职业健康安全体系和各项安全生产规章制度。

（4）对施工项目要编制切合实际的安全生产计划，制订职业健康安全保障措施。

（5）实施安全教育培训制度，不断提高员工的安全意识和安全生产素质。

（6）建设工程实行总承包的，由总承包单位对施工现场的安全生产负总责，并自行完成工程主体结构的施工。分包单位应当接受总承包单位的安全生产管理，分包工程由分包单位承担主要责任，总承包和分包单位对分包工程的安全生产承担连带责任。

6.2　工程项目施工安全控制

6.2.1　工程项目施工安全控制的概念

安全生产是指使生产过程处于避免人身伤害、设备损坏及其他不可接受的损害风险的状态。安全控制是通过对生产过程中所涉及的计划、组织、监控、调节和改进等一系列致力于满足生产安全所进行的管理活动。

1. 安全控制的方针

安全控制是为了安全生产，因此安全控制的方针也应符合安全生产的方针，即"安全第一，预防为主"。"安全第一"充分体现了以人为本的理念；"预防为主"是实现安全第一的最重要手段，是安全控制的最重要的思想。

2. 安全控制的特点

（1）控制面广：由于建设工程规模较大，生产工艺复杂，建设过程中流动作业多，高处作业多，作业位置多变，不确定因素多，安全控制工作涉及范围大，控制面广。

（2）控制的动态性：由于工程项目的单件性和施工的分散性，在面对具体的生产环境时，有些工作制度和安全技术措施也会有所调整。

（3）控制系统交叉性：工程项目建造过程受自然环境和社会环境影响很大，安全控制需要把这些系统结合起来。

（4）控制的严肃性：安全状态一旦失控，损失较大，控制工作应严肃，措施应严谨。

3. 安全控制的目标

安全控制的目标是减少和消除生产过程中的事故，保证人员健康安全和财产免受损失，具体包括减少或消除人的不安全行为；减少或消除设备、材料的不安全状态；改善生产环境和保护自然环境。

4. 安全控制的程序

（1）确定工程项目安全目标。

（2）编制工程项目安全技术措施计划。

（3）贯彻落实安全技术措施计划。

（4）安全技术措施计划的验证。

（5）持续改进安全技术措施计划。

6.2.2　工程项目施工安全生产管理制度

由于建设工程规模大、周期长、参与人数多、环境复杂多变，安全生产的难度很大。因此，通过建立各项制度，规范建设工程的生产行为，对于提高建设工程安全生产水平至关重要。《中华人民共和国建筑法》《中华人民共和国安全生产法》（以下简称《安全生产法》）、《安全生产许可证条例》《建设工程安全生产管理条例》等建设工程相关法律法规和部门规章，对政府部门、有关企业及相关人员的建设工程安全生产和管理行为进行了全面的规范，确立了一系列建设工程安全生产管理制度。

1. 安全生产责任制度

安全生产责任制是最基本的安全管理制度，是所有安全生产管理制度的核心。安全生产责任制是按照安全生产管理方针和"管生产的同时必须管安全"的原则，将各级负责人员、各职能部门及其工作人员和各岗位生产工人在安全生产方面应做的事情及应负的责任加以明确规定的一种制度。具体来说，就是将安全生产责任分解到相关单位的主要负责人、项目负责人、班组长以及每个岗位的作业人员身上。

企业实行安全生产责任制，其内容大体分为两个方面：纵向方面是各级人员的安全生产责任制，即从最高管理者、管理者代表到项目负责人（项目经理）、技术负责人（工程师）、专职安全生产管理人员、施工人员、班组长和岗位人员等各级人员的安全生产责任制；横向方面是各个部门的安全生产责任制，即各职能部门（如安全环保、设备、技术、生产、财务等部门）的安全生产责任制。只有这样，才能建立健全安全生产责任制，做到群防群治。

2. 安全生产许可证制度

《安全生产许可证条例》规定国家对建筑施工企业实施安全生产许可证制度，其目的是严格规范安全生产条件，进一步加强安全生产监督管理，防止和减少生产安全事故。国务院建设主管部门负责中央管理的建筑施工企业安全生产许可证的颁发和管理；其他企业由省、自治区、直辖市人民政府建设主管部门进行颁发和管理，并接受国务院建设主管部门的指导和监督。安全生产许可证的有效期为 3 年。

3. 政府安全生产监督检查制度

政府安全监督检查制度是国家法律、法规授权的行政部门代表政府对企业的安全生产过程实施监督管理的制度。县级以上人民政府负有建设工程安全生产监督管理职责的部门在各自的职责范围内履行安全监督检查职责时，有权纠正施工中违反安全生产要求的行为，责令立即排除检查中发现的安全事故隐患，对重大隐患可以责令暂时停止施工。建设行政主管部门或者其他有关部门可以将施工现场安全监督检查委托给建设工程安全监督机构具体实施。

4. 安全生产教育培训制度

企业安全生产教育培训制度是对广大建筑干部职工进行安全教育培训，提高安全意识，增加安全知识和技能的制度，一般包括对管理人员（如企业领导、项目经理、技术负责人、技术干部、行政管理干部、企业安全管理人员、班组长和安全员）、特种作业人员和企业员工进行的新员工上岗前的三级安全教育、改变工艺和变换岗位时的安全教育及经常性安全教育。

5. 安全措施计划制度

安全措施计划制度是指企业在进行生产活动时，必须编制安全措施计划，它是企业有效改善劳动条件和安全卫生设施，防止工伤事故和职业病的重要措施之一，对企业加强劳动保护、改善劳动条件、保障职工的安全和健康、促进企业生产经营的发展都起着积极作用。

6. 特种作业人员持证上岗制度

《建设工程安全生产管理条例》第二十五条规定："垂直运输机械作业人员、起重机械安装拆卸工、爆破作业人员、起重信号工、登高架设作业人员等特种作业人员，必须按照国家有关规定经过专门的安全作业培训，并取得特种作业操作资格证书后，方可上岗作业。"

7. 专项施工方案专家论证制度

《建设工程安全生产管理条例》第二十六条规定："施工单位应当在施工组织设计中编制安全技术措施和施工现场临时用电方案，对下列达到一定规模的危险性较大的分部分项工程编制专项施工方案，并附具安全验算结果，经施工单位技术负责人、总监理工程师签字后实施，由专职安全生产管理人员进行现场监督，包括基坑支护与降水工程、土方开挖工程、模板工程、起重吊装工程、脚手架工程、拆除和爆破工程及国务院建设行政主管部门或者其他有关部门规定的危险性较大的工程。对前款所列工程中涉及深基坑、地下暗挖工程、高大模板工程的专项施工方案，施工单位还应当组织专家进行论证、审查。"

8. 施工起重机械使用登记制度

《建设工程安全生产管理条例》第三十五条规定："施工单位应当自施工起重机械和整体提升脚手架、模板等自升式架设设施验收合格之日起 30 日内，向建设行政主管部门或者其他有关部门登记。登记标志应当置于或者附着于该设备的显著位置。"

9. 危及施工安全的工艺、设备、材料淘汰制度

《建设工程安全生产管理条例》第四十五条规定："国家对严重危及施工安全的工艺、设备、材料实行淘汰制度。具体目录由国务院建设行政主管部门会同国务院其他有关部门制定并公布。"这一方面有利于保障安全生产，另一方面体现了优胜劣汰的市场经济规律，有利于提高生产经营单位的工艺水平，促进设备更新。

10. 安全检查制度

安全检查是清除隐患、防止事故、改善劳动条件的重要手段，是企业安全生产管理工作的一项重要内容。通过安全检查，可以发现企业及生产过程中的危险因素，以便有计划地采取措施，保证安全生产。

11. 生产安全事故报告和调查处理制度

当施工中发生事故时，建筑施工企业应当采取紧急措施减少人员伤亡和事故损失，并按照国家有关规定及时向有关部门报告。《建设工程安全生产管理条例》第五十条规定："施工单位发生生产安全事故，应当按照国家有关伤亡事故报告和调查处理的规定，及时、如实地向负责安全生产监督管理的部门、建设行政主管部门或者其他有关部门报告；特种设备发生事故的，还应当同时向特种设备安全监督管理部门报告。接到报告的部门应当按照国家有关规定，如实上报。"一旦发生安全事故，及时报告有关部门是及时组织抢救的基础，也是认真进行调查、分清责任的基础。

12. "三同时"制度

"三同时"制度是指凡是我国境内新建、改建、扩建的基本建设项目（工程），技术改建项目（工程）和引进的建设项目，其安全生产设施必须符合国家规定的标准，必须与主体工程同时设计、同时施工、同时投入生产和使用。安全生产设施主要是指安全技术方面的设施、职业卫生方面的设施及生产辅助性设施。

13. 安全预评价制度

安全预评价是在建设工程项目前期，应用安全评价的原理和方法对工程项目的危险性、危害性进行预测性评价。

开展安全预评价工作，是贯彻落实"安全第一，预防为主"方针的重要手段，是企业实施科学化、规范化安全管理的工作基础。科学、系统地开展安全评价工作，不仅直接起到了消除危险有害因素、减少事故发生的作用，有利于全面提高企业的安全管理水平，而且有利于系统地、有针对性地加强对不安全状况的治理、改造，最大限度地降低安全生产风险。

14. 意外伤害保险制度

根据《建筑法》第四十八条规定，建筑职工意外伤害保险是法定的强制性保险。

《建设工程安全生产管理条例》第三十八条规定："施工单位应当为施工现场从事危险作业的人员办理意外伤害保险。意外伤害保险费由施工单位支付。实行施工总承包的，由总承包单位支付意外伤害保险费。意外伤害保险期限自建设工程开工之日起至竣工验收合格止。"

6.2.3 工程项目施工安全技术措施与安全技术交底

1. 施工安全的控制程序

（1）确定每项具体建设工程项目的安全目标：按"目标管理"方法在以项目经理为首的项目管理系统内进行分解，从而确定每个岗位的安全目标，实现全员安全控制。

（2）编制建设工程项目安全技术措施计划：工程施工安全技术措施计划是对生产过程中的不安全因素，用技术手段加以消除和控制的文件，是落实"预防为主"方针的具体体现，是进行工程项目安全控制的指导性文件。

（3）安全技术措施计划的落实和实施：安全技术措施计划的落实和实施包括建立健全安全生产责任制，设置安全生产设施，采用安全技术和应急措施进行安全教育和培训、安全检查、事故处理、沟通和交流信息，通过一系列安全措施的贯彻，使生产作业的安全状况处于受控状态。

（4）安全技术措施计划的验证：安全技术措施计划的验证是通过施工过程中对安全技术措施计划实施情况的安全检查，纠正不符合安全技术措施计划的情况，保证安全技术措施的贯彻和实施。

（5）持续改进：根据安全技术措施计划验证的结果，对不适宜的安全技术措施、计划进行修改、补充和完善。

2. 施工安全技术措施

施工安全技术措施包括一般性安全技术措施、主要分部分项工程安全技术措施、施工机械安全使用措施、高处作业安全措施、施工用电安全措施等。

1）一般性安全技术措施

一般性安全技术措施主要包括安全生产责任制、施工组织设计及专项施工方案、安全技术交底、安全检查、安全教育、分包单位安全管理、持证上岗、生产安全事故处理、安全标志等方面的基本要求。

（1）工程开工前，必须编制施工组织设计及具体的安全技术措施，并进行安全交底。

（2）设立专职安全管理机构，加强领导，统一协调。

（3）各种机具、材料、设施等按施工平面图堆放布置，符合安全生产要求。

（4）施工现场应实施封闭管理，入场必须符合安全要求。

（5）按规定设置安全标志，标志分红、黄、蓝、绿四种颜色。红色表示禁止、停止、危险以及消防设备的意思；黄色表示提醒注意；蓝色表示指令，要求必须遵守；绿色表示允许。

（6）施工现场的水源、电源、火源都要有专人负责，闲人免进。

（7）保证现场平整，道路畅通，排水设施良好。交通频繁的交叉路口，应设专人指挥。

（8）施工现场必须设置"六牌两图或五牌一图"，即工程概况牌、管理人员名单及监督电话牌、消防责任牌、安全生产牌、文明施工牌（和入场须知牌），以及施工现场总平面图（和建筑立面图）。

（9）施工现场要设消防设施，备有足够的、有效的灭火器材。

（10）现场要认真执行安全值日制。

（11）"三宝""四口""多临边"防护措施可靠。"三宝"指安全帽、安全带、安全网；"四口"指楼梯口、电梯井口、预留洞口、通道口；"临边"防护主要包括沟、坑、槽和深基础周边、楼层周边、楼梯侧边、平台或阳台边、屋面周边等。

2）主要分部分项工程安全技术措施

主要分部分项工程有脚手架工程、模板支架工程、基坑工程等。

（1）脚手架工程：以扣件式钢管脚手架为例，安全措施包括施工方案、立杆基础、架体与建筑结构拉结、杆件间距与剪刀撑、脚手板与防护栏杆、交底与验收、横向水平杆设置、杆件连接、层间防护、构配件材质、通道等方面。

（2）模板支架工程：模板支架应符合施工模板安全技术规范、脚手架安全技术规范等规定。安全技术措施包括施工方案、支架基础、支架构造、支架稳定、施工荷载、交底与验收、杆件连接、底座与托撑、构配件材质、支架拆除等方面。

（3）基坑工程：基坑工程安全措施应符合《建筑基坑工程监测技术规范》（GB 50497—2009）、《建筑基坑支护技术规程》（JGJ 120—2012）、《建筑施工土石方工程安全技术规范》（JGJ 180—2009）等规定。基坑工程安全措施项目包括施工方案、基坑支护、降排水、基坑开挖、坑边荷载、安全防护，以及基坑监测、支撑拆除、作业环境、应急预案等方面。

3）施工机械安全技术措施

施工机械主要有塔式起重机、物料提升机、施工升降机、起重吊装、施工机具。

塔式起重机应符合《塔式起重机安全规程》（GB 5144—2006）、《建筑施工塔式起重机安装、使用、拆卸安全技术规程》（JGJ 196—2010）的规定。塔式起重机的载荷限制装置、行程限位装置、保护装置、吊钩、滑轮、卷筒与钢丝绳、多塔作业、安拆、验收与使用，以及附着装置、基础与轨道、结构设施、电气安全符合规范要求。

物料提升机应符合《龙门架及井架物料提升机安全技术规范》（JGJ 88—2010）的规定。物料提升机的安全装置、防护设施、附墙架与缆风绳、钢丝绳、安拆、验收与使用，以及基础与导轨架、动力与传动、通信装置、卷扬机操作棚、避雷装置符合规范要求。

施工升降机应符合《施工升降机安全规程》（GB 10055—2007）的规定。施工升降机的安全装置、限位装置、防护设施、附墙架、钢丝绳、滑轮与对重、安拆、验收与使用，以及导轨架、基础、电气安全、通信装置符合要求。

起重吊装应符合《起重机械安全规程》（GB 6067.1—2010）的规定。起重吊装的施工方案、起重机械、钢丝绳与地锚、索具、作业环境、作业人员，以及吊装、高处作业、构件码放、警戒监护符合要求。

施工机具应符合《建筑机械使用安全技术规程》（JGJ 33—2012）、《施工现场机械设备检查技术规程》（JGJ 160—2008）的规定。施工机具包括平刨、圆盘锯、手持电动工具、钢筋机械、电焊机、搅拌机、气瓶、翻斗车、潜水泵、振捣器、桩工机械。施工机具的安装按规定履行验收程序，按规定设置安全装置、安全作业棚等。

4）高处作业安全技术措施

凡在坠落高度基准 2m 以上（含 2m）有可能坠落的高处进行的作业，称为高处作业。建筑施工中的高处作业主要包括临边、洞口、攀登、悬空、交叉五种基本类型，临边作业是指工作面边沿无围护设施或围护设施高度低于 80cm 时的高处作业；洞口作业是指在孔和洞边口旁的高处作业；攀登作业是指借助建筑结构或脚手架上的登高设施或采用梯子或其他登高设施在攀登条件下进行的高处作业；悬空作业是指在操作者无立足点或无牢靠立足点条件下进行的高处作业；交叉作业是指在施工现场的上、下不同层次，于空间贯通状态下同时进行的高处作业。高空作业面小，影响因素复杂，工作危险。施工人员必须严格按照安全规范操作，主要的安全措施如下。

（1）施工现场所有人员必须戴安全帽，安全帽质量符合相关标准的要求。

（2）在建工程外脚手架架体外侧采用密目式安全网封闭，网间连接严实，安全网质量符合相关标准的要求。

（3）高处作业人员按规定系挂安全带。安全带系挂符合要求，安全带质量符合相关标准的要求。

（4）临边防护：工作面边沿必须有临边防护措施，临边防护设施的构造、强度符合规范要求，防护设施应形成定型化、工具式。

（5）洞口防护：在建工程的孔、洞应采取防护措施，防护措施、设施符合要求，防护设施定型化、工具式，电梯井内每隔两层且不大于 10m 处设置安全平网。

（6）通道口防护：应搭设防护棚，防护棚两侧封闭、防护严实、稳固，防护棚长宽符合要求，建筑物高度超过 24m，防护棚顶采用双层防护。防护棚材质符合要求。

（7）攀登作业：进行攀登作业时可借助建筑结构或脚手架上的登高设施，也可采用载人的垂直运输设备，或使用梯子等其他攀登设施。不得任意利用吊车臂架等施工设备进行攀登作业。攀登用具必须可靠。移动式梯子的梯脚底部应坚实，不得垫高使用。

（8）悬空作业：悬空作业处设置防护栏杆或其他可靠的安全设施，作业所用索具、吊具应进行鉴定验收，作业人员系挂安全带或佩戴工具袋。

（9）移动式操作平台：操作平台按规定进行设计计算，轮子与平台连接可靠，平台组装符合要求，平台四周按规定设置防护栏杆和登高扶梯，平台材质符合要求。

（10）悬挑式物料钢平台：应编制专项施工方案，支撑系统可靠，按要求在平台两侧设置斜拉杆或钢丝绳，按要求设置固定的防护栏杆或挡脚板，台面铺板符合要求。

（11）高处作业吊篮：编制专项施工方案并按规定审批，安全装置可靠，靠位置，悬挂机构、钢丝绳材质和安装符合规定，操作升降人员经培训合格。

5）施工用电安全技术措施

施工用电安全措施项目应包括外电防护、接地与接零保护系统、配电线路、配电箱与开关箱、配电室与配电装置、现场照明、用电档案等。

（1）外电防护：外电线路与在建工程及脚手架、起重机械、场内机动车道之间的安全距离符合规范要求，且采取防护措施，设置明显的警示标志。在外电架空线路正下方禁止施工、建造临时设施或堆放材料物品。

（2）接地与接零保护系统符合规范要求。

（3）配电线路：线路设施、挡距、敷设、与邻近线路或固定物的距离等符合规范要求。

（4）配电箱与开关箱的设置、连接等符合规范要求。施工现场临时用电一般采取"三级配电，两级防护"，即第一级为总配电箱，第二级为分配电箱，第三级为开关箱，电气设备必须在第三级上接电源。"两级防护"是指总配电箱、开关箱要安装漏电保护器。

（5）配电室与配电装置的布设符合规范要求，耐火等级达到要求。

（6）现场照明符合规范要求。

（7）用电档案：总包单位与分包单位订立临时用电管理协议，制订具有针对性的用电专项方案，用电检查验收记录填写真实，档案资料齐全，并设专人管理。

3. 安全技术交底

（1）安全技术交底的内容包括本施工项目的施工作业特点和危险点；针对危险点的具体预防措施；应注意的安全事项；相应的安全操作规程和标准；发生事故后，应及时采取的避难和急救措施。

（2）安全技术交底有以下要求。

① 项目经理部必须实行逐级安全技术交底制度，纵向延伸到班组全体作业人员。

② 技术交底必须具体、明确、针对性强。

③ 技术交底的内容应针对分部分项工程施工中给作业人员带来的潜在危险因素和存在的问题。

④ 应优先采用新的安全技术措施。

⑤ 对于涉及"四新"项目或技术含量高、技术难度大的单项技术设计，必须经过两个阶段的技术交底，即初步设计技术交底和实施性施工图技术设计交底。

⑥ 应将工程概况、施工方法、施工程序、安全技术措施等向工长、班组长进行详细交底。

⑦ 定期向由两个以上作业队和多工种进行交叉施工的作业队伍进行书面交底。

⑧ 保持书面安全技术交底签字记录。

6.2.4 工程项目施工安全检查

安全检查的目的是消除隐患、防止事故、改善劳动条件及提高员工安全生产意识，是安全控制工作的一项重要内容和手段。通过安全检查可以发现工程中的危险因素，以便有计划地采取措施，保证安全生产。

1. 安全检查的类型

安全检查分为全面性、日常性、专业性、季节性及节假日前后的检查和重点检查。

（1）全面安全检查：包括职业健康安全管理方针、管理组织机构及其安全管理的职责、安全设施、操作环境、防护用品、卫生条件、运输管理、危险品管理、火灾预防、安全教育和安全检查制度等内容。对检查结果要进行总结分析。

（2）经常性安全检查：经常性开展安全检查，及时排除事故隐患。

（3）专业性安全检查：专业或专职安全管理人员有丰富的安全知识和经验，通过其认真检查就能够得到较为理想的效果。

（4）季节性安全检查：对防汛抗旱、防雷电、防暑防害等工作进行季节性的检查，根据各季节自然灾害的发生规律，及时采取相应的防护措施。

（5）节假日检查：节假日期间易产生麻痹思想，所以必须进行安全检查，对重点部位进行巡视。

（6）重点安全检查：对项目重点部位、重要设备、企业要害部门等进行重点检查。

2. 安全检查的主要内容

（1）查思想，主要检查企业的领导和职工对安全生产工作的认识。

（2）查管理，主要检查安全管理组织是否落实到位，安全管理保证体系是否健全。

（3）查隐患，主要检查作业现场是否符合安全生产、文明生产的要求。

（4）查整改，主要检查对过去提出问题的整改情况。

（5）查事故处理，对安全事故的处理应查明事故原因、明确责任并对责任者做出处理、明确和落实整改措施要求。安全检查的重点是违章指挥和违章作业。安全检查后应编制安全检查报告，说明已达标项目，未达标项目，存在问题，原因分析，纠正和预防措施。

3. 安全检查的注意事项

安全检查包含以下注意事项。

（1）安全检查要深入基层，坚持领导与群众相结合的原则，组织好检查工作。

（2）建立检查的组织领导机构，配备适当的检查力量，挑选具有较高技术业务水平的专业人员参加。

（3）做好检查的各项准备工作，包括思想、业务知识、法规政策和物资、奖金准备。

（4）明确检查的目的和要求，既要严格要求，又要防止"一刀切"，要从实际出发，分清主次矛盾，力求实效。

（5）把自查与互查有机结合起来，基层以自检为主，企业内相应部门间互相检查，取长补短，相互学习和借鉴。

（6）坚持查改结合，检查不是目的，只是一种手段，整改才是最终目的。发现问题，要及时采取切实有效的防范措施。

（7）建立检查档案，结合安全检查表的实施，逐步建立健全检查档案，收集基本的数据，掌握基本安全状况，为及时消除隐患提供数据，同时也为以后的职业健康安全检查奠定基础。

（8）在制订安全检查表时，应根据用途和目的具体确定安全检查表的种类。

6.2.5 工程项目施工安全管理应急预案

1. 安全管理应急预案的概念及构成

应急预案是针对潜在的突发事件和紧急情况发生时所采取措施的计划或方案，是应急响应的行动指南。制订应急预案具有以下意义：一是可以迅速反应，及时有效采取措施，最大限度地减少损失；二是可以规范应对行为，协调一致，合理使用资源。

根据不同的分类方法和角度，应急预案可分为不同类别。从层次体系上可分为总体综合应急预案、专项应急预案和现场处置方案预案。

（1）总体综合应急预案是从总体上制订的应急方针、政策，应急组织结构及相关应急职责，应急行动、措施和保障等基本要求和程序，是应对各类事故的综合性文件。

（2）专项应急预案是针对具体的事故类别，如基坑开挖、脚手架拆除事故等制订的计划性措施，是综合应急预案的组成部分。

（3）现场处置方案预案是针对具体的事故场所或设施、岗位，如基坑塌方、基坑渗水等所制订的应急处置措施。现场处置方案应具体、简单、针对性强。

2. 编制安全管理应急预案的要求

编制安全管理应急预案有以下要求。

（1）符合有关法律、法规、规章和标准的规定。

（2）结合本地区、本部门、本单位的安全生产实际情况。

（3）结合本地区、本部门、本单位的危险性分析情况。

（4）应急组织和人员的职责分工明确，并有具体的落实措施。

（5）有明确、具体的事故预防措施和应急程序，并与其应急能力相适应。

（6）有明确的应急保障措施，并能满足本地区、本部门、本单位的应急工作要求。

（7）预案基本要素齐全、完整，预案附件提供的信息准确。

（8）预案内容与相关应急预案相互衔接。

3. 安全管理应急预案的管理

建设工程生产安全事故应急预案的管理包括应急预案的评审、备案、实施和奖惩。

（1）应急预案的评审：应急预案的评审或者论证应当注重应急预案的实用性、基本要素的完整性、预防措施的针对性、组织体系的科学性、响应程序的操作性、应急保障措施的可行性、应急预案的衔接性等内容。

（2）应急预案的备案：涉及实行安全生产许可的，其综合应急预案和专项应急预案，按照隶属关系报安全生产监督管理部门和有关主管部门备案；未实行安全生产许可的，其综合应急预案和专项应急预案的备案，由省级人民政府安全生产监督管理部门确定。

（3）应急预案的实施：为保证应急预案的时效性，各级安全生产监督部门、生产单位应当采取多种形式开展应急预案的宣传教育、应急预案演练以及应急预案的及时修订。

（4）应急预案的奖惩：生产经营单位未制订应急预案或者未按照应急预案采取预防措施，造成严重后果的，依照有关法律法规，责令停产停业整顿，并依法给予行政处罚。

6.2.6 工程项目施工安全事故分类和处理

1. 建设工程事故的分类

1）按事故后果严重程度分类

（1）轻伤事故，是指造成职工肢体或某些器官的功能性或器质性轻度损伤，能引起劳动能力轻度或暂时丧失的伤害的事故，一般每个受伤人员休息 1 个工作日以上，105 个工作日以下。

（2）重伤事故，一般指受伤人员肢体残缺或视觉、听觉等器官受到严重损伤，能引起人体长期存在功能障碍或劳动能力有重大损失的伤害，或者造成受伤人员损失工作日在 105 个工作日以上的失能伤害的事故。

（3）死亡事故，一次事故中死亡 1～2 人的事故。

（4）重大伤亡事故，一次事故中死亡 3 人以上（含 3 人）的事故。

（5）特大伤亡事故，一次死亡 10 人以上（含 10 人）的事故。

2）按事故造成的人员伤亡或者直接经济损失分类

（1）特别重大事故，是指造成 30 人以上死亡，或者 100 人以上重伤（包括急性工业中毒，下同），或者 1 亿元以上直接经济损失的事故。

（2）重大事故，是指造成 10 人以上 30 人以下死亡，或者 50 人以上 100 人以下重伤，或者 5 000 万元以上 1 亿元以下直接经济损失的事故。

（3）较大事故，是指造成 3 人以上 10 人以下死亡，或者 10 人以上 50 人以下重伤，或者 1 000 万元以上 5 000 万元以下直接经济损失的事故。

（4）一般事故，是指造成 3 人以下死亡，或者 10 人以下重伤，或者 1 000 万元以下直接经济损失的事故。

目前，在建设工程领域，判别事故等级较多采用的是《生产安全事故报告和调查处理条例》。

2. 建设工程安全事故的处理

一旦事故发生，应通过实施应急预案，尽可能防止事态的扩大，减少事故的损失。通过事故处理程序，查明原因，制订相应的纠正和预防措施，避免再次发生类似的事故。

1）事故处理的原则（"四不放过"原则）

（1）事故原因未查清不放过：要求在调查处理伤亡事故时，首先要把事故原因分析清楚，找出导致事故发生的真正原因，未找到真正原因时，决不轻易放过它。查清各因素之间的因果关系，才算达到事故原因分析的目的，避免今后再次发生类似的事故。

（2）事故责任人未受到处理不放过：这是安全事故责任追究制的具体体现，对事故责任者，要严格按照安全事故责任追究的法律法规的规定进行严肃处理；不仅要追究事故直接责任人的责任，同时要追究有关负责人的领导责任。当然，处理事故责任者必须谨慎，避免事故责任追究的扩大化。

（3）事故责任人和周围群众没有受到教育不放过：使事故责任者和广大群众了解事故发生的原因及所造成的危害，并深刻认识到做好安全生产的重要性，从事故中吸取教训，提高安全意识，改进安全管理工作。

（4）事故后没有制定切实可行的整改措施不放过：必须针对事故发生的原因，提出防止相同或类似事故发生的切实可行的预防措施，并督促事故发生单位加以实施。只有这样才算达到事故调查和处理的最终目的。

2）建设工程安全事故处理程序

发生建设工程安全事故时，应按以下程序进行处理。

（1）迅速抢救伤员并保护事故现场。

事故发生后，事故现场有关人员应当立即向本单位负责人报告；单位负责人接到报告后，应当于 1h 内向事故发生地县级以上人民政府安全生产监督管理部门和负有安全生产监督管理职责的有关部门报告，并应有组织、有指挥地抢救伤员、排除险情；防止人为或自然因素的破坏，便于事故原因的调查。

由于建设行政主管部门是建设安全生产的监督管理部门，对建设安全生产实行统一的监督管理，因此当各个行业的建设施工中出现了安全事故时，都应当向建设行政主管部门报告。对于专业工程施工中出现生产安全事故的，由于有关的专业主管部门也承担着对建设安全生产的监督管理职能，因此还需要向有关行业主管部门报告。

当情况紧急时，事故现场有关人员可以直接向事故发生地县级以上人民政府安全生产监督管理部门和负有安全生产监督管理职责的有关部门报告。

安全生产监督管理部门和负有安全生产监督管理职责的有关部门接到事故报告后，应当依照下列规定上报事故情况，并通知公安机关、劳动保障行政部门、工会和人民检察院。

对于特别重大事故或重大事故，应逐级上报至国务院安全生产监督管理部门和负有安全生产监督管理职责的有关部门。

对于较大事故，应逐级上报至省、自治区、直辖市人民政府安全生产监督管理部门和负有安全生产监督管理职责的有关部门。

对于一般事故，应上报至设区的市级人民政府安全生产监督管理部门和负有安全生产监督管理职责的有关部门。

安全生产监督管理部门和负有安全生产监督管理职责的有关部门应依照上述规定上报事故情况，应当同时报告本级人民政府。国务院安全生产监督管理部门和负有安全生产监督管理职责的有关部门以及省级人民政府接到发生特别重大事故、重大事故的报告后，应当立即报告国务院。必要时，安全生产监督管理部门和负有安全生产监督管理职责的有关部门也可以越级上报事故情况。

安全生产监督管理部门和负有安全生产监督管理职责的有关部门逐级上报事故情况，县级上报的时间不得超过 2h。事故报告后出现新情况的，应当及时补报。

（2）组织调查组，开展事故调查。

特别重大事故由国务院或者国务院授权有关部门组织事故调查组进行调查。重大事故、较大事故、一般事故分别由事故发生地省级人民政府、设区的市级人民政府、县级人民政府负责调查。省级人民政府、设区的市级人民政府、县级人民政府可以直接组织事故调查组进行调查，也可以授权或者委托有关部门组织事故调查组进行调查。对于未造成人员伤亡的一般事故，县级人民政府也可以委托事故发生单位组织事故调查组进行调查。

事故调查组有权向有关单位和个人了解与事故有关的情况，并要求其提供相关文件、资料，有关单位和个人不得拒绝。事故发生单位的负责人和有关人员在事故调查期间不得擅离职守，并应当随时接受事故调查组的询问，如实提供有关情况。事故调查中发现涉嫌犯罪的，事故调查组应当及时将有关材料或者其复印件移交司法机关处理。

（3）现场勘查。

事故发生后，调查组应迅速到达现场进行及时、全面、准确和客观的勘察，包括现场笔录、现场拍照和现场绘图。

（4）分析事故原因。

通过调查分析，查明事故经过，按受伤部位、受伤性质、起因物、致害物、伤害方法、不安全状态、不安全行为等，查清事故原因，包括人、物、生产管理和技术管理等方面的原因。通过直接和间接的分析，确定事故的直接责任者、间接责任者和主要责任者。

（5）制订预防措施。

根据事故原因分析，制订防止类似事故再次发生的预防措施，并根据事故后果和事故责任者应负的责任提出处理意见。

（6）提交事故调查报告。

事故调查组应当自事故发生之日起 60 天内提交事故调查报告；特殊情况下，经负责事故调查的人民政府批准，可以适当延长提交事故调查报告的期限，但延长的期限最长不超过 60 天。事故调查报告应当包括下列内容：事故发生单位概况；事故发生经过和事故救援情况；事故造成的人员伤亡和直接经济损失；事故发生的原因和事故性质；事故责任的认定以及对事故责任者的处理建议；事故防范和整改措施。

（7）事故的审理和结案。

对于重大事故、较大事故和一般事故，负责事故调查的人民政府应当自收到事故调查报告之日起 15 天内做出批复；对于特别重大事故，应在 30 天内做出批复，特殊情况下，可以适当延长批复时间，但延长的时间最长不超过 30 天。

有关机关应当按照人民政府的批复，依照法律、行政法规规定的权限和程序，对事故发生单位和有关人员进行行政处罚，对负有事故责任的国家工作人员进行处分。事故发生单位应当按照负责事故调查的人民政府的批复，对本单位负有事故责任的人员进行处理。

负有事故责任的人员涉嫌犯罪的，应依法追究其刑事责任。

事故处理的情况由负责事故调查的人民政府或者其授权的有关部门、机构向社会公布，依法应当保密的除外。应长期完整地保存事故调查处理的文件记录。

3. 安全事故统计规定

（1）统计范围：在中华人民共和国领域内从事生产经营活动中发生的造成人身伤亡或者直接经济损失的事故。

（2）统计内容：主要包括事故发生单位的基本情况、事故造成的死亡人数、受伤人数、单位经济类型、事故类别、事故原因、直接经济损失等。

（3）生产安全事故统计报表制度由各级安全生产监督管理部门负责组织实施，每月对本行政区内发生的生产安全事故进行全面统计，其中火灾、道路交通、水上交通、民航飞行、铁路交通、农业机械、渔业船舶等事故由其主管部门统计，每月抄送同级安全生产监督管理部门。

（4）省级安全生产监督管理部门应在每月 5 日前报送上月事故统计报表。国务院有关部门在每月 5 日前将上月事故统计报表抄送国家安全生产监督管理总局。

（5）各部门、各单位都要严格遵守《中华人民共和国统计法》，按照统计报表制度的规定，全面、如实填报生产安全事故统计报表。对于不报、瞒报、迟报或伪造、篡改数字的，要依法追究其责任。

6.3 工程项目文明施工与环境保护

6.3.1 工程项目文明施工

1. 文明施工的概念和内容

文明施工是指保持施工现场良好的作业环境、卫生环境和工作秩序。

（1）文明施工的意义如下：文明施工是确保施工现场安全生产的有效手段；文明施工是树立企业良好形象、提高企业综合管理水平和市场竞争力的重要措施；文明施工能减少施工对周围环境的影响，是适应现代化施工的客观要求；文明施工有利于员工的身心健康，有利于培养和提高施工队伍的整体素质。

（2）文明施工主要包括规范施工现场的场容，保持作业环境的整洁卫生；科学组织施工，使生产有序进行；减少施工对周围居民和环境的影响；遵守施工现场文明施工的规定和要求，保证职工的安全和身体健康。

2. 文明施工的总体要求

国家对文明施工非常重视，颁布了一系列施工安全方面的标准和技术规范，各地区也制定了相关制度及文明工地评价办法，其主要包括现场围挡、封闭管理、施工场地、材料堆放、现场住宿、现场防火、治安综合治理、施工现场标牌、生活设施、保健急救、社区服务 11 个方面的要求。总体上应符合以下要求。

（1）有科学可行的施工方案，施工场地规划合理、布置紧凑，符合环保、卫生要求。

（2）有健全的施工组织管理体系，岗位分工明确，工序交叉合理，交接责任明确。

（3）施工现场必须设置明显的标牌，标明工程名称、建设单位、设计单位、施工单位、项目经理和现场代表人的姓名、开竣工日期、施工许可证批准文号等。

（4）施工场地平整，道路畅通，排水设施得当，场容场貌整洁，随时清理建筑垃圾。在车辆、行人通行的地方施工，应当设置施工标志，并对沟井坎穴进行覆盖。

（5）有严格的成品保护措施和制度，临时设施布置合理，材料构件堆放整齐。

（6）必须定期检查和维护各种机具设备、安全劳动保护设施，保证其状态良好。

（7）施工作业符合安全消防要求。

（8）做好环境卫生管理，严格控制废物排放，加强环境卫生和食堂卫生管理。

（9）文明施工应贯穿施工全过程，竣工撤离时，认真清场。

3. 现场文明施工的措施

1）加强现场文明施工的组织措施

建立文明施工的管理组织，明确文明施工责任人，推进文明施工措施的落实；健全文明施工的管理制度，包括建立文明施工检查考核制度、施工教育培训等，抓好文明施工建设工作。

2）落实现场文明施工的管理措施

（1）施工平面布置：施工总平面图是现场安全文明施工的依据，应合理布置，并随工程实施的不同阶段进行场地布置和调整。施工场所按其范围和施工特点可分为竣工区域、在施工区域、待建区域、企业生产和生活区域等。其中，施工区域可划分为正常施工作业区段、交叉作业区段、特种作业区段、材料堆放场地和库区以及管理和生活设施区段。应划分隔离场地，标识明确。

（2）现场围挡和标牌设置：施工现场进出口必须设置美观且有标志的大门，并建立门卫制度；工地周边设置与外界隔离的围挡，围挡必须使用硬质材料，要求坚固、稳定、整洁、美观，沿工地四周连续设置。市区主要路段要高于 2.5m，一般路段应高于1.8m；施工现场必须设有"五牌一图"，即工程概况牌、管理人员名单及监督电话牌、消防责任牌、安全生产牌、文明施工牌和施工现场总平面图；施工现场应合理悬挂安全生产宣传和警示牌，标牌悬挂应牢固可靠，特别是主要施工部位、作业点和危险区域以及主要通道口都必须有针对性地悬挂醒目的安全警示牌。

（3）施工场地：施工现场道路畅通、平坦、整洁，无散落物；场内道路地面应硬化处理、设置排水系统，排水畅通，不积水；根据场地条件及季节变化，适当进行施工现场环境绿化；落实施工不扰民的措施，严禁污水、废水外流或未经允许排入河道或下水道；现场不得焚烧有毒、有害物质等，建立施工现场清扫制度，做到工完料尽场地清。

（4）材料堆放、周转设备管理：建筑材料、构配件必须按施工平面图堆放，布置合理；所有材料、构配件都应分门别类整齐堆放，悬挂标牌；易燃易爆物品分类堆放，确保安全。堆料不得超高。

（5）现场生活设施：施工现场作业区与办公区、生活区应明确划分，确实因场地狭窄不能明确划分的，需要用隔离栏进行防护；宿舍、食堂、淋浴室和厕所等生活设施应确保主体结构安全，设施完好。周围环境应保持整洁、安全；宿舍应有保暖、消暑、防煤气中毒、防蚊虫叮咬等措施，严禁使用煤气灶、煤油炉、电饭煲、热得快、电炒锅、电炉等器具；食堂应有良好的通风和洁卫措施，炊事员应持证上岗；淋浴室和厕所应专人管理、及时清扫，有灭蚊蝇滋生措施。

（6）现场消防管理：现场应建立消防管理制度，落实消防责任制和责任人员，做到思想重视、措施跟上、管理到位。易燃易爆物品堆放间、油漆间、木工间、总配电室等消防防火重点部位要按规定设置灭火器和消防沙箱，并有专人负责，现场用明火严格执行审批手续。

（7）现场保健急救：应开展卫生防病教育，准备必要的医疗设施，配备经过培训的急救人员，有急救措施方案、急救器材和保健医药箱。

6.3.2　工程项目施工环境保护

环境保护是按照法律法规、各级主管部门和企业的要求，保护和改善作业现场的环境，控制现场的各种粉尘、废水、废气、固体废弃物、噪声、振动等对环境的污染和危害。保护施工环境是保证人们身体健康和社会文明的需要；是消除对外部干扰，保证施工顺利进行的需要；是现代化大生产的客观要求；是节约能源、保护人类生存环境、保证社会和企业可持续发展的需要。环境保护也是文明施工的重要内容之一。

施工现场环境保护的内容主要包括大气污染的防治、水污染的防治、噪声控制和固体废物的处理。

1. 大气污染的防治

引起大气污染的污染物有数千种，已发现有危害作用的有一百多种，其中大部分是有机物。大气污染物通常以气体状态和粒子状态存在于空气中。

1）气体状态污染物

气体状态污染物具有运动速度较大、扩散较快，在周围大气中分布比较均匀的特点，包括分子状态污染物和蒸汽状态污染物。

（1）分子状态污染物，指在常温常压下以气体分子形式分散于大气中的物质，如燃料燃烧过程中产生的二氧化硫、氮氧化物、一氧化碳等；

（2）蒸汽状态污染物，指在常温常压下易挥发的物质，以蒸汽状态进入大气，如机动车尾气、沥青烟中含有的碳氢化合物等。

2）粒子状态污染物

粒子状态污染物又称为固体颗粒污染物，是分散在大气中的微小液滴和固体颗粒。施工工地的粒子状态污染物主要有锅炉、熔化炉、厨房烧煤产生的烟尘，还有建材破碎、筛分、碾磨、加料过程、装卸运输过程产生的粉尘等。

施工现场主要采用以下措施防治大气污染：施工现场垃圾渣土要及时清理出现场；对高大建筑物清理施工垃圾时，要使用封闭式的容器，或者采用其他措施处理高空废弃物，严禁凌空随意抛撒；施工现场道路应指定专人定期洒水清扫，形成制度，防止道路扬尘；对于细微颗粒散体材料（如水泥、粉煤灰、白灰等）的运输、储存，要注意遮盖、密封，防止和减少飞扬；车辆开出工地时，要做到不带泥沙、不撒土、不扬尘，减少对周围环境的污染；除设有符合规定的装置外，禁止在施工现场焚烧油毡、橡胶、塑料、皮革、树叶、枯草、各种包装物等废弃物品以及其他会产生有毒、有害烟尘和恶臭气体的物质；机动车要安装减少尾气排放的装置，确保符合国家标准；工地茶炉要尽量采用电热水器，若只能使用烧煤茶炉和锅炉时，应选用消烟除尘型茶炉和锅炉，大灶应选用消烟节能回风炉灶，使烟尘降至允许排放的范围为止；大城市市区的建设工程已不容许搅拌混凝土，在容许设置搅拌站的工地，应将搅拌站封闭严密，并在进料仓上方安装除尘装置，采用可靠措施控制工地粉尘污染；拆除旧建筑物时，应适当洒水，防止扬尘。

2. 水污染的防治

施工现场废水和固体废物随水流流入水体部分，包括泥浆、水泥、油漆、各种油类，混凝土外加剂、重金属、酸碱盐、非金属无机物等。

施工现场主要采用以下措施防治水污染：禁止将有毒有害废弃物做土方回填；施工现场搅拌站废水，现制水磨石的污水，电石（碳化钙）的污水必须经沉淀池沉淀合格后再排放，最好将沉淀水用于工地洒水降尘或采取措施回收利用；现场存放油料时，必须对库房地面进行防渗处理，如采用防渗混凝土地面等措施；当施工现场的临时食堂排放污水时，可设置简易有效的隔油池，定期清理；工地临时厕所、化粪池应采取防渗漏措施，中心城市施工现场的临时厕所可采用水冲式厕所，并有防蝇措施，防止污染水体和环境；要妥善保管化学用品、外加剂等，在库内存放，防止污染环境。

3. 噪声控制

环境中对人类、动物及自然物造成不良影响的声音称为噪声。噪声按振动性质可分为气体动力噪声、机械噪声、电磁性噪声，按噪声来源可分为交通噪声、工业噪声、建筑施工噪声、社会生活噪声等。噪声环境可以干扰人的睡眠与工作、影响人的心理状态与情绪，造成人的听力损失，甚至引起许多疾病。

施工现场噪声的控制措施包括以下几点。

（1）声源控制，从声源上降低噪声，这是防止噪声污染的最根本措施，如尽量采用低噪声设备和工艺，在声源处安装消声器消声。

（2）传播途径控制，在传播途径上控制噪声，主要方法有利用吸声材料或吸声结构吸收声能，降低噪声；应用隔声结构，阻碍噪声向空间传播；利用消声器阻止传播；对来自振动引起的噪声，通过降低机械振动减小噪声等。

（3）接收者防护，让处于噪声环境下的人员使用耳塞、耳罩等防护用具，减少相关人员在噪声环境中的暴露时间，以减轻噪声对人体的危害。

（4）严格控制人为噪声，进入施工现场不得高声喊叫、无故摔打模板、乱吹哨、限制高音喇叭的使用等。

（5）控制强噪声作业时间，凡在人口稠密区进行作业时，须严格控制作业时间，一般晚 10 点到次日早 6 点之间停止强噪声作业。

4. 固体废物的处理

固体废物是生产、建设、日常生活和其他活动中产生的固态、半固态废弃物质。固体废物是一个极其复杂的废物体系，按照其化学组成可分为有机废物和无机废物；按照其对环境和人类健康的危害程度可以分为一般废物和危险废物。

固体废物处理的基本思想是采取资源化、减量化和无害化，主要处理方法如下。

（1）回收利用，是对个体废物进行资源化处理的主要手段之一。

（2）减量化处理，对已经产生的固体废物进行分选、破碎、压实浓缩、脱水等减少其最终处置量，减少其对环境的污染。

（3）焚烧技术，多用于不适合再利用且不宜直接予以填埋处置的废物，焚烧处理时，应使用符合环境要求的处理装置，避免对大气的二次污染。

（4）稳定和固化技术，利用水泥、沥青等胶结材料，将松散的废物包裹起来，减少废物的毒性和可迁移性，使得污染范围减少。

（5）填埋，把经过无害化、减量化处理的废物残渣集中到填埋场进行处置，填埋时，应注意保护周围的生态环境，并注意废物的稳定性和长期安全性。

6.4　BIM 安全管理实施

6.4.1　BIM 安全管理目标与任务

安全管理目标即是在日常的生产活动中，通过一系列的安全管理措施，对影响生产安全的因素进行控制，使生产过程中的不安全行为和状态尽可能减少，并且不引发安全事故，保证生产过程中的人员健康与安全。

应用 BIM5D 管理平台进行安全管理，主要使用以下手段。

（1）搭建人员管理平台，加强人员的安全行为管理。

（2）排查安全隐患点、明确日常巡检路线，应用二维码扫码实时反馈日检情况；应用移动端加强日常质量检查力度。

（3）应用前端监测设备、结合项目管理平台进行现场的实施数据监测与监控。

6.4.2 安全检查

1. 巡更检查

在施工准备阶段，可以应用 BIM 系列软件对施工场地及作业环境进行模拟分析，排查可能存在的安全风险。在施工阶段，针对施工现场可能存在的安全危险源，进行巡更检查，具体流程如图 6.1 所示。

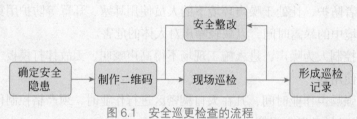

图 6.1 安全巡更检查的流程

项目管理人员现场管理期间，应提高安全管理意识，能实时发现现场安全问题，并做到及时排查整改。应用平台移动端，可实时发布安全整改任务，如发现施工现场的问题，可以图文、音视频的方式发布该问题，并指定问题整改的负责人，由该负责人把该问题指派给具体整改人，如安全员或施工员，整改人把问题整改好，再将整改好的现场照片或视频上传。若项目或公司的安全检查人员认为整改完成，则可以结束整改任务；如还存在问题，则继续整改至完成，通过来回互动形式，形成闭环管理。

2. 安全监测

除现场安全巡检外，针对其中部分安全隐患，应实时监测其状态，从而排除安全隐患，如现场的升降机、临时用电、易燃易爆用品存储等。应用前端监测设备及物联传感技术等，可以实现数据的实时监测与监控，同时应用管理平台进行集中化管理。

1）卸料平台安全监控

卸料平台安全监控子系统在原卸料平台基础上创新设计，基于嵌入式控制技术、蓝牙通信技术、LOAR 无线传输技术，结合施工现场的应用环境，采用工业级 ARM 处理器，对施工现场卸料平台因堆载不规范导致的超载超限问题进行实时监控，当出现过载时发出报警，提醒操作人员规范操作，防止危险事故发生，为用户提供更为安全的施工环境。

2）配电箱监控报警子系统

配电箱监控报警子系统是针对我国当前电气火灾事故频发而创新的一套电气火灾预警和预防管理系统。该系统基于 UNIT 物联网技术体系，应用于 200～400V 低压配电系统中，通过对配电柜、二级箱柜等各关键节点的剩余电流、电流和温度的监测，及时掌握线路动态运行存在的用电安全隐患，为提高整个用电安全管理水平提供了新的技术和管理理念。

3）便携式周界防护子系统

工程施工现场"四口""五临边"，如预留洞口、电梯井口、通道口、楼梯口以及破损护栏等位置容易发生人员跌落等安全事故。便携式周界防护子系统可以在这些危险区域及时探测人员，并警告人员注意安全，起到安全防护的作用。

4）绕线式临边防护子系统

绕线式临边防护系统主要针对施工现场部分安全防护设施的防护状态进行实时监控，其根据临边防护栏、危险区域警示牌、外围防护栏、高压电箱防护门等位置的位移判定防护设施是否失效，实现了对防护设施防护状态的实时监控及远程监管。

5）烟感报警子系统

施工现场工人生活区和办公区的人员密度大，易燃物品多，人员消防意识淡薄，用电用火习惯差等因素，极易导致火灾发生。烟感报警系统能够在火灾初期探测到燃烧的烟雾，及时发现火情，降低损失，挽回生命。

6）危险气体检测系统

危险气体监测子系统由前端气体探测器、传输线缆和控制主机组成。探测器布设在隧道内，对现场实时侦测有毒有害气体的浓度，将相关数据上传到控制主机。当隧道内的有毒有害气体达到一定浓度时，报警主机向现场发出报警信号，疏散现场操作人员，减少人员伤亡，减少施工隐患。

6.4.3　危大工程管理

危大工程即危险性较大的分部分项工程，是指房屋建筑和市政基础设施工程在施工过程中，容易导致人员群死群伤或者造成重大经济损失的分部分项工程。为加强危大工程管理，应从专项方案制订、实施监测、应急预案等方面进行落实。

1. 专项方案编制

1）方案编制

为加强对危险性较大的分部分项工程安全管理，《住房城乡建设部办公厅关于实施〈危险性较大的分部分项工程安全管理规定〉有关问题的通知》（建办质〔2018〕31 号）明确了危大工程专项施工方案的编制内容，规范了专家论证程序，确保安全专项施工方案实施，积极防范和遏制建筑施工生产安全事故的发生。施工单位应当在危大工程施工前组织工程技术人员编制专项施工方案。

为确保专项方案的落地性与安全可靠，应用 BIM 技术进行专项方案编制，如基坑工程、模板 / 脚手架工程等危大工程，可以提前模拟方案安全性与可行性，加强方案管理过程。

（1）基坑工程：基坑工程施工前，应用 BIM 软件创建基坑模型，如图 6.2 所示，审查基坑施工、土方开挖阶段的安全隐患，如基坑临边堆载情况等。

图 6.2　创建基坑工程模型

　　挖填方施工前，应用 BIM 软件模拟场地工况，可提前发现现场施工隐患，保证基坑边坡的安全可靠，及时排查，避免发生坑内积水、过度开挖等现象。

　　（2）模板 / 脚手架工程：应用 BIM 模板 / 脚手架工程设计软件创建工程项目模板 / 脚手架模型，如图 6.3 所示，并对施工方案进行安全验算。

图 6.3　BIM 脚手架模型

　　基于 BIM 的专项施工方案编制基本流程如下。

　　① BIM 模型创建，复用 Revit 结构模型进行数据交互。

　　② 模板 / 脚手架工程设计，基于相关规范，应用 BIM 软件对模板支架 / 脚手架进行搭设构造、构配件材料、荷载等参数信息设置，并进行架体布置。

　　③ 复核验算，对 BIM 架体模型进行安全验算，确保架体安全可靠，为方案提供计算依据。

2）技术交底

传统技术交底的难点在于传统平面施工技术交底不够直观，难以精确表达复杂的构件搭接关系，交底人与交底内容理解有偏差等问题。基于 BIM 模型技术交底，可有效提高交底内容的直观性和精确度，施工班组也能很快理解设计方案和施工方案，施工工艺执行得更加彻底，保证了施工目标的顺利实现。

（1）应用 BIM 软件创建施工 BIM 三维模型，如模板支架模型、基坑模型、脚手架模型等，并在模型中注明相关的技术参数。

（2）上传至项目管理平台进行展示，通过交流屏幕分解施工 BIM 三维模型，讲解技术参数对施工人员技术交底。

2. 危大工程监测

1）高支模监测

安装在模板支架顶部的传感器，可实时监测模板支架的钢管承受的压力、架体的竖向位移和倾斜度等内容；并通过无线通信模板将传感器数据发送至设备信号接收和分析终端；数据接收终端在收到数据后对数据进行分析，在将数据传递给远程监测系统时，也对数据的安全性进行计算；并及时将支模架的危险状态通过声光报警、短信发送和向平台实时传讯的模式传递出去。

2）深基坑监测子系统

深基坑支护变形监测系统，如图 6.4 所示，通过土压力盒、锚杆应力计、孔隙水压计等智能传感设备，实时监测在基坑开挖阶段、支护施工阶段、地下建筑施工阶段及竣工后周边相邻建筑物、附属设施的稳定情况，承担着对现场监测数据采集、复核、汇总、整理、分析与数据传送的职责，并对超警戒数据进行报警，为设计、施工提供可靠的数据支持。

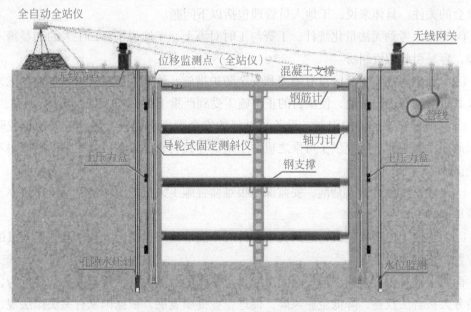

图 6.4　深基坑监测子系统示意图

6.4.4 人员管理

为更好地落实现场人员管理制度，加强作业人员的安全意识、提升项目安全管理水平，应用项目管理平台搭建人员管理平台，如图 6.5 所示。

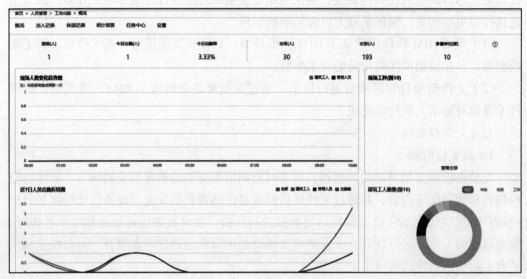

图 6.5 人员管理平台

1. 人员实名制

建筑工程目前面临着环境复杂、人员杂乱、缺乏有效管控等诸多问题。而在传统管理模式下，因劳务人员进出频繁而导致的劳务人员综合信息整理不系统、合同备案混乱、工资发放数额不清等难题，往往引起劳务纠纷，给企业和项目部造成很大的损失，给政府管理方造成取证难、调解难等问题。安全、高效、有序的生产已越来越受到政府和社会的关注。具体来说，工地人员管理包括以下问题。

（1）工人考勤无法量化统计，工资与工时对不上，工地说了算，工人的利益得不到保障，容易引起劳资纠纷。

（2）施工现场与生活区没有隔离和安全防护措施，外来人员擅自出入工地，工人家属及其子女随意进出工地，使项目的正常施工受到严重干扰。

（3）由于施工环境的限制，设备与材料的安全管理不完善，部分工人的自我防护意识薄弱，为犯罪分子提供了可乘之机，工地的建筑材料、设备以及工人的财产得不到安全保障。

（4）建筑工地上工人杂乱，安监部门很难监督施工人员的工作量以及工作效率，人员管理困难。

（5）建筑工地潜伏危机，遇到突发事件时不能准确知道受困人数以及施工人员的具体位置，拖延救援工作。

面对上述日益复杂的工地安全隐患和日益紧张的劳务关系，规范劳务管理行为，保障劳务人员合法权益，降低企业风险，促进企业健康发展，依据国家有关法律法规，可以应用信息化手段，以落实管理责任为基础，以制度建设为保障，采用基于工地场景的人员实名制系统。该系统运用人脸识别、RFID、IC 卡等技术，能核验项目工地人员身份信息，是集实名制、考勤、工资、教育等于一体的人员信息化管理平台，人员实名制通道如图 6.6 所示，可有效避免劳务纠纷，规范人员行为，落实工地教育，保障封闭施工，是科技型工程用工和劳动力分析工具。

图 6.6　人员实名制通道

　　实名制人员管理系统主要应用价值在于进出人员身份证信息采集；进出人员控制；人员出入信息记录存储、统计、分析；访客登记；安全培训、考勤数据记录存储。

　　2. 人员安全教育

　　1）VR 安全体验

　　虚拟现实（VR）技术，是一种高真实感的仿真技术，配备精良优质的硬件产品（VR 头盔、眼镜、手柄、基站、VR 服务器、3D 投影仪或智能电视等）。通过虚拟显示技术的高度真实感的沉浸式体验，重现各类安全事故的过程，诸如施工现场高处坠落、坍塌、触电等，使参加安全教育的人员真切地感受到安全施工的重要性，并从中学习到如何规避安全风险的方法，其高度沉浸性、交互性可以让受教育者从内心深处认可安全管理的要求，从而自发地接受安全教育，真正地转变对安全教育的观念，从"要我安全"转变为"我要安全"。

　　2）Wi-Fi 教育子系统

　　随着时代的发展，建筑工人的年轻化趋势越来越明显，网络化的发展和信息化的普及，也让建筑工人对网络的需求量非常大。为施工现场提供免费 Wi-Fi，成为打造建设工程信息化管理的标志之一。将工人的安全教育和利用 Wi-Fi 结合起来，是将安全管理渗透到施工管理细节中的重要创新。工人连接项目部提供的 Wi-Fi 网络信号，需要回答关于安全的试题，经过安全认证后，便可自由上网，这在潜移默化中要求工人必须了解建筑施工中的安全知识，提高安全意识，提高安全素质，进而达到减少安全事故的目的。

　　在抗击新型冠状病毒肺炎疫情期间，可以新增"疫情防控教育专题库"，工人在手机连接 Wi-Fi 的过程中自主答题，提醒工友勤洗手、不聚众、戴口罩等防疫常识，减少人员接触，潜移默化地提高疫情防护意识，化被动管理为主动学习，为特殊时期人员的健康安全管理赋能。

3. 人员行为管理

1）安全行为

为切实提高员工安全意识，杜绝现场违章作业，表彰安全行为，激发参与安全生产的积极性，引领全体员工从自我做起，充分发挥全体员工广泛参与、相互监督的安全自控体系，筑牢安全防线，发挥安全奖罚的正向激励作用，"行为安全之星"表彰管理方式如图 6.7 所示。应降低违章作业行为发生频次，及时发现现场安全隐患并落实整改，持续提高现场安全管理水平，营造项目特色安全文化。利用互联网思维将"行为安全之星"做到线上，利用互联网信息化手段记录行为数据以提升现场劳务安全管理水平。

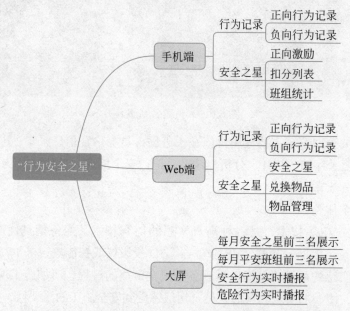

图 6.7 "行为安全之星"表彰方式

双端操作，大屏展示：可通过 App 手机端或 Web 端进行快速记录正负向行为，提高整改效率。通过大屏展示"行为安全之星"，推动工地安全之星评比制度的建设。

正向激励，促进管理：利用互联网信息化手段帮助企业规范引导项目开展"行为安全之星"活动，发挥"行为安全之星"正向激励作用，促进安全管理，减少不安全行为，创新安全管理手段，提升项目安全生产力，调动各级人员安全生产积极性。

分类统计，数据分析：通过对劳务人员、班组、劳务分包行为的统计和分析，施工单位对后期产业工人选择录用人员、班组、劳务分包提供依据，筛选优质劳务人员，进而拥有一套真正可以落地并有效的劳务人员行为数据库。

2）实时考勤

通过工地一卡通子系统，对员工进行实时考勤。

学习笔记

章节练习

一、单项选择题

1. 我国境内新建、改建、扩建的基本建设项目（工程）的安全生产设施必须符合国家规定的标准，必须与主体工程同时设计、（　　　）、同时投入生产和使用。

    A. 同时参与　　　　B. 同时批准　　　　C. 同时立项　　　　D. 同时施工

2. 正确的事故处理程序是（　　　）。

    A. 报告安全事故→事故处理→事故调查→编写调查报告

    B. 事故调查→报告安全事故→事故处理→编写调查报告

    C. 报告安全事故→事故调查→事故处理→编写调查报告

    D. 事故调查→报告安全事故→编写调查报告→事故处理

3. 开展安全预评价工作，是贯彻落实（　　　）方针的重要手段。

    A. "质量第一，信誉至上"　　　　B. "企业负责，政府监督"

    C. "领导负责，群众监督"　　　　D. "安全第一，预防为主"

二、简答题

1. 试述工人进场班组的三级安全教育内容。

2. 施工安全技术措施通常应满足哪些要求？其主要内容是什么？

3. 建设项目安全生产检查的目的是什么？有哪些类型？

第7章 BIM 项目信息管理

【学习目标】

本章主要介绍建设工程信息和工程项目信息管理的定义和任务；通过三个任务介绍资料管理的主要内容与实施流程。

本章包括以下学习目标：

（1）熟悉工程项目信息管理的主要内容。

（2）掌握应用 BIM 移动端进行资料与文档管理系统的搭建、表单上传与共享、日常检查的方法。

（3）培养严谨细致、踏实耐心的职业态度。

7.1 工程项目信息管理概述

工程项目管理过程中大部分信息都是以文档资料的形式存在，对施工过程中产生的文档资料的管理是项目管理中非常重要的一部分。传统的工程项目文档管理是基于纸质文件归档，并将项目执行过程中往来信函、传真等纸质文件留存的一种形式。随着计算机通信和网络技术的不断发展，电子文件几乎涵盖了整个项目执行过程。因此，无论是从管理思路还是管理手段上，传统的纸制文件管理模式已远远不能满足工作需要，亟待建立一套电子文档管理体系和软件系统来规范管理。

应用 BIM 管理平台建立项目电子文档管理体系，该体系是在项目执行过程中进行质量控制、过程记录（时间、编号、名称、版次、目的、接收人……）、信息数据支持（进度、合同、费用等）、项目文件归档、移交等工作的全流程电子信息体系，实现对项目文档过程管理的有效控制，从文件信息的角度保证项目的顺利实施。

1.建设工程信息

（1）建设工程信息包括以下形式：①文字图形信息，包括勘察、测绘、设计图及说明书、计算书、合同、工作条例及规定，施工组织设计，情况报告，原始记录，统计图表，报表，信函等信息；②语言信息，包括口头分配任务、工作指示、汇报、工作检查、介绍情况、谈判交涉、建议、批评、工作讨论和研究、会议等信息；③新技术信息，包括通过网络、电话、电报、计算机、电视、录像、录音、广播等现代化手段收集及处理的信息。

（2）建设工程信息的特点：包括信息的准确程度、信息来源的差异性、信息的使用频率、信息的时间性、信息量。

（3）建设工程信息的类型：按项目管理的目标，分为投资控制信息、成本控制信息、质量控制信息、进度控制信息和合同管理信息；按工程项目信息的来源，分为项目内部信息和项目外部信息；按项目的稳定程度，分为固定信息和流动信息；按项目的性质，分为技术信息、经济信息、管理信息、法律信息和组织信息；按信息的层次，分为战略性信息、策略性信息和业务性信息；按项目管理的角度，分为费用控制信息、进度控制信息、质量控制信息、合同管理信息和项目其他信息。

2. 工程项目信息管理

工程项目信息管理是通过对各个系统、各项工作和各种数据的管理，使建设工程项目信息能方便和有效地获取、存储、存档、处理和交流。信息管理是工程项目管理的基础工作，是实现项目目标控制的保证。

工程项目信息管理的内容包括信息收集、信息传递、信息加工与处理、信息存储和信息使用。项目信息管理的关键是合理分类、建立合适的编码体系、建立严格统一的信息管理制度、采用合适的信息处理系统、建立高效的信息沟通及管理系统。

业主方和项目参与各方都有各自的信息管理任务，为充分利用和发挥信息资源的价值、提高信息管理的效率，以及实现有序地符合科学的信息管理，各方都应编制各自的信息管理手册，以规范信息管理工作。

信息管理部门主要有以下工作任务：①负责编制、修改和补充信息管理手册，并检查和监督其执行；②负责协调和组织项目管理班子中各个工作部门的信息处理工作；③负责信息处理工作平台的建立和运行维护；④组织收集、处理信息和形成各种反映项目进展状况的报表。

7.2　BIM 项目信息管理实施

7.2.1　BIM 资料与文档管理目标与任务

对资料文档进行科学系统地管理，能使项目实施过程规范化、正规化，提高项目管理的效率，确保项目归档文件材料的完整性与可靠性。近几年的工程实践表明，电子文档管理体系在工程项目管理的作用越来越重要，其主要价值在于高效、易溯源、环保经济等。

基于 BIM 管理平台的电子文档的云端存储、实时共享和及时查询，提高了基于文档的协同工作水平与效率。项目施工过程中的所有资料与文档在管理平台上被固化后，所有的修改、检索、更新、查询均可以被追踪溯源。同时，搭建电子管理平台，也大大减少了纸质文件的产生，节约存储空间。

基于 BIM 管理平台的电子文档管理，提高各方协同管理效率，实现无纸质化办公，其主要实施内容包括建立各方参建单位及管理人员协作管理平台；形成完善的云端资料管理体系；实时上传与共享日常表单。

7.2.2　建立协作管理平台

任务 7.1：系统搭建

打开网页端（桩桩平台），选择 BIM 应用下的"文档管理"，根据管理需求可新建如"模型""施工图""文档"等内容，如图 7.1 所示。

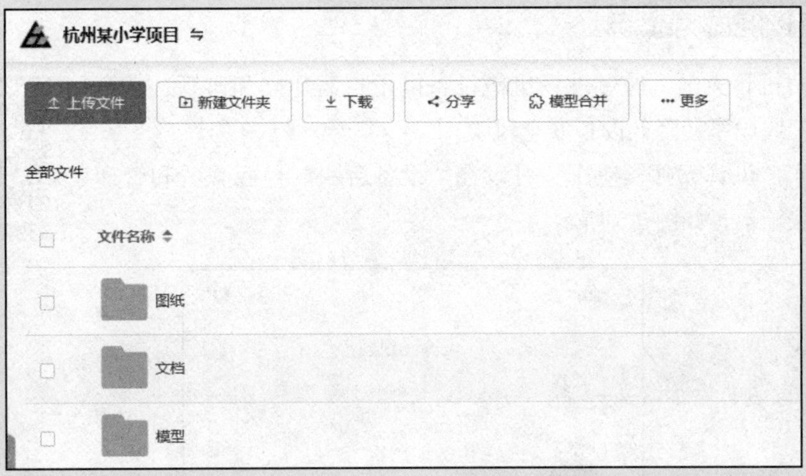

教学视频：系统搭建

图 7.1　文档管理界面

在文档资料使用与管理时，针对不同职级的管理人员或劳务人员，应当分别设置不同的文档使用权限。对于临时性文件资料，平台中可进行分享，如设计方发送的设计变更图纸，由项目技术负责人审查确认后，可分享给相应的施工管理人员与施工作业人员，如图 7.2 所示。

图 7.2　文档分享

7.2.3　台账管理

机械设备是施工现场安全生产要素之一，尤其是大型起重设备，其性能和状态更是关乎着重大的生命和财产安全。机械设备的检查、维修、保养、记录等情况，普遍存在着管理难、管理不及时等现象，这就会导致存在着较大的安全隐患和风险，需要有便捷的工具帮助解决机械设备档案建立不及时、不完整、易丢失、难知情等难题，改善信息获取途径，加大设备管理深度，降低设备潜在安全风险，辅助落实企业安全生产责任制。

任务 7.2：台账管理

　　应用机管大师，通过现场机械设备电子档案建立和监管，提高专职员工履职率，降低设备安全风险。

　　进入"机管大师"应用，可以在"设备台账"界面查看和管理设备台账记录，如图 7.3 所示。

教学视频：
台账管理

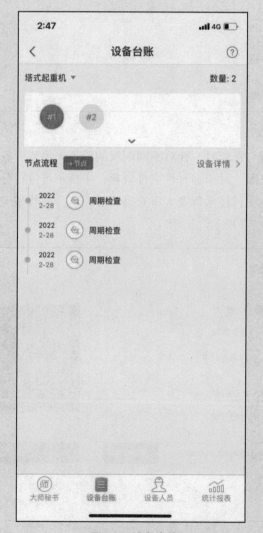

图 7.3　设备台账

步骤 1：单击新记录节点；选择要添加记录的设备，单击右上角"+"；在弹出的节点类型中根据实际情况选择要添加的节点类型；根据不同类型要求，按照实际情况填写节点记录（包括拍照上传）；完成操作后单击"保存"按钮，如图 7.4 所示。

图 7.4　新建设备台账

步骤 2：设置完成后，可在该界面之下进行台账资料维护及检查意见查看。在节点的"详情"界面，可对台账记录进行编辑，保存即可；在"检查意见"界面，可查看上级领导的检查记录，并可对该意见进行回复，如图 7.5 所示。

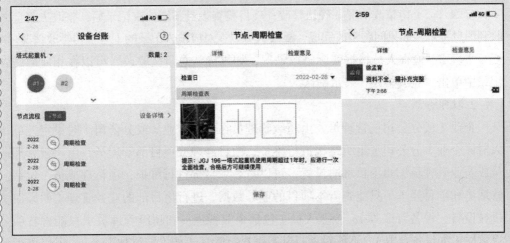

图 7.5　设备台账维护与检查流程

任务 7.3：日常检查

在"大师秘书"界面，单击"日常检查"进入日常检查界面，可进行日常检查的相关操作。

1. 新增检查记录

步骤 1：项目管理人员根据实际情况随时可新增检查记录，将检查发现的问题指定整改人在一定期限内整改完毕，如图 7.6 所示。

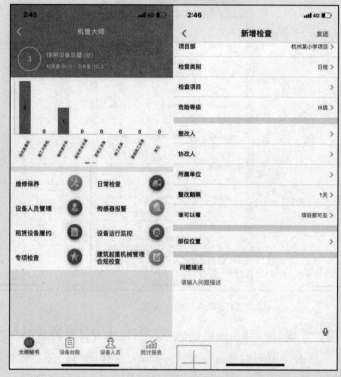

图 7.6　日常检查

步骤 2：上传整改情况并确认整改；项目检查人员新增检查记录后，整改人将会收到消息提醒。如果问题整改完成，整改人可以在对应检查记录的下方上传整改情况。

步骤 3：检查人员根据实际整改情况，如果确认总量已整改，可以在相应问题记录中单击"完成整改"表示确认。

2. 权限分级

企业（或分公司）管理员，由超级管理员在编辑企业（或分公司）时设定，可以对该企业（分公司）组织结构进行维护；项目经理或项目部管理员，由超级管理员或企业管理员编辑项目部时设置，可以对该项目部进行维护；项目部成员（包括管理员和项目经理）只能查看本项目的业务数据，进行项目部的业务管理（如添加机械设备、设备台账等）；企业人员（包括企业管理员和超级管理员）只能查看项目数据（如设备台账），不能对项目部数据进行管理（如不能添加设备），可以进行企业层的相应操作（如查现场、查台账等）。

学习笔记

章节练习

一、单项选择题

1. ( ) 是工程项目管理的基础工作，是实现项目目标控制的保证。

    A. 合同管理   B. 质量控制

    C. 信息管理   D. 投资控制

2. 建设工程项目信息管理类信息包括费用控制信息、进度控制信息、( )、合同管理信息等。

    A. 安全管理信息   B. 质量控制信息

    C. 投资控制信息   D. 成本控制信息

二、简答题

1. 工程项目信息管理有哪些内容？

2. 简述 BIM5D 管理平台进行项目信息管理的功能应用点。

第8章 BIM5D综合实训

【学习目标】

本章以配套"杭州某小学"工程为案例，以小组形式开展课程实训，以巩固项目管理理论知识，熟练 BIM5D 平台的使用流程，提升团队协作、自主学习能力。

8.1 项目组织架构搭建

1. 任务目标

（1）掌握项目组织架构理论知识。

（2）基于案例工程了解项目的管理需求。

（3）掌握 BIM5D 网页端项目信息与平台架构的搭建方法。

2. 条件准备

（1）确定团队成员。

（2）熟悉项目概况与参建方基本信息。

（3）创建平台账号与项目。

3. 任务要求

（1）对团队成员进行角色分配，包括项目经理、施工员、技术负责人、监理工程师等角色。

（2）设置项目信息与成员管理权限。

（3）搭建平台主要应用模块。

（4）搭建数据大屏看板的展示模块。

4. 任务成果

根据实训任务要求，完成以下成果制作：完成实训报告的编写，并附带组织框架、平台应用、数据大屏等界面截图。

8.2 进度管理

1. 任务目标

（1）掌握进度管理的基本理论知识。

（2）掌握 BIM 模型与 BIM5D 的 PC 端数据交互的基本方法。

（3）熟悉进度关联的操作方法。

（4）掌握实际进度填报与编辑的方法。

（5）能应用 BIM5D 平台进行模拟建造；能针对不同的案例背景进行进度分析。

2. 条件准备

（1）熟悉案例工程模型与进度计划文件。

（2）对进度子任务进行分解。

（3）了解现阶段现场施工作业的基本背景，了解进度进展情况。

3. 任务要求

（1）完成 BIM 模型与进度计划的数据导入与导出。

（2）完成进度与模型工程量的数据关联。

（3）根据实际进度文件完成实际进度编辑，并进行原因分析。

（4）完成施工进度模拟。

4. 任务成果

根据实训任务要求，完成以下成果制作。

（1）制作并输出计划与实际对比的模拟建造视频，完成偏差分析报告的导出。

（2）完成实训报告的编写，并附带过程操作截图。

8.3 成本管理

1. 任务目标

（1）掌握成本管理的基本理论知识。

（2）掌握 BIM 模型与 BIM5D 的 PC 端数据交互的基本方法。

（3）熟悉造价关联的操作方法。

（4）掌握实际成本编制的几种方法。

（5）掌握工程量及物流提取的基本方法。

（6）能应用 BIM5D 平台进行 5D 模拟建造；能针对案例工程进行实际成本与人材机消耗对比与分析。

2. 条件准备

（1）熟悉案例工程模型与预算文件内容。

（2）了解现阶段现场施工作业的基本背景；了解现场人材机消耗的基本情况。

3. 任务要求

（1）完成预算文件的数据导入与导出。

（2）完成预算文件与模型工程量的数据关联。

（3）根据文件完成实际成本的编制。

（4）完成工程量与人材机消耗量的提取。

4. 任务成果

根据实训任务要求，完成以下成果制作。

（1）完成材料采购计划单的输出。

（2）完成人材机实际消耗量表的输出，并将计划与实际的使用效果进行对比。

（3）编写完成实训报告，并附带过程操作截图。

8.4　质量管理

1. 任务目标

（1）掌握质量管理的基本理论知识。

（2）掌握 BIM5D 的移动端质量问题发起与整改的基本流程。

（3）熟悉质量问题关联的方法。

（4）了解实测实量数据采集的基本原理。

（5）能应用前端设备进行数据采集与数据分析。

2. 条件准备

（1）熟悉实测实量等设备的基本使用方法。

（2）了解现阶段现场施工作业的基本背景，了解现场存在的质量隐患。

3. 任务要求

（1）根据任务背景，按组内角色完成质量问题的发起，并责令整改。

（2）完成实测实量及其他数据的采集。

（3）对平台中已采集到的质量检测数据进行分析。

（4）完成质量问题模型挂接。

4. 任务成果

根据实训任务要求，完成以下成果制作。

（1）完成质量整改单的输出。

（2）完成实训报告的编写，并附带过程操作截图。

8.5　安全管理

1. 任务目标

（1）掌握安全管理的基本理论知识。

（2）掌握移动端安全问题发起与整改的基本流程。

（3）了解危大工程监测的基本原理。

2. 条件准备

（1）了解现阶段现场施工作业的基本背景。

（2）了解现场存在的安全隐患。

3. 任务要求

（1）根据任务背景，按组内角色完成安全问题的发起并责令整改。

（2）对平台中已采集到的危大工程监测数据进行分析。

（3）完成安全问题模型挂接。

4. 任务成果

根据实训任务要求，完成以下成果制作。

（1）完成安全整改单的输出。

（2）完成实训报告的编写，并附带过程操作截图。

参 考 文 献

[1] 丁士昭. 工程项目管理 [M]. 2 版. 北京：中国建筑工业出版社，2014.

[2] 张建新，等. 工程项目管理 [M]. 3 版. 北京：清华大学出版社，2019.

[3] 项勇，王辉. 工程项目管理 [M]. 北京：机械工业出版社，2017.

[4] 尚梅，史玉芳. 工程项目管理 [M]. 西安：西安电子科技大学出版社，2020.

[5] 朱溢镕，李宁，陈家志. BIM5D 协同项目管理 [M]. 北京：化学工业出版社，2019.